U0022547

健康保險 財務與體制

● 陳聽安　著

學歷／德國敏斯特大學經濟學博士
經歷／英國劍橋大學經濟學系訪問教授
　　　美國哈佛大學公共衛生學院訪問教授
　　　國立中興大學法商學院院長
　　　國立政治大學財政研究所所長
　　　財政部賦稅改革委員會主任委員
　　　考試院考試委員
現職／中華財政學會理事長
　　　行政院二代健保規劃小組委員
　　　國家衛生研究院論壇健康保險體制與財務組召集人

三民書局

國家圖書館出版品預行編目資料

健康保險財務與體制／陳聽安著.－－初版一刷.－
－臺北市；三民，2003
　　面；　公分
ISBN 957–14–3817–0　（平裝）

1.全民健康保險 2.財務管理

563.741　　　　　　　　　　　　　92004724

網路書店位址　http://www.sanmin.com.tw

© 健康保險財務與體制

著作人　陳聽安
發行人　劉振強
著作財　三民書局股份有限公司
產權人　臺北市復興北路386號
發行所　三民書局股份有限公司
　　　　地址／臺北市復興北路386號
　　　　電話／(02)25006600
　　　　郵撥／0009998–5
印刷所　三民書局股份有限公司
門市部　復北店／臺北市復興北路386號
　　　　重南店／臺北市重慶南路一段61號
初版一刷　2003年4月
編　　號　S 56217–0
基本定價　陸元陸角
行政院新聞局登記證局版臺業字第○二○○號

ISBN　957–14–3817–0　（平裝）

自　序

臺灣自民國八十四年三月起實施之全民健康保險制度，可謂為政府遷臺後所建立之社會工程中規模最具者，因為此一制度與全體國民之健康福祉息息相關，不僅重組了國民健康保險之體系，亦牽動了整個醫療資源之重新配置。

惟自健保建制之初，即已潛藏了極大財務危機，問題僅在將於何時引爆而已；簡言之，「臺灣的健康保險制度本身就不健康」。基本上，除非保險費率能視情況需要而機動提升，或給付水準能有效降低，支出水準能適當控制，方能根本上化解此潛在危機。但人人皆知，在民主政治體制之下，提升保險費率與降低給付水準二者皆非易事，故曾有人大膽提出警言：「健保開辦半年後便將破產」，而事實上，此絕非危言聳聽之詞。試看，當下健保之財務收支缺乏連動機制，也未建立財務失衡時之自動調整機制，不能不謂為現行健保體制之最大缺失。

健康保險既是如此重要，國人當然不希望見到它「短命」；相反的，相信大部分國民均希望它能「地久天長」。但不幸的是，在健保推出之後，就連當初參與規劃者都不免詛咒它「撐不過半年」。而令人嘖嘖稱奇的是，健保居然能在如此的條件下存活至今；不僅如此，更有趣的是，它雖然承受了各界不少批判，卻也贏得了頗多掌聲；在正負面兩極的攻防聲中，健保乃不致於「關門大吉」。中正大學陳孝平教授頗富寓意地點出問題重心：「健保的問題不在於它會倒，而在於它不會倒。」此似乎意含，如果

健保垮臺，則一了百了，至少免了「七嘴八舌」，為「爭食健保大餅而花樣百出」；但如果健保依然存活卻又「百病叢生」，朝野就必須加以診斷，對症下藥，醫病雙方則需「相忍為健保」。是以，重新規劃或是大幅修訂一套更為符合未來臺灣人民健康維護的制度，是全國上下共同的期盼。目前，行政院進行中之「二代健保」研議計畫，似正迎合並回應此一方向。

　　作者因受摯友蕭慶倫教授之影響，自十餘年前開始涉獵健康保險相關問題，並於 1991 年在美國傅爾布萊獎助金支援下，前往哈佛大學公共衛生學院進行研究訪問，返國後旋即接受行政院聘請擔任「全民健康保險財務精算諮詢小組」召集人，對衛生署所提出之健保制度計畫草案進行檢視工作；復於全民健保正式開辦之後，由衛生署以學者身分聘請擔任全民健康保險監理委員會委員，因有感於監理委員會之組織與功能效果不彰，深恐有虧職責，乃於擔任委員三年後毅然辭卻該項工作。

　　作者目前雖不再直接參與健保機構之監理任務，但在辭卻監理委員會職務後，旋即加入國家衛生研究院論壇健康保險委員會並擔任召集人，間接仍對我國健保之走向和健全財務提供建言。更從民國九十一年起受聘擔任行政院二代健保規劃小組成員，因此對我國健保制度未來的走向，有了更多的認識。

　　本書係選自作者於臺灣健保建制前後所陸續發表之部分文章和相關研究結果，多係針對健保財務與體制作的一連串探原。個人不敢自詡為「先知先覺」，不過對所提出之建議，自信對各界尚具有相當的參考價值。今日健保所產生的種種問題，實早為吾人意料中之事，針對這些問題，

作者曾以野人獻曝之情，不斷提出了中肯的建議。

　　邇近健保保費之調升與部分負擔之調漲，形成各界所謂的「雙漲問題」。實質上，「雙漲」僅係健保的表徵，此舉雖能使健保財務獲得暫時喘息的機會，惟健保的核心問題，卻依然未能因此獲致解決。

　　凡是對健保問題抱有興趣及關心此一議題的人士，尤其是財經、社會保險以及醫藥公衛等科系背景的教師與莘莘學子，個人衷心希望藉由本書之出版問世，能多提供給各位一些資訊與了解。至於未來的臺灣要如何建立起一個「健康的健康保險制度」，則留待聰明而好學之士共同研判和深思，進而尋求解答。

　　本書的出版，最感謝的是業師張可皆先生，他是本書的「催生者」，若非他一再督促；散見於各種刊物的文章與研究成果，不可能彙集成冊。其次要致謝的是三民書局的董事長劉振強先生，他不計本書的出版成本，慨允付梓，並且保證作到盡善盡美。

　　最後，須加聲明的是，因本出版品是筆者在我國實施全民健康保險前後所撰寫的文章或研究，因時間因素，與現制難免有所出入，為彌補此一缺陷，已作了新的註釋與附錄，以切合現況，但遺憾的是仍有些許國際資料，不易取得更新，只能以原貌呈現，敬請讀者見諒。

陳聽安

民國九十二年三月十日

於新店臺北小城

健康保險
財務與體制

目 次

第一篇

全民健康保險的核心問題非財務問題

從民國八十八年三月開始，全民健康保險的財務亮起紅燈，入不敷出，同年八月實施部分負擔新制，加重被保險人之就醫的負擔，但至今平均每月仍然出現赤字 20 至 40 億之譜，已引起各界的重視。依照中央健保局的估計，如果保險費不加調整，至民國八十九年十月，全民健保的安全準備將低於一個月的給付所需費用。換言之，全民健保有破產之虞❶。

如何化解此項危機，眾說紛紜，部分立法委員責成中央健保局應先抑制浪費，再言調升費率，新政府衛生主管部門聲稱調升費率為自殺舉動，並主張先釐清全民健保的定位，係屬社會保險抑或社會福利？另有立法委員與學者專家則建議從制度面改進，採醫療儲蓄帳戶，即英文 Medical Saving Account 縮寫 "MSA"。

無可否認，中央健保局成立六年多來，對健保的財務改善著力不少，就收入面而言，曾調整投保金額表、擴大上下限之差距，採行部分負擔新制等。在支出面,增加論病計酬項目，牙醫試行總額支付制度等措施❷，但是革新的成效有限，健保財務仍無法獲得結構性改善。六年來健保的收入成長維持在 5% 左右，而支出的成長則平均高達 10% 上下，收支失衡很難避免。不過，全民健保的運作，已較專家預期的為佳，如果按照

---

❶ 截至九十一年六月底止，以權責基礎計算健保安全準備金，僅存 102 億，遠低於法定一個月保險給付總額。

❷ 九十一年七月已全面實施總額支付制度。

哈佛大學蕭慶倫教授當年的預測，我國全民健保如此的設計，營運半年後便可能破產。

筆者認為，全民健保目前所呈現的財務虧絀，從本質上分析，應該不是財務，而是以下之體制問題：(1)單一體制缺乏競爭；(2)由政府掌控公營；(3)主要以投保薪資作為財源；(4)以論量計酬作為主要支付準則；並且(5)欠缺財務自動調整的機制。在此種體制下，企求財務達成平衡，相當不切實際。

眾所周知，我國全民健保制度的建立，諸多承襲了舊有公、勞、農保等制度，其中不少遷就既得者的利益。雖規劃者聲稱其可節省經營成本，更具風險分擔效果。然而公營產生的無效率遠超過成本的節省。其實，在六類被保險人中，身分不同，保險費的分擔比例不一，計費的基礎互異，是「大而無當，統而不一」的制度。其弊端，從下面的例子可看出端倪，以民國八十八年資料顯示，第三類被保險人，即農、漁民等納保人數有二百零三萬八千多人，而依照《勞工統計月刊》的數字，同期農、漁業工作者僅七十七萬六千餘人，可見身分轉換問題嚴重之一斑。造成此種結果，是因為以農、漁民身分納保，保費負擔較輕之故。

全民健保制度的建立，本應配合一些基本條件，如醫療資源合理分布與醫療網的適當架構，轉診制度的建立等。而此等條件臺灣皆付之闕如，在此種情形下的全民健保，偏遠、離島地區的居民常抱怨，「有保險，無醫療」；而都會地區的病患則湧向大醫院，並且醫院愈大者愈是門庭若市。

目前全民健保財務陷入困境，本質上是現行收入與支出制度所使然，在第三人付費的制度下，被保險人不易珍惜醫療資源。在資訊不對稱之下，醫療供給者也難脫離有牟利與誘發被保險人增加就診、檢查之嫌。再者，以薪資作為主要計費的基礎，並且是以投保薪資作為繳費根據，

用現行費率 4.25%❸實不足以支應財務需求。民國八十四年至八十八年的製造業平均薪資平均每年上升率,僅 4.124%,而健保收入平均能有 5% 左右的成長率,已相當不易,唯相較於健保支出的成長率 10%,仍然相差一倍之多,故「財務缺口」的發生,應不感到意外。

　　眾所周知,健保的醫療支出,主要決定於下列二項因素:(1)給付的範圍;(2)支付的標準。自民國八十四年三月健保開辦以來,此項支出除最近出現有減緩趨勢外,一直居高難下,此似乎反映了給付過多,或支付標準過高。就給付部分言,健保開辦後確有增加,後天免疫缺乏症候群、運動神經元疾病等。至於支付標準,證諸醫療提供者,有部分科別不僅不高,而是有偏低現象,如果扣除藥劑費用,支付金額更為不足。在不合理的支付標準之下,有不少醫療提供者,採取「以量補價」之對策,以謀求合理的報酬。也因為支付制度的不合理,已造成醫療生態丕變,在某些科別,醫生紛紛獨立開業或成立聯合診所;另有些科別,則有人才羅致不易之苦。針對支付制度,主管健保機關並非沒有改進,在個體策略上,已有五十項左右採論病計酬;在總體對策方面,牙醫已試行總額支付制度,中醫採總額支付制度亦正在策劃中❹。令人感到遺憾的是,如此不斷地改進,健保醫療總支出的成長仍然遠超過收入的成長。顯而易見,為求健保財務的收支平衡,仍待多加努力。

　　改善全民健保的財務的措施,可分為短期與長期:

(一)就短期措施而言

　　如果往後健保仍虧損如昔,當安全準備不足一個月給付總額時,依照全民健康保險法第六十七條規定,即應調整費率或安全準備提撥率。

---

❸　九十一年九月起費率調整為 4.55%。

❹　自民國九十一年七月起,不僅中醫,連西醫區域醫院已實施總額支付制度。

以目前情形衡酌，除非有其他財源，如菸酒改課稅之部分收入，不可能增加安全準備提撥，同時依照同法第十九條規定，費率為 4.25 至 6%。故僅須由主管機關報請行政院核定，便可在上述範圍調整費率，不需要修法。雖則如此，但是基於政治考量，主管機關深怕引起各界反彈，而有意從行政院借支度過難關，如此的作法只會治絲益棼。有人主張以擴大費基，不調整費率的方法增加財源，例如公教人員按全薪納保，或將投保薪資上下限倍數拉大。我們必須坦率指出的是，公教人員保險費分擔的比例為 30%，非如一般受雇者自行負擔 20%，要求公教人員全薪納保理由雖為正當，但為求公平，必須：(1)不分公私部門，受雇者保費負擔之比例應該一致；(2)私部門之投保金額無匿報或低報情事，或以變相方式支付薪資，否則將遭人「柿子挑軟的吃」之譏。而擴大投保金額上下限的倍數，亦可能引發匿報與低報保險費投保金額，或以變相方式支付薪資。輿論亦有主張不提高費率或費基，減少給付，但此種論調恐怕更不易為社會大眾接受。蓋既得利益，減少談何容易❺。

(二)就長期的措施言

　　近年來學術界及部分民意代表與政府首長頗有意引進新加坡或美國發展的 MSA，企圖加強被保險人使用醫療資源的成本意識，避免浪費，進而達成減少醫療費用支出的成長。我們姑且不論此種制度需要何種配套措施，在新加坡除醫療儲蓄帳戶之外，尚輔之以雙全計畫與醫療救助計畫，又美國的醫療儲蓄帳戶則是民營化醫療制度的一部分，故我們能否「斷章取義」，尚有疑慮。但最大的質疑是此項計畫已背離，至少部分背離風險分擔與所得重分配的社會政策功能。假如經過評估後 MSA 確屬可行，政策轉變並非不可，但全民健康保險法勢必作大幅修正。以目

---

❺　九十一年八月實施擴大費基方案，將公教人員負擔比率由原先的 40% 降至 30%。

前立法的進度言，全國朝野必須建立共識，能否在短期內定案，然後付諸實施，也不無疑惑。如果新的健康照護制度仍似「天邊的彩霞」，而現行的大小病都保的社會保險仍須繼續運作，則費率的調整或費基的擴大，就難以避免。或者有人主張，再將醫療費用的部分負擔提高，但我們認為，在醫療資源浪費的責任沒有充分釐清之前，不宜再貿然攀升。

深言之，MSA 是按個人或家庭設帳，小病或門診由儲蓄帳戶中支應。儲蓄的來源究竟由目前繳交的保險費中部分金額，透過健保基金會按風險糾正後撥入各帳戶，其餘用作重大傷病與慢性病統籌運用，抑或由個人直接從薪資或其他所得強制提撥，似尚未建立共識。筆者的陋見是，如採 MSA，其行政管理較為繁瑣，行政成本偏高，更重要的是對低收入者，如其分配或提撥的醫療儲蓄用罄，又缺乏自付能力時，必須要有配合措施，否則小病不醫，釀成大病時，再由具風險分擔的共同帳戶支付，將同樣增加健保財務支出，並且延誤了患者的病情。據我們所知，英、德、荷、法等健保先進國家，並未實施 MSA，針對醫療支出的擴張，除實施論病或論人計酬，及加強部分負擔或提高自負額的個體措施外，並引進競爭機制。然而國際上公認有效的總體措施，是採醫療總額預算制度或稱醫療總額支付制度。易言之，使健康照護的總支出與收入成長掛鉤，亦即以全國平均薪資之成長，或者以國內生產毛額的成長作為醫療支出成長的極限。雖則我國全民健康保險實施之初，在健保法第四十七條明文規定，應實施醫療給付費用總額支付制度，由主管機關於每年度開始六個月前定其範圍，報請行政院核定。唯目前僅牙醫已試行醫療費用總額支付制度之外，迄今尚未全面採行此一制度❻。況且，牙醫的總額支付，每年按 8% 調整，已超越健保收入的平均成長率。實施醫療費

❻　同前註。

用總額支付制度的關鍵因素，是醫療費用成長率如何協商訂定，以及由誰對誰協商談判。不可諱言，唯有醫療費用的成長率不逾越健保收入的成長率，全民健保收支平衡方有可能，因為健保的主要收入僅來自投保金額，故健保醫療總支出應受限制。又投保金額的成長，主要來自薪資的成長，所以在實務上，實施總額支付制度的國家，多以公民營受雇者的平均薪資成長率，作為醫療給付總支出成長的上限。

無可諱言，有些國家以國內生產毛額之成長率，作為醫療給付總支出調整的額度，但如此的標準訂定，必須打破傳統健保收入的薪資界限。換言之，薪資以外的所得，必須一併納入計算健保保險費之基礎，或者另課其他財源，健保始有可能達成財務平衡。

總之，筆者認為全民健保的財務問題，是一既定制度下運作的結果。職是之故，欲解決健保的財務失衡，短期內不是調整費率，便是採擴大費基，至於其他方法只會旁生枝節。許多人建議提升效率杜絕浪費，然而這些都涉及制度面的更新。而制度的革新，必須長期規劃，始克有濟，不論引進 MSA，或全面實施醫療費用總額支付制度，讓健保的營運行政自主，擺脫政治方面干預，並設法引進競爭的機制，早日建立轉診制度，落實醫療網的建立，臺灣的健保財務才有可能健全，制度運作方能既長且久。

（本文曾部分摘錄發表於《經濟日報》，民國八十九年六月十一日）

「全民健保給付與財源方案」之評論

▊壹、前　言

　　全民健康保險制度（以下稱全民健保）原定於民國八十三年實施，不管是該年年初、或年末，時間都相當緊迫，許多準備工作與基本條件尚未具備，即連共識都還未形成，所以出現了三個版本的方案❶，當時不禁令人為全民健保能否按時實施感到十分擔憂。但從另一個角度看，全民健保畢竟是一項中華民國劃時代的社會建設，影響深遠，在完成立法前能夠更集思廣益，截長補短，未嘗不是一項有意義的工作，故中研院經研所在關鍵時刻召開「全民健保給付與財源方案之比較」會議，意義更是非比尋常。

▊貳、三個全民健保給付與財源方案的比較

一、相同之處

(一)規劃背景

　　提會討論的三個版本方案，即衛生署版、立法委員沈富雄版（以下

---

❶　立法院的厚生會另有一個版本，但性質上接近衛生署的版本，已經由多位立法委員連署，訂定草案，故實際上全民健康保險有四個不同的版本。

簡稱沈版），與中央研究院院士劉遵義版（以下簡稱劉版）；三個方案的規劃者都深刻體認現行公、勞、農保險的弊端，知道我國現行的健康保險，虧損累累，他們均聞悉世界各國，凡是舉辦全民健保的，大多造成醫療資源的嚴重浪費，財務陷入困境。三個方案是在國、內外如此的背景下，為避免重蹈覆轍，都朝著如何抑制醫療資源浪費的大方向下規劃。

（二）抑制醫療資源浪費的方法

　　三個方案的規劃者都共同主張要用一些方法，或設計一套制度，希望我國全民健保舉辦之後，能有效抑制醫療資源的浪費，故精神上頗為一致，唯採用的方法雖有極大的差異，不過仍可發現有共同之處，例如三個規劃者都主張利用 DRG 系統（疾病診斷相關組群），使醫療的單價能標準化，以降低醫療成本、提升效率。

二、相異之處

　　衛生署的版本，原本是四年前經建會由蕭慶倫教授主持的全民健保規劃小組所提的版本，代表政府版，而沈版與劉版都是民間版。政府版與兩個民間版最大的不同，是政府版受到我國傳統公、勞保歷史性的包袱，不易擺脫，從給付與財源取得方面，都遺留了若干舊有制度的痕跡，顯然是在規劃時受到舊制的牽制，或者為遷就現實，無法脫離原有制度的陰影。我們不否認，政府版已對舊制作若干制度上的修訂，例如採總額預算制度以控制浪費，採部分負擔以增加被保險人就診或住院時的成本意識 (cost concious)，提高投保薪資上、下限的差距以減少薪資稅 (payroll tax) 的累退性等，但無論如何，那都只是現行公、勞保的改良制。相對於沈版與劉版，因為是民間版，在規劃的考量上，比較可以大刀闊斧的改革，毫無舊制的瓜葛，故就三個版的差異性比較，沈版與劉版較為接近，與政府版相差較大。

醫療資源的浪費，有供給面的原因，例如病人是否接受治療與如何治療，本人缺乏專門知識，完全由醫生決定；也有需求面的因素，例如病人要求延長住院或無病看病。政府版是透過供給面與需求面，雙管齊下來防止浪費，沈版是設法經由需求面抑止浪費，劉版雖然考慮供需兩方面，不過重點仍放在需求面浪費的抑制。

在給付方面，三者最大的不同是，政府版對門診與住院都給予醫療給付，沈版只給住院者給付，門診原則上不予給付，唯一的例外是慢性病。劉版完全不以門診或住院作為給付的取捨，而是以一定金額作為給付的標準，凡在每年 25,000 元新臺幣以內者，由被保險人自行給付，超過此一金額者完全由政府給付。

在財源取得方面，政府版與沈版都將被保險人分類，政府版分為六類；沈版則分為三類。按收入來源之不同，以不同的基礎支付保險費；劉版因為被保險人根本不必支付費用，所以沒有被保險人分類的問題。政府版與沈版中的雇主與自營作業者的保費計算基礎皆為營利所得，受雇者的保費基礎則為薪資，但政府版與沈版有著極大的差異，在沈版之下，受雇者不必支付保費，保費由雇主支付 50%，其餘 50% 由中央政府支付。至於劉版的主要財源係取自於政府一般稅收，輔助財源則課徵菸酒稅等。

政府版的薪資稅，由雇主按月代為扣繳，沈版由雇主依當月薪資總額比例繳交。政府版的薪資對投保薪資訂有上、下限，並訂定投保薪資分級表；沈版的薪資是指總薪資，一般而言投保薪資低於總薪資，故沈版保費計算的基礎較廣、政府版較狹。同時，因為沈版以總薪資作為保費計算基礎，故無投保薪資分級表，亦無上、下限之訂定。劉版的財源為一般稅，故亦無需訂定投保薪資分級的上限。

▌參、對全民健保給付與財源方案三個版本的看法

在三個版本中，政府版是名副其實的社會保險，因為除低收入者外，政府、雇主與被保險人各負擔財務上的責任，並且被保險人利用交叉補助 (cross subsidize) 分攤風險。按沈版的建議，被保險人（即受僱者及其眷屬）不必支付保費，享受利益卻絲毫不分擔財務上的責任，而把此種責任推給雇主與政府，完全違反了社會保險的基本原則，這種制度能取悅廣大的受僱者，尤其是勞工階級，必然會贏得很大的喝采，但卻可能帶來嚴重的後果。倘若雇主因保費增加使利潤下降或招致虧損，不是結束營業，便是設法把增加的保費負擔向前轉嫁給消費者或是向後轉嫁給勞工。無論哪種措施，最後吃虧的仍是勞工階級，因為勞工也是消費者。在全世界的健康保險制度中，保費全部由雇主負擔的，大概只有以前的蘇聯與東歐共產國家，或極端的社會主義國家，在共產國家或社會主義國家企業皆為國營，故事實上保費係由政府負擔。嚴格地說，沈版不是全民健康保險，而是幾近社會福利制度。劉版中沒有保費，所以它也不是健康保險制度，而是近似於英國等的國民醫療服務 (National Health Service) 制度。英國自 1912 年實施國民醫療服務後，弊端不少，特別是醫療品質的下降，治療或住院等待時間大幅增加等❷。

政府版依然承襲了現有公、勞保制度，訂定薪資分級表，雖然作了若干改進，把上、下限的倍數增加，唯這種薪資表原是為了退休年金的計算。如今健康保險已與年金保險分開，再訂定此種分級表的意義就不大，如再以投保薪資作為保費計算基礎，則目前公、勞保薪資被嚴重低

❷　請參閱本書第四篇〈英國的私人健康保險與國民健康服務〉。

估的問題，必然又將在全民健保制度中重演，進而造成入不敷出，導致虧損。沈版計算保險的方法，自營作業者與政府版雷同，至於受雇者的保費是以全部薪資，而非投保薪資，所以不致有低估的問題，但沈版是繳交，而非扣繳，亦可能產生短繳的流弊。劉版因為用一般稅融通，卻未說明臺灣稅制並不十分健全，其公平性尤其堪慮，如果以一般稅舉辦全民健保，則不可避免地必須加稅。

政府版門診與住院都給予給付，極少會產生門診與住院的流轉(shift)，唯沈版中除慢性病外僅住院有給付，在此種情形下，被保險人為獲得給付，極可能串通醫生由門診而轉為住院，一般而言，住院費用高於門診，故按照沈版實施的結果，門診人數減少，住院人數必然增加；另外一種情形是，被保險人小病乾脆不醫或病情加重再行住院，無論哪種情形都將影響被保險人醫療，違背全民健保的基本精神。劉版以金額決定給付的標準，首先面臨的是金額標準的訂定，訂得太低失去抑制浪費的目的，訂得太高又可能影響醫療。更其次，在此種給付制度下，可能誘使被保險人串通醫生以達到給付的目的，使本來不必給付反而轉變成給付，此與抑制醫療資源浪費的目標背道而馳。

為了徵收保費與審定給付，政府版需設立新機構──中央健康保險局，人員與經費必然增加。沈版未論及設置新單位主管保費收繳與給付事務之處理，亦不詳如何運作。劉版因為不是保險而無保費徵收，但超過一定金額必須給付，卻未說明由何機構負責，亦未說明如何處理。因為未設機構，故劉版與沈版的行政費用較之政府版為低，可是沒有專職機構專司其事，體制上似乎有欠完整。

政府版中的門診與住院均需部分負擔，門診較住院負擔為重，但住院依慢性、急性病按天數加重，沈版中門診與住院皆需部分負擔，住院按一定比例為10%，門診視國民所得增加而調整，劉版門診與住院皆無

部分負擔。部分負擔比例訂定過低抑制浪費作用有限，負擔比例偏高則影響被保險人的醫療，與健康保險之本意相違背。

▋肆、對全民健保給付之財源的一些建議

1. 原則上門診與住院皆應納入給付，但小額的醫療費用可規定仍由被保險人自行負擔，這樣的作法既可節省行政成本，又可適度抑制醫療資源之浪費。

2. 全民健保為國民之健康保險，超過一定金額之醫療費用，仍需由被保險人自行負責，為分擔此種風險，應舉辦私人健康保險以茲輔助。

3. 受雇者保費之徵收應以扣繳方式為之，以節省徵收成本。

4. 為取得充足之財源，應考慮以所得，非僅以薪資為計算保費之基礎。

5. 如仍以薪資作為保費計算基礎，則應以總薪資而非另設投保薪資，投保薪資分級表應予取消。

6. 基本上，財源之取得應擴大課徵基礎，同時降低費率，而為防止全民健保拖垮國家財政，應經由立法授權，建立費率調整之機制，即如果全民健保入不敷出，或收入超過支付一定百分比，費率經由費率委員會審定後，即應自動調整，以免除政治或其他因素之影響，事後則應向主管機關報備。

（本文原載於中央研究院，《臺灣經濟預測與政策》，第二十四卷第一期，民國八十二年三月）

第三篇

健康保險之國際比較

壹、引 言

一、健康保險的基本架構

健康保險的基本架構，可以從圖 3–1 中，美國普林斯頓大學教授 U. Reinhardt 指出被保險人（病患）、醫療提供者與保險人之三角關係明瞭：(A)健康保險人，向病患（被保險人）承保健康照顧的範圍，被保險人向保險人支付保險費或以租稅方式徵交；(B)保險人與醫療機構簽訂合約，由保險人提供經費支付或總額預算 (global budget)；(C)醫療機構為病患提供健康服務，病患則支付部分負擔。

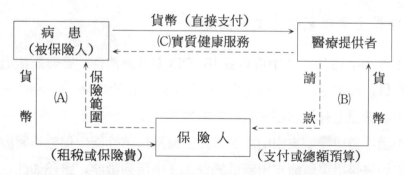

資料來源：Reinhardt, U., 1989.

圖 3–1　健康照護提供的經濟關係

二、全民健康保險的含義

全民健康保險，英文為 Universal Health Insurance 或為 National Health Insurance，妥適翻譯為中文，應稱作「普及健康保險」，或「國民健康保險」。在國內被稱作「全民健康保險」，似乎包含了某種程度的政治意義。本文為便於討論，姑且從俗稱此普及性的健康保險為全民健康保險，不過我們應該了解，除了採行國民健康服務，即使實施全民健康保險的國家，包括最早實施健康保險 (Kranken Versicherung) 的德國在內，否定能將百分之百的人民全部納入一個健康保險體制，德國全部疾病基金會 (Kranken Kassen) 加總的被保險人不過 92% 左右（參閱表3-1）。

就全民健康保險來說，它是一種社會保險，具有強制納保的特性，故參加此種健康保險的人數，自非一般自願性的商業保險可以比擬。理論上因為參加人數普及全國人民，應可避免風險逆選擇 (reverse selection) 的問題。

三、世界主要國家醫療支出的趨勢

從表 3-2 與圖 3-2 中可以看出，OECD（經濟合作暨發展組織）大部分會員國國家的健康醫療支出，長期都有上升的趨勢，至 1997 年占各國的平均數已上升至占國內生產毛額的 8.1%。

不過，健康醫療支出的內涵事實上包括預防性衛生保健與醫療支出兩項。如果是單單醫療支出應低於表 3-2 中所列數字，雖然如此，因為預防性的支出比例比較穩定，而表中數字上升的真正原因，仍在醫療支出。從表 3-2 中亦可了解，我國健康醫療支出亦在不斷攀升，至 1990 年占國內生產毛額為 4.26%，低於經濟合作暨發展組織國家，但是我們必

表 3-1　OECD 國家公共健康照護占總人口之比

國　　家	住　　院	門　　診	醫　　藥
澳大利亞	100.0	100.0	100.0
奧地利	99.0	99.0	99.0
比利時	98.0	93.0	93.0
加拿大	100.0	100.0	100.0
丹　麥	100.0	100.0	100.0
芬　蘭	100.0	100.0	100.0
法　國	99.0	98.0	98.6
德　國	92.2	92.2	92.2
希　臘	100.0	100.0	100.0
冰　島	100.0	100.0	100.0
意大利	100.0	100.0	100.0
日　本	100.0	100.0	100.0
盧森堡	100.0	100.0	100.0
荷　蘭	73.0	67.0	61.0
紐西蘭	100.0	100.0	100.0
挪　威	100.0	100.0	100.0
葡萄牙	100.0	100.0	100.0
西班牙	97.1	97.1	97.1
瑞　典	100.0	100.0	100.0
瑞　士	98.7	98.7	98.7
土耳其	–	–	–
英　國	100.0	100.0	100.0
美　國	43.0	43.0	10.0

資料來源：Donaldson, C. & Gerard, K., *Economics of Health Care Financing*, p.151.

須了解同年我國的平均每人所得也遠低於此等國家，如果我國的平均每人所得達到經濟合作暨發展組織國家的水平，從我國近年醫療支出之平均成長率均超過 10%（見表 3-3）趨勢值推斷，尤其在全民健康保險制度實施之後，我國的健康醫療支出應很快趕上上述國家的平均值。

表 3-2　OECD 會員國國家健康醫療支出占 GDP 的比率

國　　家	1984	1985	1986	1987	1988	1989	1990	1995	1997
愛爾蘭	8.2	8.3	8.3	8.0	7.9	7.3	7.1	7.0	6.3
意大利	6.8	7.0	6.9	7.3	7.6	7.6	7.6	7.7	7.6
日　本	6.6	6.5	6.7	6.8	6.7	6.7	6.5	7.2	7.2
盧森堡	6.6	6.8	6.7	7.2	7.3	7.4	7.2	6.7	7.0
荷　蘭	8.1	8.0	8.1	8.3	8.2	8.1	8.1	8.8	8.5
挪　威	6.5	6.4	7.1	7.5	7.5	7.6	7.2	8.0	7.5
紐西蘭	6.1	6.5	6.8	7.3	7.3	7.3	7.2	7.3	7.6
葡萄牙	6.3	7.0	6.6	6.8	7.1	7.2	6.7	7.8	7.9
西班牙	5.8	5.7	5.6	5.7	6.0	6.3	6.6	7.3	7.4
瑞　典	9.4	8.8	8.5	8.6	8.5	8.7	8.7	8.5	8.6
澳　洲	7.7	7.8	8.1	7.6	7.7	7.6	7.5	8.4	8.4
奧地利	7.9	7.6	8.3	8.4	8.4	8.4	8.4	8.0	8.3
比利時	7.4	7.4	7.4	7.5	7.5	7.4	7.4	7.9	7.6
加拿大	8.5	8.5	8.8	8.8	8.7	8.7	9.0	9.4	9.2
丹　麥	6.4	6.3	6.0	6.3	6.5	6.4	6.2	8.0	8.1
芬　蘭	6.9	7.2	7.4	7.4	7.2	7.2	7.4	7.7	7.4
法　國	8.5	8.5	8.5	8.5	8.6	8.8	8.9	9.8	9.6
德　國	8.7	8.7	8.7	8.7	8.9	8.2	8.1	10.4	10.7
希　臘	4.5	4.9	5.4	5.2	5.0	5.3	5.3	8.4	8.6
冰　島	7.0	7.4	7.8	7.9	8.5	8.6	8.5	8.2	7.9
瑞　士	7.8	7.6	7.6	7.7	7.8	7.6	7.4	9.6	10.0
土耳其	3.5	2.8	3.5	3.6	3.7	3.9	4.0	3.3	4.0
英　國	6.0	5.8	5.9	5.9	5.8	5.8	6.1	9.4	9.2
美　國	10.5	10.7	10.9	11.1	11.4	11.7	12.4	14.1	13.9
OECD國家平均	7.2	7.2	7.3	7.4	7.5	7.5	7.5	8.1	8.1
中華民國	3.96	4.20	4.12	4.14	4.26	4.18	4.26	5.27	5.27

資料來源：OECD Health Data Program, OECD.

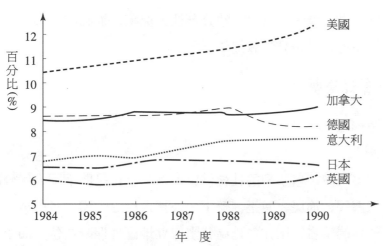

資料來源：OECD Health Data Program, OECD.

圖 3-2　選樣國家健康總支出占 GNP 之比 (1984 ～ 1990)

表 3-3　我國醫療支出占 GDP 比率的估計 ❶

醫療費用支出上漲率 (%)	民國八十八年第二類醫療費用支出估計值（新臺幣億元）	占民國八十八年時GDP 之比率
1.民國八十年：20.83	9,924.58	10.44
2.民國七十九年至八十一年三年平均：17.74	8,278.61	8.71
3.民國七十七年至八十一年五年平均：14.74	6,909.39	7.27

資料來源：行政院全民健康保險財務精算諮詢小組報告，民國八十三年。

■ 貳、健康保險的類型

　　健康保險制度建立，由於各國歷史的演變與社經背景的不一，而發

❶　臺灣醫療支出占 GDP 之比，至 1998 年為 5.4%，唯羅紀瓊 (2000 年) 依照 OECD 的模型估計，以臺灣 1996 年的所得水準，上述比率應為 5.66 至 6.69%。

展出不同類型，概略的區分，約分為社會保險、福利、商業保險、儲蓄與混合等型態，茲按分類敘述如下：

一、社會保險型

社會保險型又可分：

㈠差別型

又稱多元型，差別型的社會健康保險制度，是將全國人民分散成各種職業如農民、漁民、礦工、勞工、公務人員等團體，各自成立健保單位，至於無職業者，則在各地區分別成立地區性保險單位，而學生部分則另外成立眷屬保險單位，差別型社會保險最具代表性的國家為德國、奧地利、荷蘭等採類似的健康保險制度。德國稱之為「疾病基金」，其剛成立之初，職業與地區加總超過二萬二千個疾病基金，但是有些基金成員不多，最少僅一千餘人，風險分散不大，財務運作上發生困難，之後乃逐漸合併，至 1990 年，單單西德部分僅剩一千一百四十七個疾病基金，包括地區、企業、工會（中小企業）、農業、礦工、海員等六種基層基金及職員和勞工兩種補充基金（陳曾基、周麗芳，民國八十三年）。日本也是採差別型的社會健康保險，將受雇者與自雇者分開辦理，而受雇者又區分為政府公務人員與民間機構的受雇者，凡未納入雇用人員保險的，包括雇主另參加國民健康保險體系。差別型社會保險制度最大的特色是各保險單位大小不一，給付與保險費負擔互不相同，但相差不會太大。它的優點是比較切合被保險人的需求，缺點是有些小的保險單位風險分攤不足，財務容易發生困難。

㈡統一型

統一型的健康保險是將全國人民納入一個保險機構，負責辦理所有地區與職業被保險人的健康保險，像我國的中央健康保險局，即是採取

此種類型的制度。主張採統一型或稱單一型的健康保險制度，最大優點是有人認為比差別型的健康保險制度之行政成本低、風險分散較大，但統一型也往往有不能完全符合被保險人健康照護需要的缺點，而且機構組織過於龐大，管理上容易產生如 Leibenstein 教授所稱的 X 無效率 (Leibenstein, H., 1976)。

二、福利型

又稱公醫制，嚴格地說，福利型的健康照護已超越社會保險制度，因為在此一制度之下，健康照護被視為政府實施社會福利措施的一種。福利型的健康照護，人民並不需要支付保險費，辦理此項制度的財源來自一般稅或指定用途稅，如徵收社會安全稅或菸酒附加稅，採行福利型的國家最早為英國，於 1911 年付諸實施，之後瑞典、挪威、丹麥、紐西蘭、意大利、西班牙、葡萄牙等國亦採行此制 (Donaldson, C. & Gerard, K., 1993)。值得注意的是英國原先亦採統一型的健康保險制度，在實施一段時間之後，才改為福利型或公醫制的健康照護。福利型健康照護制度的特色是全國人民分地區納入當地醫療照護部門，接受各該地區領取薪資的醫生之醫療服務，每一醫生負責照顧若干居民的健康，一般所稱「家庭醫生」即為此意，所以此制度稱作「國民健康服務」（National Health Service, 簡稱 NHS）。福利型制度的優點是不需要繳交保險費，尤其對低收入者，可減輕負擔，但此制的缺點，特別是重病需要住院或手術，等待時間極長，由於此項重大缺失，不少高所得者往往另外參加商業健康保險制度，寧願支付不低的保險費，對所謂福利型的健康照護反而構成一項挑戰，甚至是一項諷刺 (Havighurst, C. C., et al., 1989)。

三、商業保險型

實行商業保險型的健康照護，是除老人或窮人之外，政府不負照護人民健康之職責，此項工作是由民間健康組織擔任，像美國健康維護組織 (Health Maintain Organization, 簡稱 HMO)、藍盾 (Blue Shield)、藍十字 (Blue Cross) 等，其中有些聲稱並非營利性組織 (Independent Practice Association, 簡稱 IPA)，因為這種組織承保的醫療範圍各不相同，保費之收取也並無統一標準。它的優點是各健康保險組織有相互競爭的功能，但因為是民間組織，難免會有商業利潤的考量，並且容易產生保險上的逆選擇問題。美國是一個至今對一般人民沒有社會健康保險制度的國家，即使對老人與窮人有「老年醫療保險」(medical care) 與「醫療救助」(medical aid)，但至今仍有近四千萬人未達到獲得任何醫療照護或醫療協助標準，即未年滿六十五歲，所得未達貧窮線的標準，又沒有經濟能力購買任何商業保險，因此成了缺乏健康照護的一群。前總統克林頓執政時，有鑑於商業保險之種種缺陷，很有心想建立全民健康保險制度，甚至內舉不避親由他的夫人希拉蕊負責籌劃，但因全民健康保險牴觸美國基本立國精神，且影響商業保險機構、醫師公會的既得利益，且增加中小企業保險費負擔 (Moran, S., 1993)，預計 1994 年底可通過的法案，仍被擱置，1995 年在共和黨掌握國會之後，至今未曾提案有實施全民健康保險之意。

四、儲蓄型

儲蓄型的健康照護，是政府採取強制儲蓄的方式，將個人所得中的一部分，強迫儲存作為醫療支出的財源，此稱為「醫療儲蓄」(medical save)，每人或每戶設有一醫療儲蓄的帳戶，指定該儲蓄僅僅作為個人或

家庭醫療支出之用途，採行這項制度的國家有新加坡、馬來西亞等國。此項制度的優點是，不致產生商業保險中之逆選擇，但缺點則是完全缺乏風險分攤，毫無所得重分配的功能，是一種自助而非互助的強制式健康照護制度❷。

五、混合型

混合型有多種方式，有些是國家的健康照護，是社會保險與福利型的混合，像加拿大有十個省是採福利型，健康照護的經費主要來自稅收，而英屬哥倫比亞 (British Columbia) 與阿伯塔 (Alberta) 兩省取自保險費。有一些國家則是社會保險與商業保險混合，像瑞士，各郡的獨立性很高，健康照護制度亦復如此，原則上各郡有互不相同的強制健康保險，但瑞士境內的商業健康保險也相當發達，故許多瑞士人除納入社會保險制度之外，亦另購買商業保險，以維護本人與家人獲得更佳的健康照護。荷蘭除有社會保險外，私人健康保險也占了相當大比重，凡所得超過一定水準的人民都參加這種保險 (Donaldson, C. & Gerard, K., 1993, p. 4)。

■ 參、健康保險制度之比較

一、照護的範圍

在各國健康保險制度之中，上述社會保險，福利型與儲蓄型都是強

---

❷ 此等國家如今採兩個並行的儲蓄帳，一個為「通用帳」，另一個為「個別帳」，前者有分攤風險的功能，後者則無，像新加坡除 medical save 外，尚有 medishield plus 與 medifund，採用雙全計畫，即兼有上述兩者性質。

制性的健康照護制度。理論上應涵蓋全體國民，但事實上連最早實施健康保險的德國都未能達到百分之百國民納入體制之中，或者是因為未盡加保的義務，即繳納保險費的義務；或者是人口移動、職業變遷，或改變投保身分，而暫時脫離體制。另外有些國家規定人人應納入健康保險制度，但不強制納入社會保險，像德國，如國民的所得超過一定水準者反規定不得參加社會保險，然而強制應購買商業健康保險。此種規定顯然意謂社會保險是照顧中、低所得者，而經濟能力達到一定水準者，已無需參加社會保險的醫療照護，本身已有足夠能力自行維護健康，但又恐他們怠忽健康之照護，故亦採取強制規定，必須購買替代性的保險，參加「替代健康保險基金」(Ersatz Kranken Kasse)。按照 John Appleby 的研究，德國人口參加社會疾病保險者為總人口 88%，其餘 12% 人口參加私人健康保險組織 (Appleby, J., 1993, p. 119)。

又如英國的福利型或公醫制度，雖然表 3-1 顯示將百分之百的人口納入，因為福利型制度可免繳保險費，但是一般說來免費的醫療，品質總是較差，所以總有部分人口未向居住地醫療基層機構登記，放棄享受免費的健康照護。

以商業型為主幹的健康照護，大概是所有制度中，全國被保險人人數比例較低的，對此項結果當不會令人感到意外，因為一方面缺乏強制性，另一方面是商業健康保險的費率必較社會健康保險為高，受到經濟能力的限制，自然可能被摒棄於健康照護的門外，美國的人口中有 17.5%，即三千五百萬人未納入任何健康保險即是明顯的例子（陳聽安，民國八十一年；Enthoven, A. C., 1990）。

儲蓄型的健康保險納保的人數，必須受到就業與否的限制；凡有職業或無職業卻有所得的情形始有參加此種健康照護制度的可能，至少有他人能代為繳納，否則沒有醫療儲蓄，便無法給予醫療給付，除非證明

其為低收入者。而另外納入社會救助的範圍,原則上已不屬於強制儲蓄型的健康照護,因此像新加坡與馬來西亞也很難將百分之百的人口強制納入儲蓄型的健康照護範疇。

就混合型而論,即使將社會保險與福利型混合(像加拿大),或將社會保險與商業型混合(如瑞士),仍然無法使全部人口獲得醫療照護,其理由已如前述。總之,全民健康照護,僅僅是一種目標或理想。雖然如此,社會保險或福利的健康照護,總比純粹商業型的健康照護制度所涵蓋的範圍較廣,由此便可知,美國自甘迺迪總統開始,接著詹森總統,以迄克林頓總統鍥而不捨地想要把美國的健康保險制度,改為全民健康保險,欲改進商業保險的缺失,企圖將健康照護普及全體美國人民(Clinton, B., 1993)。

二、財源取得

在財源取得方面,就總的來說,世界上沒有一種普及性的健康照護制,可以單單靠一種財源來支持,無論是依賴徵收保險費,或取自於租稅,或出自於強制儲蓄,大都是採混合的籌措方式,只是比例的多寡和以何種財源為主而已(鄭文輝等,民國八十年)。所以,社會保險的財源主要雖來自保險費的徵收,但總有若干人連最低的保險費都無法繳交,不得不仰賴政府用一般稅收補助,在舉辦社會保險的國家中,多有政府給予行政費用的補助。此外,徵收保險費,每每提撥安全基金,以防止保險費徵收受經濟景氣的影響,而安全基金多存入金融機構或作其他低風險投資,因而可能產生利息、股利收入。

無可諱言,社會保險的主要財源自當取自保險費收入。而相反地,福利型或公醫制的財源雖說主要取自一般稅,仍徵收指定用途稅,例如開徵菸酒附加稅作為主要財源。因政府將稅收作為各項支出,彼此間具

有某種競爭性，故單靠政府租稅收入，亦必須受到某種程度的牽制，而不得不開發其他財源，例如藉部分負擔，對挹注醫療支出亦不無小補，唯部分負擔的目的並非在增加收入。儲蓄型健康照護，它的財源主要則取自個人儲蓄，但強制儲蓄亦不可能是唯一的財源，政府給予行政費用補助，對低收入或貧窮者的津貼，而儲蓄中之利息收入亦不失為此項制度下的收入項目之一。

混合型的健康照護，實際上即表示它的財源有些係取自政府稅收，有些來自於保險費之收取，既稱混合型健康照護，財源之取得更不可能單單來自單一項目。而瑞典、丹麥政府則以徵收地方所得稅，來作為健康照護的財源。

就財源取得的分擔觀察，除政府從一般稅全部歸政府負擔之外，像表 3-4 中的丹麥、紐西蘭、英國並非百分之百取自租稅。依靠保險費為部分收入來源的，像德國、法國、日本，由雇主與受雇者各分擔一部分，德國為各 50%；法國的雇主負擔較高，為 70%，受雇者占 30%。而日本雇主與受雇者各 41.8%，政府負擔 16.4%，自雇者自行負擔 50%，另外 50% 由政府負擔。新加坡的健康維護來自於強迫儲蓄，但財源的分擔，受雇者與雇主各分擔 50%。由表 3-4 中看出，澳洲的健康保險的財源，不分受雇與自雇，費用全部由被保險人自行負擔，美國所列之醫療保險財務負擔是指六十五歲以上的人，原因是住院部分由雇主與受雇者各負擔 50%，門診醫療全部由被保險人負擔，而自雇者無論住院或門診費用全部由被保險人負擔。

三、支付制度

全民健康保險制度能否良好運作，與醫療支付制度是否合理息息相關，支付標準寬鬆，必然影響總支出之增加，進而會影響國家的財政支

表3-4　社會保險的財源分攤表——醫療保險部分

國別	醫療保險性質	保障範圍	被保險人	雇主	政府	政府及其他負擔	自雇者·被保險人	自雇者·政府
丹麥	醫療服務／現金	全民／受雇者	0%／0%	0%／25%	100%／75%	（說明1.）	0%／–	100%／–
紐西蘭	醫療服務	全民	0%	0%	100%		0%	100%
澳洲	醫療服務	全民	100%	0%	0%	（說明2.）	100%	0%
瑞典	醫療服務／現金	全民／受雇者	0%	85%	15%		85%	15%
英國	醫療服務／現金	全民／部分受雇者、自雇者	7%	8%	85%	（說明3、4.）	15%	85%
德國	醫療服務	受雇、自雇者	50%	50%	–	（說明5.）	100%	0%
法國	醫療服務	受雇者	30%	70%		（說明6.）	–	–
美國	住院／醫療服務	65歲以上之受雇、自雇者	50%／100%	50%／0%	0%／0%（說明7.）	收支差額	100%／100%	0%／0%
日本	醫療服務	全民	41.8%／50%	41.8%／0%	16.4%／50%	行政費用	–	–
新加坡	醫療服務	受雇者	50%	50%	0%	–	–	–

資料來源：U.S. Dept. of Health Education, and Welfare, 1985.

說明：
1. 政府負擔現金給付、藥劑，和醫院開辦費用。
2. 澳洲的醫療財源，來自受雇者應稅所得稅的1%。
3. 政府負擔疾病、生育、工作傷害之現金給付，且給付對象限制：受雇者週薪35.5英鎊以上者，自雇者週薪1,846英鎊以上者。
4. 英國的醫療服務，又稱國民健康服務 (the National Health Service)。
5. 政府負擔生育給付，補助礦工、退休農工、社會健康服務設施的部分費用。
6. 政府負擔新醫院設施，社會健康服務的部分給付。
7. 無保險費老人之住院費用。

註：有關保險費之分攤比例，最新資料可查 www.SSA.ORG。

出，或被保險人與雇主的負擔。反之，支出標準訂定失之過苛，很可能影響醫療服務的品質，或變相再索取額外報酬。按表 3-5 可知，在各國之醫療支付制度，可分成：⑴論量計酬；⑵論日計酬；⑶上兩者之混合；⑷按薪資支付比例；⑸按照總額預算（見表 3-5，醫師支付見表 3-6）。如果再按門診與住院之醫療支出標準，有些國家如臺灣以前的勞保、農保，門診為傳統的採論量計酬方式，每張勞保單支付新臺幣 125 元。美國的醫療支出方式，門診與住院亦均採論量計酬；德國門診則論量，住院則按天計酬；德國、日本之醫療費用支付給醫療的提供者，被保險人不直接支付醫療提供者，反之，法國、比利時由保險人先支付給醫療提供者，再由被保險人向保險機構申請補償。加拿大的門診雖然是論量計酬，但住院採不同方式，係另外列預算來支付。英國現行醫療支付，門診是論量與支付薪資的混合方式，而瑞典則門診服務支付薪水，但住院是編列預算。

表 3-5　臺灣地區與美國、德國、加拿大、英國及瑞典等五國醫療體系的重要特性比較 (1988)

國　別		臺灣地區	美　國	德　國	加拿大	英　國	瑞　典
支付制度	總額預算	－	－	＋	＋	＋	＋
	門診	論量	論量	論量	論量	混合	薪水
	住院	論量	論量	論日	預算	預算	預算
財源籌措 (%)	主要方式	混合	混合	社保	稅收	稅收	稅收
	公共財源	50	42	72	75	87	90
醫療費用	每人支出（美元／年）	360 (d)	2,140	1,250	1,581	793	1,328
	占國內生產毛額 (%)	4.6 (d)	11.3	8.9	8.6	5.9	9

資料來源：沈富雄，〈全民健保給付與財源方案之比較〉，中央研究院經濟研究所，民國八十二年五月，第 27 頁。

表 3-6　醫師支付制度

國　家	全科醫師		專科醫師	
	門　診	住　院	門　診	住　院
加拿大	論量 薪資（醫療中心）	論量（私人診所） 薪資	論量 薪資（醫療中心）	論量（私人診所） 薪資（受雇醫師）
法　國	論量 薪資（醫療中心）	薪資（公立醫院） 論量（私人醫院）	論量 薪資（醫療中心）	薪資（公立醫院） 論量（私人醫院）
意大利	論人數與特殊支付	薪資	薪資（醫療中心） 論量（私人診所）	薪資
日　本	論量	論量	論量	論量
英　國	論人數兼論量（預 防）兼特殊支付 論量	薪資 論量（私人醫院）	薪資兼論量(出診) 論量，論人數	薪資（私人醫院）
美　國	論人數 論量	論量 薪資	薪資 論量	論量 薪資
德　國		薪資（如受訓）		論量（由主治醫 師治療私人病患）

資料來源：OECD, Financing and Delivering Health Care, Paris, 1987, p. 29.

　　任何支付制度均為有利有弊，論量計酬，醫療服務愈多支出愈多，但流弊在醫療的提供者每每為獲取較多報酬，有儘量擴充爭取較多病患的可能，極可能影響醫療的品質，我國以前的勞保支付制度因採論量計酬，即產生上述的弊端。相反地，論日支付，即一定時日，不計醫療服務的數量之多寡，均支付一定金額之報酬，像德國之住院即採論日支付，以住院天數作為支付標準。此種支付制度之優點是比較容易控制預算過度擴充，德國目前的住院支付制度，已仿照加拿大、英國、瑞典等國家對住院預算訂定一上限，改採所謂總額預算。英國的門診，醫生的支付原採如瑞典一般的薪資制度，但英國目前已修改為論量與薪水的混合制度，即每一社區醫生對一定居民給予醫療服務，而領取定額之薪津。

四、行政組織

以健康照護的行政組織作為比較如下:

(一)中央集權或地方分權

像美國、臺灣是採取中央集權的組織,美國的聯邦政府設社會安全部,下分為年金、失業與健康服務等部門,由健康服務部門統一規劃全國醫療給付與財源取得,而實際醫療的服務,則由各地方醫療機構提供。又如我國的中央健康保險局,負責統一規劃全國健康保險事宜,分設六個分局,但這些都只是執行單位而已。中央集權健康保險的優點是期望提供一致性的醫療照護,而此項目標能否達成,仍需視醫療資源之地區分配是否均勻而定。

又如瑞典的健康保險由二十六個地方政府 (county council) 負責,醫療照護之財源取自地方所得稅,醫療的提供由隸屬於地方政府的公立醫院負責。

加拿大、德國、挪威、瑞士則是典型的地方分權的健康保險行政組織體系,挪威各省、加拿大各省與瑞士各郡、德國各疾病基金的健康保險給付,也收取不同的保險費,各地方有較大的自主權,地方分權型健康照護的優點是比較可因地、因業制宜,但缺點是對人民提供醫療照護不相一致。像瑞士的憲法中明白規定人民的醫療照護由各郡 (cantons) 負責,明顯地是一種分權式或多元化醫療保險架構 (OECD, 1990, p. 92)。

(二)公辦公營、公辦民營或民辦民營

英國、意大利、西班牙、葡萄牙與紐西蘭等國的健康照護是採公辦公營的方式,由政府在各地區成立專職醫療機構,負責對全國人民的醫療照護。

公辦民營如德、奧等國家的健康保險機構是由勞資雙方組織而成,

或由地區人民組織而成，由政府授予公權力，成為公法人，負責執行強制性的社會醫療保險，故所謂公辦並非由政府直接辦理，而是政府將公權力授予民間組織之機構 (Leopold, D., 1992)。但為發揮監督的功能，除此等機構有內部稽核制度外，在聯邦政府下仍設置主管部門，負擔監督工作，但其並非為健康保險規劃或執行機構。

民辦民營最典型的國家為美國，基本上除老人與窮人之照護由政府負責外，一般人民的健康照護均由民間組織辦理，如 HMO, Blue Shield, Blue Cross 等，它既非執行公權力亦非政府部門，策劃、經營乃至監督也完全由民間自行擔任。

㈢**政府角色**

政府在健康保險制度中扮演何種角色，各國亦有不同的情形，瑞典、英、葡、西等政府部門，既身為醫療之保險人亦為醫療的提供者，故此等國家的政府涉及人民健康保險最深，德、奧、荷等國的政府既非保險人，除公立醫院外亦不提供醫療服務，而只是在策劃、立法與監督擔負職責，醫療保險人是由各職業與地區之基金會擔任，基金會的公權力由政府授予。而美國政府，除負責對六十五歲以上老人與低所得者，提供醫療保險之外，對一般人民，政府既非醫療照顧的保險人，亦非醫療照顧的提供者，以上兩項角色皆由民間機構擔任。

值得進一步了解的是，健康照顧制度採地方分權的國家，並非意謂與中央毫無關聯，就一般而言，中央政府在此種體制下，仍負擔行政費用與資本性支出，德、奧、荷等國是這方面典型代表。相對地，健康照護採中央集權的國家，如英、瑞典、意、西、葡，在其總額預算確定之後，分配給區域健康局 (Regional Health Authorities)，仍經由此區域健康局，依人口比例，分配區域內之醫療經費。採中央集權健康照護的國家，地方政府仍有相當管制的權力，像瑞典地方政府，管理多少私人醫師容

許在健保制度下開業,以及病人在一年之中可多少次在私人的診所看病,都屬於權責範圍。而德國醫療支付價格皆由各地區疾病基金與醫師公會協調決定。

地方分權的醫療照護最大的優點是,它提供討論醫療照護的優先順序和不同服務的貨幣價值觀。也可給予機會證實用之於人口的醫療照護全部資源,及評估相對於人口所需要之支出的適當性。鑑於各項使用資源之需求沒有窮盡,故在醫療照護與其他財貨間必須有所取捨,區域化的作法只是使地方需求在各項資源使用取捨之間更為明確和更為負責。此外,區域也形成購置設備的計畫與資源的動用基本單位,同時,亦為確保醫療服務地區均等的一項重要機制 (OECD, 1990)。

同樣採分權式的醫療照護,瑞典與瑞士有著迥然不同的區域化形態。在瑞士,門診皆由私人醫師 (private practitioner) 提供,依照論量標準支付 (fee-for service)。費用由公私保險人負擔,醫師可隨其所願在各地方設置診所,但偏遠地區（山區）則有給予獎勵之誘因。絕大多數醫院為政府所有並經營,也有私人與社區醫院,醫院則按日支付,公立醫院發生虧損,由地方稅彌補。各醫院編制嚴格之計畫與預算,醫院之醫師支領薪水,但可接受門診或住院之私人病患 (OECD, 1990),其收入由院方與醫師個人共分,病人有權要求醫師與醫院為其提供醫療服務。

在瑞典,由地方政府負責二個郡 (county) 或區域人口之健康照護,門診由公立健康中心或醫院之門診部負責,私人醫師人數甚少,並且私人醫師之活動受到高度管制,在治療病患人數與收取報酬兩方面皆列入管制之內;在病人方面選擇也受到限制,只能由特定的健康中心和醫院治療。對醫師之治療,政府極少有任何影響,由瑞典的經驗顯示,區域獨占頗成功地使人民獲得健康照護,並且費用在一定控制範圍之內,不僅如此,醫療照護的品質甚高 (OECD, 1990)。

▋肆、健康保險之發展趨勢

一、保險費之徵收

辦理健康照顧之財源，英、紐、西、意、葡等國係取自一般稅，亦有少數國家因一般稅不足以因應健康照顧需要而徵收菸酒附加稅作為財源，但大多數辦理健康保險的國家，主要的財源都來自保險費的徵收，而保險費徵收的基礎，亦多為薪資，而且社會醫療保險發生初期，作為保險費徵收的基礎，僅為基本薪資或本薪，並非全部薪資。而且將基本薪資分為若干級，設有上限與下限，目前的發展趨勢，由於醫療支出之不斷增加，保險費之徵收，發現有下列情形（陳聽安、張慶輝等，民國八十二年）：

1. 由基本薪資改變為全部薪資。
2. 取消上下限。
3. 提高保險費費率。
4. 法國等進一步擴大保險徵收基礎，除儲蓄利息收入外，不僅僅薪資所得，也包括全部非薪資所得皆納入計算範圍，像英國等並計畫將保險費與所得稅統合（陳聽安，民國八十二年）。

二、部分負擔

健康保險發生之初，原無所謂部分負擔，因為被保險人在繳交保險費之後，已盡了被保險人之責任，部分負擔是晚近健康保險制度發展趨勢之一，實施部分負擔是希望經由被保險人的共同分擔，以達到抑制醫療資源浪費的目的。在理論上，被保險人負擔的醫療費用比例愈高，愈

能抑制醫療資源的浪費，而且部分實證分析，也證明確有此種效果，但充其量也僅能產生短期的抑制作用 (Chou, L. F., 1993)。儘管學者們贊同實施部分負擔，但此種制度有無違背實施社會保險的原意，似乎極少有人關注，部分負擔的比例過低，抑制醫療資源浪費的效果微乎其微，如部分負擔過高又加重被保險人之負擔，而因為部分負擔又可分為定率(如我國全民健保法草案規定)，與定額的部分負擔（如英國），定率的部分負擔在行政上比較繁瑣，但比較公平，而定額的部分負擔恰恰相反，行政作業簡單，卻有違負擔公平。

三、DRG 制度

在 DRG 之前，醫療照護同樣疾病支付之差異很大，以心臟病為例，美國治療費用最低 1,500 美元，最高達 9,000 美元，收費缺乏統一的標準。所謂 DRG（Diagnose's Related Group），1977 年由美國耶魯大學所發展 (OECD, 1990)，自 1983 年在美國實施，是晚近為控制醫療支出過度膨脹，而發展成一種支付方式，即所謂的疾病診斷相關群，把醫療按國際疾病分類為二十三類（指 International Classification of Diseases），再細分若干項目；每一項醫療皆訂定一定標準之支付金額（Diagnose's Group），故此種支付，既非傳統的論量，亦非論日，乃視醫療之複雜性，而訂定需要醫療的時間、方式、藥劑等，每一病例，訂定相對一致之支付標準 (relatively homogeneous)，但每年按醫療費用變動更新。此項制度由美國發展使用，而擴及到英、德、奧、瑞、日等國家，但至今為止，仍然並非全部醫療支付均可採 DRG 制度，美國最初僅有四百六十七種，而目前逐步擴充中 (Havighurst, C. C., Helms, R. B., Bladen, C., & Pauly, M. V., 1989, p. 9)。

DRG，中文稱疾病診斷相關群，雖為一項前瞻性的支付制度

(Prospection Payment System, 簡稱 PPS)，但並未能完全解決醫療成本的問題，因為醫生的報酬與門診部門仍缺乏一致的標準。幾年前美國哈佛大學已嘗試建立相對醫生報酬制度 (Relative Physician Payment Schedule)，但是否能成功地建立，尚待觀察。

DRG 制度建立以來，已成功地減低完全住院病患醫療費用之上升，在此制度實施之前，每一住院病患醫療費用上升 6.8%，實施後當年僅上升 2.7%，但醫療品質是否將因此受影響，不免令人擔憂。

美國最大的非政府健康保險機構，採用 DRG 作為管理工具，在其南加州地區已使醫院每病例之費用減少至較醫院平均成本為低，而成本之差異也縮減。

歐洲致力於 DRG 之研究，亦不遺餘力，並且已視為醫院住院全部人數負荷或產出之指標，用作計算每病例費用之分母。雖則 DRG 並不完整，但不失作為住院病患負荷良好的指標。不可諱言，DRG 仍有不少待改進之處，例如雖患同一疾病卻有不同的輕重，從美國對老人的醫療經驗中已發現，有所謂「DRG 攀升」(DRG Creep) 副作用，即在 DRG 實施之後，所申報的複合病例 (repeated case mix)，實際上就是原有的複合病例 (same case mix) (OECD, 1990, p. 60)，並未有所改變，故 DRG 這項前瞻性的支付制度，並未能解決所有醫療費用上漲的問題。

像美國 Kaiser Perminante 或歐洲國家的醫療制度，利用 DRG 可用作控制與降低每一病例之費用，由於每一國家之疾病與治療過程等未必一致，所以歐洲國家的 DRG 也不同於美國的 DRG，至於目前研究中之慢性病與門診治療 DRG，則美國與歐洲較相似。

四、總額預算

總額預算的由來亦是為控制醫療費用膨脹，即對每年醫療支出設定

一上限。德國以透過各相關利益團體的自願協商方式，訂定總額數，抑制醫療費用，並已在 1977 年訂定的健康照護費用抑制法 (German Health Care Cost Containment Act of 1977) 中採用。

雖然許多國家已相繼使用總額預算，但內涵並非相同，瑞典除藥物與牙醫治療外，包括所有健康照護支出，但其他國家，如瑞士、荷蘭等國，涵蓋醫院支出而已。

總額預算不僅所涵蓋的範圍，各國並不相同，訂定的方法亦不一致，例如美國在 1993 年提出的美國健保法案，國家健康支出以各地方政府之健康保險支出加權平均計算的加權保險費率為主，據此訂定每年平均保險費之上限目標，健保的預算乃是確保醫療照護支出不超過其他經濟部門，並明白規定，各地方政府之健康保險支出須以全國之物價上漲率為限。若各地方政府的全民健保預算成長超過消費者物價指數成長率，或超過與消費者物價相關聯的設定目標 (如消費者物價加人口成長率)，在往後兩年，該地區健保預算調整時，其調整速度必須比消費者物價為低，以抵銷其往年過速的費用上漲 (行政院全民健康保險財務精算諮詢小組報告，民國八十三年)。

而德國的方法是，醫療總費用上漲是以其最低工資的上漲為限。加拿大各省醫療照護制度不一，像英屬哥倫比亞省醫療支出分住院與門診兩大部分，住院部分支出，由省府財務委員會訂定支出指導原則，經由省府裁定後實施，各醫院依此支出原則，編列全年支出預算。而安大略等省醫療支出由相關團體協商訂定，如無法達成協議，交付強制仲裁，而取得合理之解決方案 (行政院全民健康保險財務精算諮詢小組報告，民國八十三年)。

■ 伍、結語──從他國的經驗透視我國全民健康保險制度

一、承保範圍

　　從各國實施健康照護的經驗看來，在一國之內將全體人民納入社會保險制度，僅僅是一種政策目標，故英文的 Universal Health Insurance 或 National Health Insurance 翻譯為全民健康保險，有待斟酌。更重要的基於種種因素，或未善盡健康保險之基本義務，即未繳納保險費，或所得超過一定水準，允許參加替代性健康保險，國家未必將 100% 的人民納入單一的社會保險制度。我國企圖將公、勞、農保等整合，並除軍人外，將其他未納入健康保險的人民全部納入，引起整合上高度困難，而且想做到將全體人民納保，亦僅是理想而已。

二、財務機制

　　由各國醫療支出膨脹的趨勢可推斷，我國一旦實施全民健康保險，可能產生「震盪效應」(shock effect)。而醫療支出必然隨人口增加與老化、醫療技術進步等因素上升，支出增加必然引發健康保險財務負擔之增加，倘若保險機構盈虧自負，則保險費就必須跟著向上調整。本來，實施健康保險的國家，人民心理上就應有所準備，保費負擔只會日趨加重，而無降低之可能。如果健康保險的財務上具有某種機制，即支出增加，收入能相對及時調整，自可維持財務的穩定，倘若在財務制度設計上缺乏自動調整的功能，健康保險即可能出現財務上的危機。綜觀我國全民健康保險法之規定，保險費率之調整，除必須經由主管機關核定，尚須經行政院核定（第二十條），而非自動調整。依據以往實施公、勞保之經驗，

行政院是否照案核定，或及時核定，均有疑問，尤其如遇選舉期間，費率的調整極有可能成為政治的籌碼。

雖然多數國家作為徵收保險的基礎是薪資，但如不以全部薪資，而只是以基本薪資或投保薪資計算保費，就必須訂定投保薪資表或投保金額分級表。表 3-7 中分成若干級，有上限、下限，我國全民健保，即將投保金額分三十級，上限新臺幣 53,000 元，下限為最低工資 14,010 元❸。就我國以往的經驗看來，當公、勞、農保發生財務困難，費率調整不易，投保金額調整亦非簡單，雖然全民健康保險法中規定最高一級超過 3% 的被保險人，且持續十二個月，投保金額分級表就應當予以調整並加高等級。因投保金額非被保險人之全部薪資，如何防止低報、漏報，是財務關鍵之所在。全民健保雖已將原為二十四級的勞保分級表改為三十級❹，增加了六級，但投保金額低報如何稽核，如何防止低報與漏報，依然缺乏一套有效的稽核辦法。

三、預算控制

為防止醫療支出之過度擴張，而影響資源的配置，各國均先後實施總額預算制度，我國在全民健康保險法中，已訂定類似規定:「本保險每年醫療給付費用總額，由主管機關於年度開始六個月前擬訂其範圍，報請行政院核定」，不過總額預算之訂定必須有若干基本條件，所謂總額，實際上必須訂定醫療支出之上限，此上限以何標準訂定? 我國全民健保法母法與施行細則尚缺乏明文規定,據聞我國醫療給付費用總額之訂定，恐怕要在全民健保開辦之後若干年方能實施。所以，如何整體抑制全民

---

❸　目前上限為 87,600 元，下限為 15,840 元 (請見附錄)。

❹　現為三十八級。

表 3–7　全民健康保險投保金額分級表 ❺

投保金額等級	月投保金額（元）	實際薪資月額（元）
1	14,010	14,010 以下
2	14,400	14,011–14,400
3	15,000	14,401–15,000
4	15,600	15,001–15,600
5	16,500	15,601–16,500
6	17,400	16,501–17,400
7	18,300	17,401–18,300
8	19,200	18,301–19,200
9	20,100	19,201–20,100
10	21,000	20,101–21,000
11	21,900	21,001–21,900
12	22,800	21,901–22,800
13	24,000	22,801–24,000
14	25,200	24,001–25,200
15	26,400	25,201–26,400
16	27,600	26,401–27,600
17	28,800	27,601–28,800
18	30,300	28,801–30,300
19	31,800	30,301–31,800
20	33,300	31,801–33,300
21	34,800	33,301–34,800
22	36,300	34,801–36,300
23	38,200	36,301–38,200
24	40,100	38,201–40,100
25	42,000	40,101–42,000
26	43,900	42,001–43,900
27	45,800	43,901–45,800
28	48,200	45,801–48,200
29	50,600	48,201–50,600
30	53,000	50,601 以上

資料來源：中央健康保險局。

❺　民國九十二年之新分級表請參閱本章附錄。

健康保險實施之後，醫療總支出之膨脹，令人堪憂。

　　從我國全民健康保險法之規定，似可窺視未來醫療擬採兩階段給付方式，而第一階段均由全民健康保險之醫療費用協定委員會擬定醫療給付總額及其分配方式，第二階段則由保險人與保險醫事服務機構共同擬定之，並需報請主管機關核定，有關給付標準，我國亦有採 DRG 之計畫，但訂一適合我國的 DRG 曠時費事，而全民健康保險已自民國八十四年三月實施，故可預見的是在 DRG 尚未確立之前，總額預算制度又未在開辦時一併實施，加上全民健保給付的項目比原先規劃為多，未來醫療支出必然日趨上升。如果醫療支出果然增加，而全民健康保險之保險費收入，無法確實掌握，全民健康保險一開始實施，財務上可能陷入危機。

四、組織架構

　　從他國健康保險的組織體制觀察，除非採取福利型國民健康服務 (National Health Service) 的方式，像英、意、西、葡、紐等國家，是採中央集權式的單一組織架構；一般實施保險型的全民健康照護，皆採分權式的多元組織型態，而從國際之趨勢顯示，愈來愈多的國家走向分權式型態，誠如 Bengt Jönsson 所言："There is a stay trend toward to decentralization"。其主要原因是一個龐大而複雜的中央機構很難管理 (OECD, 1990, p. 100)。我國的健康保險組織忽視國際之趨勢及學者忠告，而採取了中央集權式的組織型態——中央健康保險局，其下雖設有六個分局，但其醫療給付，保險費負擔並無差異，贊成中央集權式組織的學者認為，如此的健保體系，其行政成本較低，但我們擔心的是，組織過大，管理不易，可能導致效率上的損失，將超過行政成本的節省。

　　再者，健康保險採公辦公營的方式，大家不免對公營事業的效率有所存疑。一般說來，公營事業的經營效率不彰，並非在於人員素質欠佳，

而是制度上種種牽制所使然，正當我國公營事業朝開放民營之際，卻又建立一個嶄新的全國最大的公營事業，採公辦公營中央健康保險局的組織體制，是否違反了民營化的潮流，值得全國朝野深思！

（本文原發表於《保險專刊》，第三十九輯，民國八十四年三月）

參考文獻

Appleby, J., *Financing Health Care in the 1990s*, Open University Press, Backingham, Philadelphia, 1993.

Chou, L. F., *Selbstbeteiligung bei Arzneimitteln aus ordnungspolitisher Sicht*: *Das Beispiel der Bundesrepublik Deutschland*, (Finanzwissenschaftliche Sohriften, Band 55), Frankfuet am Main, Berlin, Bern: Peter Lang, 1993.

Clinton, B., Clinton Outline Health Plan of Government Meeting, President Address, CQ, Aug. 21, 1993, pp. 2271–2275.

Donaldson, C. & Gerard, K., *Economics of Health Care Financing: The Visible Hand*, Macmillan, London, 1993.

Enthoven, A. C., *What Can European Learn from American*? OECD Health Care System in Transition, Paris, 1990, pp. 57–71.

Havighurst, C. C., Helms, R. B., Bladen, C., & Pauly, M. V., American Health Care, What Are Lessons for Britain? IEA Health Unit Paper No. 5, London, 1989.

Jönsson, B., *What Can American Learn from Europeans*? OECD Health Care System in Transition, Paris, 1990, pp. 87–101.

Leibenstein, H., *Beyond Economic Man*, Harvard University Press, Cambridge, Mass., 1976, Ch. 3.

Leopold, D., *Die Selbstverwaltung in des Socialversicherung*, 4 Neubearbeitete

Auflage, 1992.

Moran S., *Regulation Bad Medicine for Doctor*, Insicht, Sep. 27, 1993.

OECD, *Financing and Delivering Health Care*, Social Policy Studies, No.4, Paris, 1987.

Thearl, E (ed.), *Economics and Polities of Health Care*, Fouth Biannu Symposium sponsored joinly by the University of New Orleans — The University of Innsbruch, 1983.

沈富雄，〈全民健保給付與財源方案之比較〉，中央研究院經濟研究所，民國八十二年五月。

胡德偉，〈全民健保給付與財源方案之比較討論會〉，《臺灣經濟預測與政策》，第二十四卷第一期，中央研究院經濟研究所，民國八十二年五月，第289-297頁。

陳曾基、周麗芳，〈德國健康保險門診特約醫師整體診療報酬制度（上）、（中）、（下）〉，《臺灣醫學雜誌》，第三十六卷第一期，第27-30頁；第二期，第117-130頁；第三期，第196-199頁。

陳聽安，〈我國國民健康保險財源籌措之探討〉，《自由中國之工業》，第七十七卷第三期，民國八十一年三月，第17-40頁。

陳聽安，〈社會保險財源之探討——論薪資稅與所得稅合併的可行性〉，《保險專刊》，第三十一輯，第1-17頁。

陳聽安、張慶輝、鄭文輝等，〈我國全民健康保險財務規劃之研究〉，保險事業發展中心，民國八十二年九月。

陳聽安等，〈行政院全民健康保險財務精算諮詢小組報告〉，民國八十三年六月。

鄭文輝等，〈全民社會健康保險制度之研究〉，國家政策研究中心，民國八十年。

附錄　現行全民健康保險投保金額分級表

單位：新臺幣元

組別級距	投保等級	月投保金額（元）	實際薪資月額（元）
第一組級距 600 元	1	15,840	15,840 以下
第二組級距 900 元	2	16,500	15,841–16,500
	3	17,400	16,501–17,400
	4	18,300	17,401–18,300
	5	19,200	18,301–19,200
	6	20,100	19,201–20,100
	7	21,000	20,101–21,000
	8	21,900	21,001–21,900
	9	22,800	21,901–22,800
第三組級距 1,200 元	10	24,000	22,801–24,000
	11	25,200	24,001–25,200
	12	26,400	25,201–26,400
	13	27,600	26,401–27,600
	14	28,800	27,601–28,800
第四組級距 1,500 元	15	30,300	28,801–30,300
	16	31,800	30,301–31,800
	17	33,300	31,801–33,300
	18	34,800	33,301–34,800
	19	36,300	34,801–36,300
第五組級距 1,900 元	20	38,200	36,301–38,200
	21	40,100	38,201–40,100
	22	42,000	40,101–42,000
	23	43,900	42,001–43,900
	24	45,800	43,901–45,800
第六組級距 2,400 元	25	48,200	45,801–48,200
	26	50,600	48,201–50,600
	27	53,000	50,601–53,000
	28	55,400	53,001–55,400
	29	57,800	55,401–57,800

第七組級距 3,000 元	30	60,800	57,801–60,800
	31	63,800	60,801–63,800
	32	66,800	63,801–66,800
	33	69,800	66,801–69,800
	34	72,800	69,801–72,800
第八組級距 3,700 元	35	76,500	72,801–76,500
	36	80,200	76,501–80,200
	37	83,900	80,201–83,900
	38	87,600	83,901 以上

資料來源：中央健康保險局。

說明：自九十一年八月一日起實施。

備註：

訂定原則：

一、第三組（含）以後每組級距適用五級。

二、各級距投保金額仿照勞保分級表訂定方式，以該級距上限訂定之。

第四篇

英國的私人健康保險與國民健康服務

▌壹、前　言

　　眾所周知，在健康照護制度中，英國獨樹一幟，與德、美、日等國相較，政府扮演更為重要的角色，國民不必繳交保險費便可得到健康照護，財源由一般稅融通，醫生成為受薪階級。英國政府悉心營造與眾不同的健康照護制度，已歷經了五十多個年頭，究竟人民的滿意度如何？它成為此一制度能否維繫的關鍵所在。從統計資料中顯示，號稱公醫制度的英國，其私人或商業醫療部門，對不願利用國民健康服務（National Health Service, 簡稱 NHS）者，一直擔負著積極的任務。對絕大部分購買私人健康保險者言，一旦患病，皆接受私人部門的治療。

　　本篇除前言與結語外，主要是依照 Besley, T., John Hall & Lan Preston (1996) 利用英國社會態勢 (British Social Attitudes, 簡稱 BSA) 調查所做的研究編譯，他們發現英國大約有 14% 家計投保私人健康保險，而其中大約半數為個人，自行購買者中有半數為雇主所提供。英國學者所關切的重點是私人購買健康保險的決定因子為何，故他們的分析側重在私人需求與國民健康服務實行效果的關聯，例如等待名單（時間）長短與對國民健康服務滿意度的相關性衡量。他們觀察到參加私人保險，關係個人對政府健康支出不斷上升的態度。

　　雖則等待名單 (waiting-lists) 常常是用來衡量英國國民健康服務績效的溫度計，但到底因此造成私人保險的需求有多少，其證明則尚不多

見。Besley 等有很好的理由，深信私人保險的需求其實是針對 NHS 的回應。私人保險不過提供了一項途徑，個人可藉此減少依賴 NHS 作為健康照護，假定 NHS 的提供品質降低，會導致更多人選擇私人健康保險。

Besley 等人的分析發現：

1.購買私人保險與地區 NHS 等待名單的長短具正相關。

2.人們對 NHS 的失望，更容易導致購買私人保險。

3.購買私人保險者多為經濟條件較好，受教育較佳，愈是中年以及多為保守黨的支持者。

4.接受私人保險的，比較不願 NHS 支出增加，或將健康支出作為政府支出的優先項目。

本篇將首先提出若干背景說明，接著針對英國健康服務的供應作深入了解。次之是本篇的重心，利用 BSA 的資料證明上述的發現，將私人健康保險與人們的特徵相聯結，其中包括經濟狀況、各種態度的指標，並討論對 NHS 的滿意度。最後檢討支持 NHS 的決定因子，並對研究發現提供若干政策的含義。

■貳、背景說明

個人是否選擇購買私人保險，有多方面的考量，而主要的理由是必要時可獲得私人部門的醫療照護，並避免受等待之苦，更加強了仰賴私人治療的需求。此外，私人部門的服務，像病房、電話等設備產生一種「賓至如歸」的感覺，也吸引人們購買私人保險。

私人保險的兩種投保來源，一為個人購買，另一為雇主提供。後者的考量是對員工的一種津貼，而且又具有可作為費用抵稅的利益，雖然一般不易了解有多少人會拒絕此種提供。通常受雇者都視其為一項額外

的報酬，自然而然認為可取代雇主給予比較高的工資。因為由雇主提供的私人保險風險分散較大，而個人購買的保險則比較切合個別需求，故兩者各有利弊。雇主提供的私人保險，是當作整個報酬的一部分，它的購買原則上仍取決於影響私人保險的需求因素。

再則，受雇者或許會疑慮如果他們不接受雇主購予的保險，是否有可能得到等額的工資補償，又假如他們自己不購買，雇主是否會樂意為其投保。從這方面的考量可以了解，雇主提供的私人保險比較複雜而且具爭議性，是以，Besley 等人的研究乃集中在個人購買私人保險方面，是可以理解的。

許多人與家計估算私人保險的成本和效益，用以決定是否值得購買，由此亦可看出仰賴 NHS 的一斑。另言之，家計對私人保險的需求，是決定於諸多經濟和人口的資訊。英國的社會態勢調查 (BSA) 提供了豐富的資訊，可用之於解釋私人保險的需求，Besley 等人基於此項資料，分類陳述於次：

一、社會、經濟因素

(一)所　得

無庸置疑，私人健康保險應視為「正常財」(normal goods)，亦即此種財貨需求隨所得之增加而上升。顯而易見，倘若人們從私人部門獲得的利益增加，則以所得衡量的經濟福祉上升，對私人保險需求自然會增加。

(二)就業情況

個人是否為自我雇用者或從事一種可能影響私人保險需求的工作。例如個人的所得不穩定，容易避免必要正常之支付。此外，雇主提供私人保險亦取決於工作的性質和情況。

(三)教育程度

　　教育程度會影響個人態度與一般生活型態，進而影響私人保險需求。另外，有關經濟情況的資訊取得方面比較快捷，像升遷機會等亦具有影響力。

二、人口因素

(一)家計的大小

　　家庭的大小也可能是一項重要的因素，一定的所得水準下，大家庭購買私人保險的資源較少。

(二)年　齡

　　年齡有重要的影響，是因為疾病可能隨年齡而增加，年歲日增亦反映於需要私人健康照護的迫切。

三、偏好和態度

(一)政治關係

　　從人民投票可顯示出公民盡義務的觀點，例如勞工黨的支持者認為政府對人民健康照護的提供責無旁貸，不需要購買私人保險。反之，保守黨員認為參加私人保險係屬於個人事務。

(二)NHS 之滿意度

　　本篇中將直接衡量 NHS 門診與住診之滿意度，及對 NHS 整體之滿意度。

四、NHS 的狀況

　　上文已指出，人們在選擇私人保險時必然關心 NHS 的情況。唯與前述不同者，是此等情形在家計水準上並未改變。儘管如此，NHS 的區域

組織畢竟在 NHS 變數中有所變動，因為基於某種目的，它可能成為全國而非地區的情形。假定人們原則上比較關心地方上的情況應屬合理，乃以下列三種方法衡量 NHS 的狀況：

　　1.等待名單──文中主要以等待名單作為衡量主要直接績效，此又分為長、短兩類。

　　2.支出訊息──按區域基礎的每人診斷、治療與行政支援 NHS 支出。

　　3.醫護人員配備──以每人 NHS 配備人數作為潛在品質之指標。

　　有一種思考的方式是認為上列 NHS 的績效衡量，人們實際上知道此等數字，並用之於購買私人保險的抉擇。然而此種想法與事實頗多出入，比較確切的看法是，人們將取得的地區性 NHS 績效評估資訊，作為購買私人保險的考量。饒富意義是找出上列變數與衡量 NHS 滿意度間之相關性，以驗證其與事實是否符合，下文中將提出兩者關聯之證明。

■ 參、英國健康服務的提供

一、政府的提供

　　從 1948 年開始，國民健康服務即為英國醫療照護的主要提供者，供應普及的醫療服務，經費係取自一般稅。值得注意的是，少量的私人醫療照護一直都存在於英國。只是私人醫治的範圍十分有限，廣大的人民之醫療照護，仍然依靠 NHS。

　　當 NHS 繼續得到廣泛政治上的支持之際，它的財源也變得高度政治化。儘管保守黨的政府對 NHS 並未作出承諾，學者們也極少質疑，在過去十五年 NHS 的實質支出不斷膨脹情勢看來（見圖 4–1），在 1992 年的

競選宣言中，保守黨誓言要使 NHS 的年實質支出增加維持不變，此一誓言曾廣泛受人稱道。

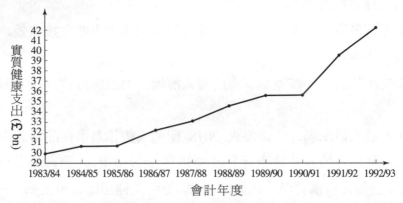

圖 4-1　1983/84 ～ 1992/93 年 NHS 的實質支出（£ bn, 以 1992/93 價格計算）

　　如前所示，NHS 的主要財源係取自一般稅。此外，按使用者付費，亦即是部分負擔 (co-payment)。除兒童、學生、老年與失業者免除外，就醫者必須負擔若干費用，以挹注少部分財源。近年來，使用者付費加上出售土地之收入以彌補一般稅收之不足，其重要性已有增加的趨勢。

　　眾所周知，NHS 的基本組織是區域性的，至 1996 年 NHS 醫院與社區健康服務（Hospital and Community Health Service, 簡稱 HCHS）的收入的 95% 分配給十六個區域健康局 (RHAs)，透過此機構再分配給一百九十個負責初步的醫療提供健康分局 (District Health Authorities)。經費分配的基本構想是秉持區域平等原則，由區域分配給分局的經費則授權 RHA，使他們有較大裁量權，住院人數「大排長龍」，在人們的意識中，已象徵當今英國 NHS 經費的拮据。也許有人懷疑以單一指標是否足以表示實況，事實上也確實不夠清晰（見圖 4-2），在 1981 與 1984 年間每一千人增加了一‧五人。至此期末多又趨下降，變動可說相當劇烈。吾人

必須牢記，等待名單僅表示在某一時間所有等候住院治療者的「縮影」
(snapshot)，說明許多人在短時間內想接受治療。千真萬確的是，大約有
一半的等待名單住院者承認，他們曾等待了約五個星期。

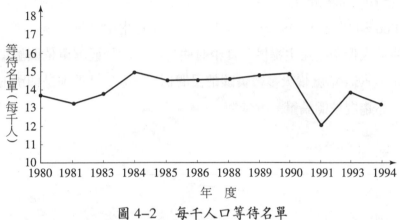

圖 4-2　每千人口等待名單

　　由此情形觀察，長期等待名單 (long-term waiting lists) 可能便是公共
部門提供「品質」的基本指標。由圖 4-3 中可知長期等待名單，即為特
定治療等超過十二個月的人數，自 1980 年代中期持續下降，到 1993 年
底下降尤速，此種情形可能與政府著手採取若干解決措施有關。

圖 4-3　每千人口長期等待名單

二、私人部門的供應

從 BSA 的樣本發現，在 1983 年有 11% 的英國人參加私人保險，到 1987 年和 1989 年上升為大約 14%（見圖 4-4），同樣的數據也由 Eastwood 和 Propper (1989) 研究中發現，在樣本中的每一年，剛好有一半人的私人保險由雇主提供。其中有些是典型的團體保單依照論量計酬 (fee-for-service)，就像大多數美國的民間保險一般。其他則是個別的保險購買，亦趨向按照論量計酬營運。

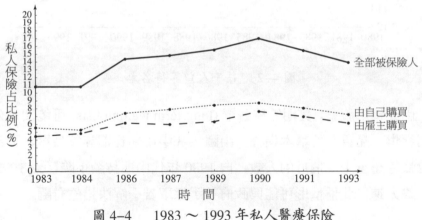

圖 4-4　　1983 ～ 1993 年私人醫療保險

大約全部私人健康保險的一半是由雇主購買，其餘由個人或家庭取得。雇主所提供的私人醫療保險，如個人年所得超過 8,500 英鎊將作為福利性收入 (fringe benefit) 課稅。自 1900 年起，凡超過六十五歲者，購買個人保險可獲得租稅減免。

英國的私人健康保險市場係高度集中，三個非營利組織占了近 90%，在 1980 年代早期，單單 BUPA 一個保險人即占有幾乎 60% 的市場，整個私人健康保險的支付條件由其訂定，之後 BUPA 的比重下降，

但三家領導者在 1993 年幾乎占有 80% 市場。而全部而言，目前英國只有二十四家組織主動提供私人醫療保險 (Laing, 1994)。

發展到今日，私人提供的展望仍相當有限，因為主要保險是限於某些選擇的外科。更精確地說，是針對那些非致命的治療但等待卻最久的患者，超過 70% 的私人外科治療過程少於二十四個步驟 (Propper & Maynard, 1989)，在 1980 年代末期許多創新的產品（保險）產生，限制承保的涵蓋條件，有一種情形將治療步驟限於十七項。其結果，致使人們參加私人保險後，某些治療仍需依靠 NHS，尤其是急診和嚴重疾病的醫治。無庸贅言，人們選擇公共提供某些特種的醫療費用，是無法減免賦稅的。

▎肆、由英國社會態勢調查的證明

英國社會態勢調查是每年調查三千個家計，其中包括有關利用 1986、1987、1989、1990 與 1991 年健康服務的態勢模數 (modules)。

調查的內容是每年私人健康保險涵蓋的範圍，私人保險的家計又區分為主要的費用由雇主或個人負擔。按照資料分析，雇主供應的保險略超過市場的一半。在圖 4-4 中，個人和雇主提供的私人保險在 1990 年達到顛峰。區域健康局資料中亦顯示 NHS 品質變動區域方面的趨勢，這些資料與 BSA 地區性的資料相結合，亦與國會議員選區吻合，可觀察到等待名單的長短，尤其是長期疾病的名單、醫療人員配備和每人醫療支出。

圖 4-5 指出英國十六個區域健康局的長、短期病患等待名單的變化。引人注意的是 1991 年由長期轉變為短期等待變動幅度很大，此反映了政府採取政策的影響：由 1989/1990 年在 1987/1988 年設置了「等待名單基金」(waiting-list fund)，特別針對地區健康分局，在配備一些專科大

夫治療嚴重的長期候診者之後，由圖 4-5 顯示，就長期等待的名單言，至少使整體等待名單縮短。

圖 4-6 分別表示了十六個區域健康局私人健康照護涵蓋的範圍，有些大幅變動的部分因素是受 BSA 資料取樣方法的影響，但從時間序列觀之，上升的趨勢相當清晰，雖則有一兩個地區，像 Trent 與 West Midlands 有下降的情況。

一、私人健康保險和個人特徵

每年按照廣泛的社經與人口特徵蒐集資料，表 4-1 與表 4-2 比較由本人或由雇主購買私人保險，或不參加私人保險。

(一)社經特徵

首先從私人保險的所得效果入手，令人感到遺憾的是缺乏像 BSA 調查實質所得方面的資料，由於表 4-1 與表 4-2 未經過物價波動的調整，故它只是名目資料。如此的資料，五年中實質的所得必然起了變化，無庸置疑，以名目所得表示容易誤導。雖然如此，如表 4-1 所示，在一年之中比較應不成問題。依據每一年的資料，私人保險很可能超過 15,000 英鎊。此乃強調經濟福祉重要地影響私人保險購買的抉擇。此在 Bosanquet (1993), Propper (1989, 1993) 的研究中業已指出。

擁有住宅與否也是一項經濟狀況的指標，但它更只可視為衡量長期經濟生活水準的標示。

教育程度也與私人保險的購買相關，購買私人保險者大多具有高中和大學的教育水準。不同的職業、所得水準與所得固定有類似的反映，對私人部門的態度不同亦復如此。某些職業更可提供有力的佐證，從事製造業工作者比非製造業工作者較少購買私人保險，自我雇用者的購置私人保險比受雇者則高出兩倍。

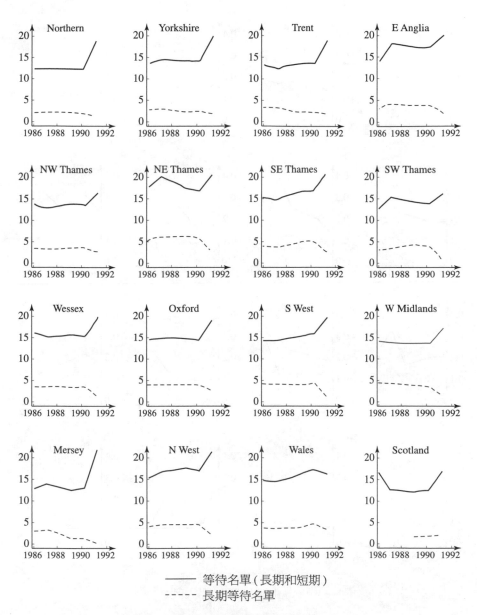

圖 4-5　RHA 調查各地區等待名單之長度

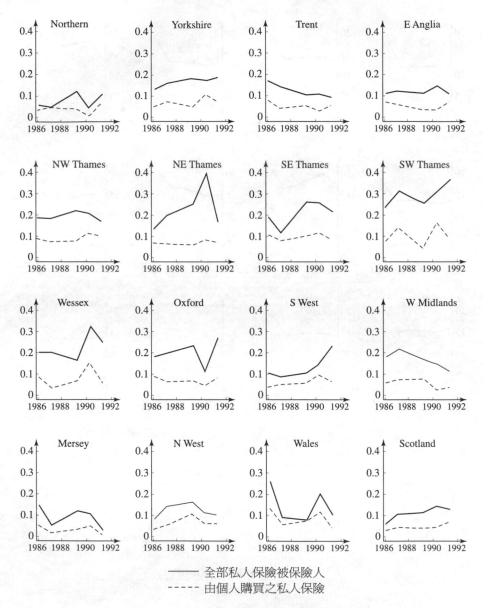

圖 4-6　RHA 調查各地區之私人保險

表 4-1A　家計年所得超過 15,000 英鎊參加與未參加私人保險之比

年　　度	未參加私人保險	參加私人保險		全　　部
		自己購買	雇主購買	
1986	17.7%	47.5%	64.1%	23.0%
1987	21.7%	50.7%	65.6%	26.9%
1989	30.2%	59.4%	80.8%	36.5%
1990	39.0%	67.3%	87.3%	45.6%
1991	36.0%	65.3%	87.2%	42.4%

資料來源：*Private Health Insurance and the State of the NHS.*

表 4-1B　家計年所得低於 5,000 英鎊參加與未參加私人保險之比

年　　度	未參加私人保險	參加私人保險		全　　部
		自己購買	雇主購買	
1986	30.0%	5.0%	0.0%	26.2%
1987	29.0%	7.1%	1.6%	25.4%
1989	25.7%	4.5%	0.5%	22.1%
1990	20.6%	0.7%	0.5%	17.5%
1991	14.7%	4.1%	0.0%	12.7%

資料來源：同上。

㈡人口因素

　　無庸諱言，人口的影響是涉及年齡層，了解於此，吾人對雇主極少為超過六十五歲以上者提供私人保險便不足驚訝。故不需贅言，老年人比較少自己購買私人保險。理由之一，可能是受保險費較高的影響，毫無疑問地，高齡又與低所得相關，因而導致此一結果。從下列計畫分析可知，控制某些因素可同時觀察對私人保險的需求，老年人的社經特徵對需求構成一些正面的效果。具有高度利用保險傾向的老人，亦表示從私人醫療照護獲得的價值增加。

　　自表 4-2 中不易獲得清楚的證實，家庭大小與有子女對私人保險需求有何影響，三種身分中女性的影響較低。

表 4-2　　私人保險與未參加私人保險者之特徵

受訪者類別	未參加私人保險	參加私人保險	
		自己購買	雇主購買
初中程度	26.3%	29.6%	26.5%
高中程度	21.1%	35.6%	38.0%
大學	6.7%	13.4%	16.1%
女性	54.7%	48.2%	45.6%
小報閱讀者	83.3%	65.1%	68.0%
保守黨員	32.8%	59.0%	59.9%
勞工黨員	38.0%	16.2%	14.4%
三十歲	19.9%	17.8%	31.6%
四十歲	17.7%	25.3%	32.0%
五十至六十五歲	21.5%	27.2%	19.2%
六十五歲以上	20.1%	13.7%	2.0%
子女數	0.71	0.59	0.90
成人數	2.10	2.21	2.24
自我雇用	6.7%	12.7%	7.0%
公共部門受雇者	29.5%	34.3%	17.5%
製造部門	29.1%	20.9%	27.9%
自有財產	65.4%	88.6%	90.1%
受訪者總數	9,963	764	974

資料來源：同表 4-1A。

(三)態度的特徵

　　BSA 調查的主要目的是蒐集態度方面的資料，資料中透露出豐富的資訊，包括政治方面訊息。顯示受訪者具保守黨身分比較傾向於購買私人保險。有關此種情形，Calnan, Cant 和 Gabe (1993) 已經提示，它和具前瞻看法的 Propper (1993) 亦十分符合。此外，並考慮到一些觀念上排斥私人部門者，這些人在購買健康保險之前，得先克服觀念上的障礙。

　　BSA 以往調查的資料 Preston and Budge (1993) 已指出，暢銷的報章閱讀也相當重要地影響人們的態度。表 4-2 的證明雖具參考價值但卻不夠完整。尤其是它不足表達各項變數的關係。依照 Besley, Hall 與 Preston

用個體資料深入的計量分析，他們1996年的報告摘要如下，大多的相關性一如前述的討論依然可以顯示即使其他變數納入考量，亦復相同❶。

二、對 NHS 的滿意、個人特徵與私人保險

在1986年到1991年的每一年，BSA調查包括詢問個人對NHS的滿意度，或者依照個人的經驗，或者透過一般人的看法，經由分別對健康服務不同層面的詢問。本篇的重點是集中於門診與住診及對NHS整體的滿意情形。就每一問題，受訪者表達以最滿意、相當滿意、既非不滿意亦非滿意、相當不滿意和最不滿意。大多受訪者表示，某些方面相當或很滿意作答。但一般言之，更多人感到不滿意的比率超過滿意的比率。

任何認為NHS的品質下降容易促使人們購買私人部門的保險，若有人指出NHS水準低落和購買私人保險亦牽涉個人的不滿，則此種不滿將使購買私人保險又為之加強，當無疑義。因此，以下從許多層面討論，首先觀察表示不滿意者的個人特徵，次之，研討表達不滿是否即表示實際購買私人醫療保險，第三，考量滿意和實際健康服務品質間的觀察指標，如等待名單等。

表4–3和表4–4比較表示對NHS醫院治療不滿意、滿意或無差別的特性。我們可以發現不滿意多為受教育者、較富有者和青年們。就這方面言，相當吻合典型私人保險的購買者的特性。

從對NHS的不滿和私人保險的購買聯結得到的證明可從表4–5中獲知。私人保險較諸NHS，不論特殊方面或整體而言，顯現了更大的滿

❶　關於各種變數之定義，請參閱 Besley, Timothy, John Hall, Ian Preston, *Private Health Insurance and the State of the NHS*, the Institute for Fiscal Studies, Commentary, No. 52 之附錄。

意度。如此的結果深具重要的意義，即個人購買私人健康保險可從 NHS
中劃分，而且愈感到不滿意的人，愈可能購買私人保險。尤其引人注意
的是針對住院方面，不滿意度易使購買私人保險之關聯更為強烈。

　　理念上，對經由公共部門提供醫療服務的不滿，應加區分，有關這
方面的探討，可參閱 Calnan, Cant 和 Gabe (1993) 的研究。他們深入評估
後者的看法，認為英國人是對服務品質的失望，而非對公共部門提供的
不滿，而導致人們轉向私人部門。

表 4-3　對 NHS 門診和住診滿意度之特徵

受訪者類別	對 NHS 的門診和住診服務之滿意度	對 NHS 的門診和住診服務之不滿意度
初中程度	25.5%	27.4%
高中程度	18.0%	28.4%
大學	4.6%	11.0%
最近接受治療者	50.2%	52.6%
女性	55.2%	52.0%
小報閱讀者	83.5%	78.4%
保守黨員	37.8%	35.9%
勞工黨員	35.1%	34.3%
三十歲	16.3%	24.7%
四十歲	18.1%	20.6%
五十至六十五歲	25.3%	18.5%
六十五歲以上	24.6%	12.4%
子女數	0.64	0.79
成人數	2.10	2.14
自我雇用	6.4%	7.8%
公共部門受雇者	27.8%	29.7%
製造部門	30.1%	26.9%
自有財產	66.0%	71.7%
受訪者總數	5,570	6,131

表 4-4A　所得超過 15,000 英鎊家計滿意和不滿意之比例

年　　度	對 NHS 門診與住診服務之滿意度	對 NHS 門診與住診服務之不滿意度	整　體
1986	16.9%	28.8%	23.0%
1987	20.6%	32.9%	26.9%
1989	27.5%	44.9%	36.5%
1990	36.7%	52.5%	45.6%
1991	33.9%	50.3%	42.4%

表 4-4B　所得低於 5,000 英鎊家計滿意和不滿意之比例

年　　度	對 NHS 門診與住診服務之滿意度	對 NHS 門診與住診服務之不滿意度	整　體
1986	20.4%	32.3%	26.2%
1987	20.6%	30.7%	25.5%
1989	16.3%	28.4%	22.1%
1990	14.1%	21.9%	17.5%
1991	11.1%	14.4%	12.7%

表 4-5A　對 NHS 門診的滿意度

類　　別	非常滿意	相當滿意	既非滿意亦非不滿意	相當不滿意	很不滿意
無私人保險	27.1%	43.6%	15.5%	10.2%	3.7%
自己保險	21.5%	39.9%	20.7%	12.8%	5.1%
雇主	16.3%	42.1%	19.8%	14.2%	7.6%

表 4-5B　對 NHS 住診治療之滿意度

類　　別	非常滿意	相當滿意	既非滿意亦非不滿意	相當不滿意	很不滿意
無私人保險	16.0%	40.8%	15.1%	18.2%	10.0%
自己購買私人保險	10.9%	35.7%	15.5%	24.4%	13.6%
雇主代購買私人保險	8.1%	31.4%	17.5%	29.2%	13.9%

表 4-5C　　對 NHS 整體之滿意度

類　　別	非常滿意	相當滿意	既非滿意亦非不滿意	相當不滿意	很不滿意
無私人保險	6.9%	32.6%	17.9%	24.2%	18.4%
自己購買私人保險	4.6%	30.6%	19.6%	27.1%	18.1%
雇主代購買私人保險	4.2%	31.3%	18.6%	27.5%	18.4%

三、區域 NHS 的效果變動對購買私人保險的影響

　　由上述分析，觀察到個人對 NHS 滿意與否會影響私人保險的購買。唯滿意度畢竟是一種主觀的認定，未必與實際的 NHS 相關。以下將探究私人保險購買和可觀測 NHS 品質間的關聯。

　　如區域健康局可掌握的資源為既定，以下的驗證即基於區域的變數，觀察的結果呈現在圖 4-7 和圖 4-8。縱軸是表示區域內受訪者之比例，他們的私人保險非由雇主，而係由自己購買。圖 4-7 清晰地證明購買私人保險與等待名單的長度呈正相關。在區域中之等待名單較長者購買私人保險的愈多。在圖 4-8 中，支出與醫護人員配備之多寡與購買私人保險間則關聯似乎不大。

　　再進一步就此項問題嚴謹地作測試，即嘗試將公共部門的服務品質和私人保險的改變聯結。如此則撇開任何未觀察的因素影響公共和私人保險。圖 4-9 透露等待名單和私人保險變動間的關係，在樣本的最後年度，顯示變動越大者，兩者間之正相關越明顯。兩者的正相關指出，近年英國政府針對減少等待名單的政策，已影響私人醫療保險的需求。

　　如再用統計方法觀察個人購買私人健康保險，控制許多不同的變數，用此方法處理區域資料和個人的抉擇。

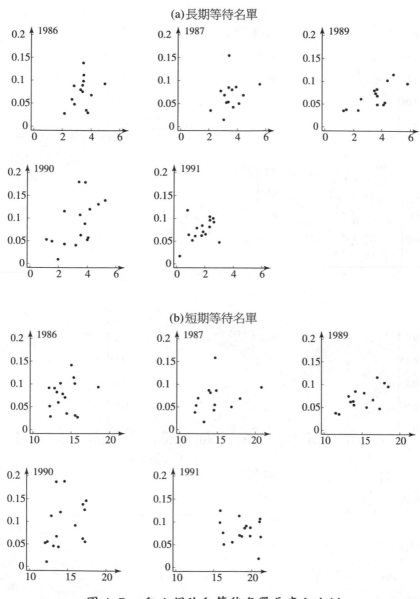

圖 4-7　私人保險和等待名單長度之比例

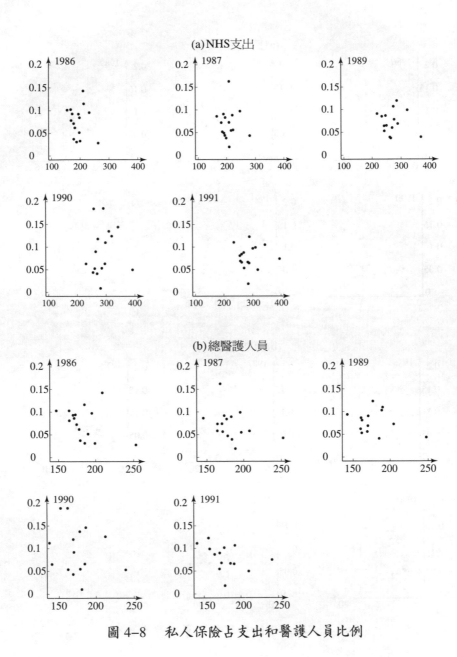

圖 4-8　私人保險占支出和醫護人員比例

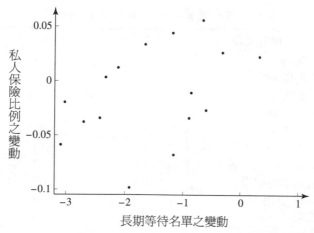

圖 4-9 1991 年私人保險比例變動和長期等待名單變動

㈠區域性平均數的印證

Besley 等人進而利用區域的資料，進行多元迴歸分析，控制區域中影響私人保險的購買，採取 BSA 的資料，計算區域 (RHA) 不同受訪者特徵的平均數（見表 4-2）。因此，在迴歸分析中，每一觀察為每年中特定 RHA 個體資料的平均值，按照此種方法運算，計有七十八個觀察值。倘若區域資料具代表性，則此等變數應接近於真正的區域平均值。

表 4-6 表示按 RHA 水準，求取私人健康保險需求的特殊迴歸，如圖 4-7 和圖 4-8 的縱軸表示，區域中的受訪者非由雇主，而是由個人購買的健康保險，解釋變數包括家計所得、年齡、房屋持有與教育的區域樣本平均值。右邊也包括 NHS 每人支出，以及作為迴歸等待名單的長度。此外，尚包括每年因虛擬變數和每一區域控制的總體震盪 (macro-shock)，以及長期區域之差異。

在表 4-2 中的迴歸可判定許多明確的結果，其中區域受訪者之「低所得」比例，年所得低於 5,000 英鎊。由上述可知，其對購買私人保險具負效果，在受訪者低所得增加 10%，私人健康保險之購買將降低 2%，

表 4-6　個人購買私人保險的意義迴歸比例

解釋變數	係數估計	t 值
低所得	−0.16	−2.14
自有財產者	−0.11	−2.18
小報閱讀者	−0.25	−3.78
初中程度	0.14	1.77
中年者	0.11	1.84
六十五歲以上	0.27	3.14
公共部門受雇者	−0.13	−1.88
長期等待名單	0.015	3.00
NHS 支出	−0.16	−0.58
常數	1.14	0.74
觀察數	78	
F 值	5.89	
R^2	0.77	
MSE 根	0.02	

令人驚奇的是自我雇用的係數為負。此一結果與 Besley 等另項報告中之結論有別。若年齡低於四十歲者，與中年和超過六十五歲的老年人相比，較不會購買私人健康保險，這似乎反映隨年齡上升，私人保險的價值下降。又初中學歷與私人健康保險間具有正的關聯性。

在政府部門任職者較少購買私人保險，再則，小報閱讀者 (toboid reader) 亦甚少參與私人健康保險。

NHS 的品質，從長期等待名單的係數便可一目了然。上文指出私人健康保險隨長期等待名單的增加而增加。不過從圖 4-7 與圖 4-9 所獲得的訊息並不十分完整，每千分之一的受長期等待者會增加私人健康保險者僅為 1.5%。

(二)個體資料的印證

1. NHS 品質和私人保險購買的證明

　　區域迴歸放棄個體的資訊，因就區域內而言，個人之間無甚差異。許多個人變數無甚更動，Besley 等人使用計量方法所得之結果，是經由個人購買私人保險的模型，來研究個別受訪者之行為。

　　表 4-7 可顯示偏好特定係數，文中的係數所表示者為購買私人保險的受訪者變動之效果，此項結果主要的差別是方法上比較精密，而不在所發現之本質上有所差異，影響私人保險購買的因素，如經濟狀況、年齡和教育依然有效。

　　另一項有趣的結果是關聯政治的屬性，受訪者有保守黨身分，比較會購買私人保險，若有勞工黨的色彩則恰好相反。報紙的閱讀也產生影響力，小報的讀者顯示較不會購買私人保險。對 NHS 住院治療之不滿表露出明確的訊號，加強私人保險的購買是針對 NHS 的感到不滿，家計的大小也影響購買私人保險的效果。

　　尤為重要的是，長期等待名單影響私人保險購買也反映在此處，估算的結果亦大致相同（見表 4-6）。

　2. NHS 品質和滿意的證明

　　個體的資料也可用之於研究 NHS 品質和個人對 NHS 滿意特徵兩方面的影響，以個人和區域特徵作為人們購買私人保險的解釋變數。表 4-8 指出對 NHS 住院治療不滿的直接迴歸 (probit regression) 結果作為依變數，估算的結果與私人保險需求程式（見表 4-7）相類似，強調對 NHS 失望和私人保險的需求。就整體言，經濟條件較佳、受教育較好之受訪者對 NHS 較少感到滿意，就這方面而論，有趣的是長期等待和低 NHS 支出也會使滿意度下降。

　　總而言之，從三方面可證明長期等待和私人保險的購買間具相關性，第一由原始資料，第二從區域平均的迴歸及第三經由個體資料而求得結果。整體說來，資料都顯示個人購買私人保險的決定和長期等待名單相

表 4-7　個人購買私人保險的迴歸

解釋變數	係數估計	t 值
等待名單	−0.0020	−0.838
NHS 醫護人員	−0.0000	−0.175
總機構支出	0.0032	1.139
長期等待名單	0.0133	2.849
行政支援支出	−0.0003	−0.623
治療支出	0.0000	0.073
對 NHS 整體失望	0.0075	1.332
對門診之失望	0.0148	2.627
對住診之失望	0.0125	2.249
三十歲	0.0319	3.520
四十歲	0.0537	6.512
五十至六十五歲	0.0519	6.265
六十五歲以上	0.0330	2.811
子女數	−0.0064	−2.260
成人數	−0.0139	−4.073
家計所得	0.0022	12.752
自我雇用	−0.0128	−1.165
公共部門受雇者	−0.0206	−2.680
自有財產	0.0303	4.183
初中程度	0.0282	3.933
高中程度	0.0350	−4.899
大學	0.0241	2.444
小報閱讀者	−0.0296	−4.811
保守黨員	0.0392	6.458
勞工黨員	−0.0323	−4.557
觀察人數	11,213	

關。尤有進者，從 BSA 型態顯示，足資證明對 NHS 的滿意度與 NHS 營運滿意度有關。

　　其實上述效果最佳的詮釋，是將其視為 NHS 假想的品質，因此，私人保險的購買是對 NHS 提供品質想像下降的反映。應加注意的是，長期等待名單在文中的研究是作為支持影響抉擇的主要變數。Besley 等人企

表 4-8　個人對 NHS 門診或住診不滿意的迴歸

解釋變數	係數估計	t 值
長期等待名單	0.023	4.14
NHS 支出	−0.088	−2.13
家計所得	0.002	7.30
三十歲	0.004	0.24
四十歲	−0.060	−3.72
五十至六十五歲	−0.143	−8.79
六十五歲以上	−0.185	−9.91
自有財產	−0.019	−1.56
小報閱讀者	−0.022	−1.62
保守黨員	−0.054	−4.35
勞工黨員	−0.001	−0.07
初中程度	0.058	4.43
高中程度	0.139	9.89
大學	0.189	8.83
公共部門受雇者	−0.004	−0.36
自我雇用者	−0.005	−0.27
子女數	−0.008	−1.52
成人數	−0.024	−3.56
觀察數	11,213	

圖將私人保險購買與支出及人員配備相聯結，但交代尚不夠清晰，等待名單可能不是 NHS 利用者唯一關心的。儘管如此，等待名單廣泛地引人注目，是其與支出和人員配備相比，資料上比較容易衡量 NHS 服務的績效，故其引人注目的理由是容易了解的。不過，假如沒有等待名單，亦可能會應用其他指標。

四、支持 NHS 支出

或許有人期盼購買私人部門保險，會促使降低傾向對公共照護的支出。是以，倘若強調支持公共支出當為經濟條件較好的人。利用私人醫

療照護，在一定預算之下，有可能使其他人得到更多醫療資源。不過成長的私人部門仍然可能會引發政治上的關切。眾所周知，即使私人保險有意涵蓋急診，以及其他公共部門所無法包含的外科手術，人們也繼續表示支持健康照護，目的是為了他們關心家庭以外人們的醫療照護。

　　BSA 的資料，也對受訪者提出兩項支持健康照護不用政府計畫的問題，第一，受訪者被詢問於 1990 及 1991 年對健康支付贊成增加或減少。令人遺憾的是，Besley 等人的調查由於受訪者僅被告知，假如他們表示傾向增加支出，就必須支付額外的稅款，因此，使租稅的影響不太明晰。第二，在 BSA 調查的每一年資料，詢問包括健康、教育與國防等項之公共支出，以何者為最優先，仍以健康支出為最優先。

　　表 4-9 中指出不論有無私人保險，大多數人仍願公共健康照護之支出增加（願減少者人數比例極小）。儘管如此，參加私人保險者如與其他人相比，傾向於不願見到公共健康支出之增加，反對增加者占 15%，支持增加者占 85%。Calnan, Cant 與 Gabe (1993) 與 Taylor-Gooby (1991) 的研究，也都有類似的結論。

表 4-9　　有無私人保險者的公共支出偏好

	希望健康支出增加	希望減少或不增加健康支出
無私人保險	91.3%	8.7%
有私人保險	85.1%	14.9%

　　購買私人保險本身是否不支持公共健康支出，Besley 等人不敢妄加斷言，因為或許尚有其他與私人保險相關的因素，較不支持公共健康保險的支出增加。例如投保者可能為富有者，在一定累進所得稅制度下，如增加健康服務支出，必須支付較高比例之稅負。如表 4-10 中所示，受

訪者之家庭所得每年超過 15,000 英鎊者，比較不願增加健康服務之支
出。表 4–11 表達受訪者其他特徵，分門別類他們是否願意增加公共健康
支出。

表 4–10A　家計所得高於 15,000 英鎊希望增加或減少健康支出

年　　度	希望增加健康支出	希望減少或不增加 健康支出	全　部
1990	46.4%	49.7%	46.7%
1991	42.3%	54.5%	43.7%

表 4–10B　家計所得低於 5,000 英鎊希望增加或減少健康支出

年　　度	希望增加健康支出	希望減少或不增加 健康支出	全　部
1990	16.3%	16.2%	16.3%
1991	13.4%	5.9%	12.6%

　　另一項詢問的問題是公共支出中與教育、國防比較排列優先次序。
是以，對受訪者的任何型態至少應無稅率上差異之影響。表 4–12 所示，
具私人保險者，與其他人相比，較不會增加公共支出列入最優先。雖則
如前所述兩者的差別不大，但也仍有一些令人質疑之處，例如接受私人
保險者也往往是接受私立學校教育、和其他私人部門的計畫支持者。或
者因為個人的因素根本無意於教育，基於此等理由，表 4–12 有誤導之
嫌。因此，就此項問題作更深入探討，實有必要。

■伍、結　語

　　Besley 等學者由觀察對 NHS 的滿意度和購買私人保險抉擇獲得一
些結果，在結果中強調政治經濟的重要性。如前所示，個人購買私人保

表 4-11　期望增加或減少健康支出之特徵

受訪者類別	希望增加健康之公共支出	希望減少或維持健康之公共支出
初中程度	29.4%	24.1%
高中程度	25.0%	35.0%
大學	8.6%	13.5%
婦女	55.7%	45.3%
小報閱讀者	81.3%	71.5%
保守黨員	31.9%	71.2%
勞工黨員	41.3%	10.9%
三十歲	21.7%	17.5%
四十歲	20.3%	19.7%
五十至六十五歲	20.9%	21.5%
六十五歲以上	16.5%	6.6%
子女數	0.69	0.50
成人數	2.10	2.00
自我雇用	7.3%	13.5%
公共部門受雇者	28.1%	24.5%
製造部門	26.8%	22.3%
自有財產者	71.2%	83.6%
觀察總數	2,554	274

表 4-12　有無私人保險對公共支出優先性

	健康視為最優先	健康視為非優先
無私人保險	54.2%	45.5%
有私人保險	47.6%	42.4%

險似乎不願增加 NHS 之支出。如果將個人之政黨屬性和私人保險聯想，無論是原因或效果，都會強調政治面的因素。因此，私人保險的擴張有改變政治上支持 NHS 的可能。還好到目前為止，大多數人並未購買私人保險。唯值得注意的是購買私人保險者仍然支持 NHS 之支出。因此，削減實質服務，促使私人保險增加，實際上可能造成降低公共健康支出更

大的壓力，也因此嚴重降低服務品質。此乃說明，支持 NHS 應予降低近乎可能，除非它失去了普遍性。當然，此種描繪或許只是臆測之辭，但公、私健康保險之替代性業已成為英國一項重要問題。

　　無論未來英國政府的政治如何複雜，保險政策已漸漸形成兩難。雖然以 OECD 標準衡量，如今英國是低稅國家，但增加租稅融通即將來臨。其所以如此，仍是想要提升 NHS 的品質。果真如此，則將造成減少私人保險的購買。

　　從上述分析有兩項重要的含義。其一，原先為購買私人保險者，任何增加個人對公共部門的利用，可能會降低既得者之利益。此將使任何政府難以提升 NHS 的實質服務水準。其二，任何轉向利用 NHS 的人們，實際上皆是屬經濟情形較佳者，此增強了左右為難之窘境。若 NHS 品質降低，更多資源可能流向低所得的人們。但毫無疑問，品質就像是取代資產調查 (means test)，提供真正高品質的服務，會吸引高所得人們利用公共部門，從而促使 NHS 更具累退性 (more regressive)。

　　然而，有足夠的理由假定未來欲保持 NHS 的實質服務水準，就需要增加其每人支出。如前文所示，英國政府現行的 NHS 的每人支出已超過往昔，但人們對國民健康服務並未感到滿意。果真如此，以 BSA 資料觀測對 NHS 的滿意度，在 1983 到 1990 年為下降〔見 Rentoul (1990)、Bosanquet (1993)〕，本文亦指出，在此時期英國私人保險的增加亦具有類似的含義。

　　Besley 與 Gouveia (1994) 認為有三股力量發生作用，其一為新醫療技術進步的成本增加，愈來愈多的新方法治療人們，使價格亦「水漲船高」，故如何限制使用最新型的治療技術，已成為每一種健康制度的難題。雖則如此，像英國以租稅為財源的制度，政府責無旁貸，控制利用新治療方法，實際上已成為一項政治問題，任何政黨執政，欲承諾對所有新

醫療技術採取毫無限制的政策 (open-door policy)，似乎已不太可能。其二，事實上勞動節省型的技術進步 (labour-saving technological progress) 在醫療提供上不多見，假定工作人員一定，醫護人員必須從其他部門轉移至健康照護，在一個高生產力的經濟中，提供一定量的醫療服務必然昂貴。英國經濟中其他部門的生產力提高，必然使提供同樣醫療水準的成本上升。其三為人口因素，生命的延長，隨年齡增加，個人健康照護需要也為之增加。

　　上述三項因素的綜合，任何國家欲使醫療部門維護不變絕無可能。是以政府想保持實質醫療服務供應不變，逐漸採取新技術，在未來必然要支付更大。故無庸置疑，當公、私醫療服務之差距擴大，私人保險的地位日趨重要。由英國學者的研究得到一些證明，即將公共部門的服務品質和私人保險相關聯，如 NHS 難以維持服務的品質，將導致私人保險數量的增加。不過，此種現象並非為不可避免，無論如何，本文中所強調者，上述效果對了解政府健康政策的反映上，有加以密切注意的必要。同時使我們深切了解英國利用賦稅融通的公醫制度，雖不必繳納保險費，卻必須以「等待成本」或「參加私人保險」付出代價。

　　　　（本文原發表於《保險專刊》，第四十六輯，民國八十六年一月）

參考文獻

Besley, Timothy, John Hall and Ian Preston, *Private Health Insurance and the State of the NHS*, the Institute of Fiscal Studies, Commentary, No. 52, 1996.

Besley, T., John Hall & Lan Preston, "Does Private Health Insurance Respond to NHS Performance?" Institute for Fiscal Studies, Working Paper, 1996.

Besley, Timothy and Miguel Gouveia, *Alternative Systems of Health Care Provision,*

Economic Policy, Vol. 19, 1994, pp. 199–258.

Bosanquet, Nick, "Improving Health", in Roger Jowell, Lindsay Brook, John Curtice and Daphne Ahrendt (eds.), *British Social Attitudes Survey 11th Report*, Gower, Aldershot, 1993.

Calnan, Michaes, Sarah Cant and Jonathan Gabe, *Going Private: Why People Pay for Their Health Care*, Oxford University Press, Oxford, 1993.

Eastwood, A. and Carol Propper, "The Reason for Non-Corporate Private Health Insurance Purchase in the U.K.", 1989.

Laing, William, *Laing's Review of Private Health Care*, Laing and Buisson Publications, Ltd., London, 1994.

Propper, Carol, "An Econometric Analysis of The Demand for Private Health Insurance in England and Wales", *Apply Economics*, Vol. 21, 1989, pp. 777–792.

Propper, Carol and Alan Maynard, "The Marret for Private Health Care and the Demand for Private Insurance in Britain University of York", Centre for Health Economics, Discussion Paper, No. 53, 1989.

Rentoul, John, "Individualism", in Roger Jowell, Sharon Witherpoon and Lindsay Brook (eds.), *British Social Attitudes 7th Report*, Aldershot, 1990.

Taylor-Gooby, Peter, "Attachment to the Welfare State", in Roger Jowell, Lindsay Brook and Bridge Taylor (eds.), *British Social Attitudes 8th Report*, Gower, Aldershot, 1991.

第五篇

我國國民健康保險財源籌措之探討

▎壹、前　言

　　我國已於民國八十三年起實施「全民健康保險」（以下簡稱「全民健保」），亦即國際上一般所稱的「國民健康保險」(National Health Insurance)。為確保此項重要措施如期執行，並達成預期目標，行政院經濟建設委員會曾設置「全民健康保險研究計畫專案小組」先行規劃，至民國七十九年六月底完成《全民健康保險制度規劃報告》，並報經行政院准予備查❶，由此我國國民健康保險制度基本架構得以確立。然而由目前大約占總人口 49% 的「部分國民健保」演進為「全民健保」，所需要的醫療與行政經費估計將高達新臺幣 3,161 億 3,000 餘萬元❷。醫療支出占國內生產毛額的百分比亦將由民國七十九年的 2.41% 提升為 5.03%❸。如此龐大的支出，其財源如何籌措？規劃報告中僅說明主要來

---

❶　參閱全民健康保險研究計畫專案小組，《全民健康保險制度規劃報告》，行政院經濟建設委員會，民國七十九年六月。

❷　見上註，第 3 頁，詳細估計見表 6–7。另根據行政院研考會的研究，如全民健保在民國七十九年實施，估計總支出為新臺幣 3,757 億 2,000 萬元，見李金桐、陳小紅等，《我國社會保險制度與社會保險支出之研究》，行政院研究發展考核委員會，民國七十八年三月，第 73 頁，表 31。

❸　同❶，表 6–7。九十年總醫療費用之申報，共 3,119.22 億元，行政經費為 80.15 億，合計 3,199.37 億元，醫療支出占國民生產毛額百分比至八十九年為 5.38%。

自於保險費，而保險費的徵收係依照被保險人薪資收入的某一比率計算❹。報告中對保險費為何按薪資比例徵收〔即通稱的「薪資稅」(payroll tax)〕，並未詳細說明，而對於薪資稅以外財源取得的可能性更少提及。尤其重要的是，報告中僅提及政府、雇主與被保險人對於保費的分擔比例，卻未曾提出徵收保費的費率；且對現行公、勞、農保的差別保險費率將繼續維持，還是整合為統一費率？亦未明確說明。

眾所周知，財務是國民健康保險制度非常重要的一環，財務規劃如不當，極可能為政府帶來嚴重的財政危機，且保險費負擔的公平與否亦容易引發敏感的政治問題。因此本文擬就國民健保的財務問題作嘗試性探討。惟財務問題又可區分為支出與收入兩方面，本文主要就收入方面的財源籌措作一些探究，至於支出面的問題，則著墨較少。

■ 貳、醫療財的性質

財政學的基本原則是依不同性質的公共支出，由不同的財源籌措來支應。因此，在探討如何籌措國民健保的財源之前，有關國民健保支出的性質應予以釐清。毫無疑問的，國民健保支出主要是醫療及保險行政費用的支出，然而醫療又是何種性質的財貨或勞務呢？其與一般財貨與勞務有何區別？為何需要政府在財務上給予支應？茲分述如下：

第一、外部性 (externalities)──Anthony J. Culyer 與 Robert G. Evans 等人指出不少醫療照護 (medical care) 具有外部性❺。最顯著的例子莫過

---

❹ 同❶，第 51–52 頁。

❺ Anthony J. Culyer, "The Nature of the Commodity Health Care and its Efficient Allocation", *Oxford Economic Paper*, 23, 1971, pp. 189–211.

於肺結核、霍亂與愛滋病等的防治，因其無法透過市場機能，使其利益與成本內在化，所以政府運用補助方式是不可避免的。

　　第二、資訊不對稱 (information asymmetry)──醫療照護需要專業知識，一般病人都不甚具備此種知識。因此，病人應否服藥？是否該接受檢查或手術？自己無法按照專業知識與偏好作適當抉擇，往往任由醫療提供者（即醫師）代為決定。此種代理抉擇的行為容易產生供給引導需要 (supply induced demand)，從而創造許多「無謂的需要」，並增加病人不必要的負擔，實證研究上早有論證支持此種說法 ❻。基於醫療供給面與需求面資訊的不對稱，政府必須挺身干預，以矯正此種偏頗的市場決定。

　　第三、逆選擇 (reverse selection)──醫療需求雖然可從各類醫院、診所獲得滿足，但有些醫療費用極為昂貴，非一般低所得者所能負擔，即使是高所得者，如遇本人或家人重病，亦往往招致傾家蕩產。雖然由私人保險機構承保作為中介，可以分散或規避風險 (risk avert)，使直接對醫療的需求轉變為間接對健康保險的需求，然而健康保險如為私人所經營，必定是將本求利，按疾病風險高低索取保險費，故所得低而風險高者將因無力負擔，仍然被摒棄於醫療門外，以致真正罹患重病而需要治療照護者無法獲得保險分擔風險的利益，而形成「逆選擇」。此種情形的產生自然也與「道德危機」(moral hazard) 有關，因為被保險人比承保人清楚自己的健康狀況，被保險人極可能隱瞞自己的病況，企圖減輕保險費的

Robert G. Evans, *The Economics of Canadian Health Care*, Butterworths, Toranto, 1984, p. 97.

❻　例如 Anthony J. Culyer, "The Normative Economics of Health Care Finance and Provision", *Oxford Review of Economic Policy*, Vol. 5, No. 1, pp. 34–58.

負擔，而承保公司唯恐遭受隱瞞的虧損，必會收取較高的保險費。在此收費標準之下，低所得者不易由私人健康保險制度獲得照護。眾所周知，美國的私人保險公司十分發達，但至今仍有三百七十多萬人（即約占美國總人口的 15%）還沒有任何健康保險❼。由美國的例子可充分顯示，醫療保險聽由私人辦理，無法照顧全體國民。

第四、殊價財 (merit good)——Richard A. Musgrave 早在 1959 年的《財政學理論》(*The Theory of Public Finance*)書中即已指出，醫療不屬於一般的財貨或勞務，而是一項具有特殊意義與價值的財貨，亦即所謂「殊價財」，全體國民均應同等享受，故須由政府一般財政收入來支應❽。由此可知，醫療不是一項「純公共財」(pure public good)，雖可利用價格來排除 (exclusive) 若干需求，但因其具有殊價性，而不應排除任何人於共享之列，否則很容易產生「醫療照護不足」而影響國民健康。

第五、不確定性 (uncertainty)——醫療尚有一種特性，即任何消費者無法預知將罹患何種疾病，是足以致命的重病？或僅為輕微的感冒？後者不需服藥也可痊癒，前者則非經治療無法恢復健康。這種醫療上的「不確定性」使得健康保險制度不可或缺，而私營健康保險制度又有前述缺陷，因此國民健保乃成為一項眾所期望的制度。

❼ Jönsson, B., "What Can American Learn from European?" *Health Care Financing*, 1989 annual supplement, pp. 79–93.

Lawarance H. Summers 認為美國受雇者無健康保險人數有二百五十萬人，見 "Some Simple Economics of Mandated Benefit", *American Economic Review*, Paper and Proceeding, May 1989, pp. 177–183.

❽ Richard A. Musgrave, *The Theory of Public Finance*, McGraw-Hill, New York, 1959.

▎參、國民健康保險財源籌措方式

　　國民健保制度確實有實施的必要，惟所需經費十分龐大。各國為支應此項支出，財源取得的方法往往因政策涵蓋的範圍、給付方式、醫療體系與政治文化等因素而迥異。概括地說，籌措財源的方式可區分為一般稅 (general taxation)、薪資稅 (payroll tax)、疾病基金 (sickness fund) 與醫療費用部分負擔等。茲分述如下：

一、一般稅

　　以一般稅作為國民健保的財源，實際上並無獨立的課稅項目，只是把原有的稅目附加一個百分比，亦即將某項租稅的稅率提高，因此所增加的稅收專供健保之用。如果稅率不提高，稅收亦不增加，則唯一的方法為減少其他項目的支出，移作實施國民健保的財源。國際上採用一般稅的國家，有瑞典、挪威、丹麥、紐西蘭等❾。

　　以一般稅作為國民健保的財源，其優點如下：

　1.可以互濟盈虧，比較具有伸縮性。

　2.可避免採用薪資稅所產生的累退效果。

　但採用一般稅作財源可能有以下的缺點：

　1.缺乏獨立的財源，容易與其他支出項目競爭。

　2.財務上無法單獨處理。

---

❿　英國稱之為 National Health Service 與 National Health Insurance 兩種制度，並非完全相同，NHS 已是一種公醫制度，參考簡立忠，《我國社會保險之財源籌措》，國立政治大學財政研究所碩士論文，民國七十六年七月，第 7 頁，表 2-2。

3.保險費與租稅混淆不清。

二、薪資稅

用薪資稅作為國民健保財源是一種單獨籌措財源的方式，以所得中的薪資部分作為基礎，按照一定百分比計算徵收保險費。國際上以薪資稅作為國民健保財源的國家有法國、比利時、盧森堡等❿。

以薪資稅作為財源的優點如下：

1.有獨立的財源，收入可獲得保障。

2.財務上可單獨處理，不受其他支出影響。

3.徵收成本較低。

但採用薪資稅可能也有以下缺點：

1.薪資的稅收彈性較低，收入增加受限制。

2.具有累退性，負擔欠公平⓫。

3.只對薪資徵收保費，對勞動供給具有不利的影響。

三、疾病基金

疾病基金 (sickness fund 或 kranken kasse)，是指國民健康保險的財源來自各類產業職工或地區居民所繳交之資金，匯集而成，專供彼等患病

❿ OECD, *Financing and Delivering Health Care*, Social Policy Studies, No. 4, Paris, 1987, p. 25.

⓫ Brittain, J. A., *The Payroll Tax for Social Security*, The Brookings Institution, Washington D.C., 1975.

Karen Davis, *National Health Insurance*, The Brookings Institution, Washington D.C., 1975.

時醫療使用，其組織稱作基金會，疾病基金會有以產業別，亦有按地區別組織而成。因組織規模大小不一與給付之時有差異，故基金會收繳保險費並非一致。疾病基金也從政府的老年退休年金中取得若干補助，但原則上疾病基金的財務是完全獨立的，其性質頗似「醫療消費合作社」，盈虧必須自負，唯在組織上屬於一種自治團體，仍需受各政府的監督。此種財源籌措方式的優點是財務獨立，醫療資源使用效率較高，不致過度仰賴政府補助，而形成政府財政上的拖累 ❷；其缺點是基金畢竟有限，醫療設備的投資仍需仰仗政府，故醫療技術的革新比較緩慢。

「疾病基金」係德國俾斯麥宰相於 1833 年所創立的強制性國民保險制度，其後歐洲大陸的荷蘭、奧地利等國也陸續採行，瑞士雖經全民投票決議並未建立國民健康保險制度，但不少地區性的健康保險組織，仍採用「疾病基金」方式取得財源。

四、醫療費用部分負擔

此種方法是被保險人於就醫時，分擔部分的醫療費用，也就是所謂的「共同分擔」(co-payment)。實際上，部分負擔只是國民健保的次要財源，但卻可藉此遏止被保險人無病逛醫院，浪費醫療資源。至於遏阻作用之大小，則視分擔比例的高低而定。

依照美國 Rand Cooperation 對十三項健康保險計畫的研究指出，以成人與小孩合併估計，經過三至五年的測試，醫療費用部分負擔相對於免費而言，可促使整體醫療支出下降。例如分擔比例為 25% 時，醫療支出可下降 19%；如分擔比例提高為 50% 與 95%，醫療支出可下降超過

❷ 參閱 Simone Sandier, *Health Services Utilization and Physician Income Trends*, OECD, Health Care Systems in Transition, Paris, 1990, pp. 41–56.

30%❸。

　　1988年世界銀行召開一項「醫療財務」(health care financing) 區域性國際研討會，會中建立了一項共識：就醫者付費。此不僅增加醫護部門的收入，有助於資源的合理利用，又可將增加的收入用以改善醫療服務的設備和品質❹。

　　部分負擔制度可區分為門診費用的部分負擔與住院費用的部分負擔，而門診或住院費用的部分負擔，又可再細分為診療費用的部分負擔和藥品費用的部分負擔。按徵收方式並可分成定率部分負擔與定額部分負擔。目前我國公教人員眷屬等健保的部分費用分擔，只是分擔醫藥的部分費用，而英、德等國採取的定率分擔方式，門診處方與住院均需負擔部分費用。

　　部分負擔制度建立在「量益徵收」的基礎之上，就量益的準則而言，可謂相當公平❺，且徵收成本不高，唯其無法作為全民健保的主要財源，因為分擔比例太高，被保險人負擔過重，會產生無法就醫的負面效果。

■ 肆、國民健康保險財源籌措的基本原則

　　從上述一般國家籌措健康保險財源的方式，可知實施國民健保的財

---

❸ Paul Feldstein, *Health Care Economics*, third edition, Delmar Publisher Inc., New York, 1985, p. 96.

❹ World Bank, *Health Care Financing*, Regional Seminar on Health Care Financing, Jul. 27–Aug. 3, 1987, Manila, Philippine.

❺ 量益與量能徵收，是以不同的標準衡量公平，前者以所得、財產或消費的大小，後者以獲益的多寡。政府一般性的收入以量能徵收為佳，至於特殊性收入，以量益徵收為宜。

源，不外乎取自薪資稅、一般稅、基金與其他收入，各種收入大抵與各國的財政體制、歷史、政治、文化與社會背景有關，每一種型態的收入各有其利弊。語云：「他山之石，可以攻錯」，我國在規劃全民健保的財源時，似可參照他國的經驗，作截長補短之計。唯在作取捨之前，我們對於各種財源的特性應有所了解，茲探討如下：

一、公平性

前文中已指出，有些財源可能會造成負擔不公平的現象，亦即會產生累退性。唯所稱公平，有水平公平和垂直公平之分：水平公平是指同等所得，應作同樣的負擔；而垂直公平則是指不同的所得水準應有不同的負擔。國民健保財源的取得是力求水平和垂直的公平，但應避免刻意改善所得分配增加其累進性。因為就國民健保財源的籌措而言，改善所得分配並非其主要任務，過分強調累進性的財源設計，可能導致投資與工作意願低落的不良副作用。

是以就垂直公平而言，論者因觀點不一常有仁智互見的情形，比較不易取得共識。但就水平公平方面，幾乎大家都同意，不能因為所得來源不同，而有不同的財務負擔，至於對某些變動所得的計費，基於其資料不易掌握，徵收的困難度較高。但是吾人必須了解此項問題，並不因為保險費之徵收而增加其複雜性，也不致因為將變動所得納入計費而額外增加資料之搜集。

雖然只有部分醫療照護具有外部性，然以國民健保係綜合性的醫療保險，並非按醫療的性質徵收費用，且醫療的外部性又難使所產生的成本或利益經由市場而內在化，是以政府有必要強制國民參加健康保險，收取保費，並徵稅補助。由於國民健康保險包含社會政策的意義，故保險費的徵收，並非按照被保險人個別的醫療成本來分擔。因此保費徵收

的公平與否，與被保險人個別的受益大小，並不直接關聯。換句話說，保費的負擔不是「量益徵收」，只有醫療費用的部分負擔才是建立在使用者受益付費，即「量益徵收」的理論基礎之上。

以公共財源支應國民健保的另一項論點，乃是依據前述「殊價財」的觀念，認為人人得應共享，不宜因所得的偏低遭受排擠。對於若干低所得者而言，即使是最低的保險費亦無法負擔，不論就薪資或其他財源徵收，他們都是「零負擔」。從殊價財的觀念而言，他們理所當然「坐享其成」(free rider)。但是這種「坐享其成」與純公共財 (pure public good) 的性質並不相同，不完全因為其外部性或者技術上無法排除而免費享受，而是基於社會政策的觀點不欲排除，這種觀點從 John Rawls 的公平原則可獲得支持；亦即認為追求「最低所得者的最大幸福」(maxmin rule) 是達成社會福祉最高的準則❶⑥。

持平而論，不論是何種型態的免費，總不免導致一些資源的浪費，這或許是追求公平的必要代價，醫療的免費當不例外。如果因為抑制醫療資源的浪費而實施部分負擔制度，一旦真正有病，部分負擔費用無力負擔時，唯一的方法是從醫療照護轉變成為一種社會救助。切不可因低所得者缺乏負擔能力，而取消或不實施部分負擔制度，這種措施或者可視為公平與效率的折衷。

論及國民健保負擔公平的問題，不僅需考慮被保險人表面的負擔比例，即雇主與受雇者負擔的分配問題，實質上尚須透視負擔的真正歸宿，亦即誰是保費真正的負擔者。從過去的研究中可以發現，雇主表面負擔的薪資稅部分可以轉嫁，意謂雇主實質上的負擔要比表面為輕，相對地受雇者的實質負擔要比表面為重❶⑦。

---

❶⑥ John Rawls, *A Theory of Justice*, Harvard University Press, 1971, pp. 125–158.

二、充足性

國民健保的財源籌措除考慮各項可能收入的公平性之外，更重要的是必須具備充足性。一些人認為國民健保既為社會保險，而社會保險又為社會政策的一環，宜由政府負擔全部經費，讓消費者皆免費享受。然而在政府收入情況不變之條件下，鉅額經費悉數由政府負擔的含義是，政府必須大幅削減其他經費的支出，如果國防、經建、交通或教科文的支出均作大幅削減，將是一項不切實際的想法。同時，消費者享受免費醫療，亦可能導致極大的資源浪費。

儘管國民健保是社會政策的一環，但無論如何仍是一項保險制度，保費的徵收不可免除，且不僅不能免除，還得考慮到財源的充足性。因為此項財源的需要非同小可。如果缺乏足夠的財源而勉強實施，極可能導致嚴重的財務危機，甚至拖垮整個國家財政❶。

從另一層意義言，謀求財源的充足性，即是覓取一項寬廣的徵收基

---

❶ 最近的研究見江豐富，《民間雇主保費轉嫁問題之研究》，行政院經建會委託研究報告，民國七十九年六月。早期的研究可參閱：

John Britain, "The Incidence of Social Security Payroll Taxes", *American Economic Review*, 61, pp. 110–125.

John Britain, *The Payroll for Social Security*, The Brookings Institution, Washington D.C., 1972.

Martin Feldstein, "Comment on Britain", *American Economic Review*, 62, 1972, pp. 35–38.

John Britain, "Reply to Feldstein", *American Economic Review*, 62, 1972, pp. 739–742.

❶ 見李金桐、陳小紅等，同❷，第114頁。

礎。由於薪資所得是國民所得中最大的項目，因此實施國民健保以薪資作為徵收保費的對象，應該是一項可靠而廣泛的基礎。至於以薪資作為徵收基礎，保費收入是否足以支應，則除視薪資所得占總所得的比例、保費費率高低等因素外，尚須視國民健保所需經費的多寡而定。從先進國家以薪資稅作為國民健保財源的情形觀察，顯然力有不逮，何況薪資稅還得作為老年退休給付的財源。即使費率可以逐步調高，可是醫療保險支出隨著人口增加、人口結構的改變與日趨老齡化、醫療技術的進步、物價膨脹等因素而日益遞增。薪資稅的增長常落在醫療保險支出之後，此乃因薪資稅是比例稅，隨所得提高而呈比例增長；相對地，醫療保險支出的增幅則超過此一比例增加，因此整個國民健保的薪資稅收入就無法與醫療保險支出相配合。換言之，以薪資稅作為保費收入之彈性較低，易陷入收入不足以支應支出的窘困。唯也不可諱言，如果醫療支出不加撙節，則任何財源都難以支應。所以國民健保的財源是否充足，醫療支出能否減少浪費乃為重要的因素之一。

再進一步觀察可以發現，即使醫療支出並無浪費，惟因醫療需求所得彈性大於一[19]，促使醫療支出增加較為快速。而充作醫療支出的財源，就薪資稅而言，在一定所得水準以下的低收入戶免予課徵，超過一定所得水準又得考慮預留私人健康保險市場發展的空間，而不納入課徵範圍，因此可以斷言其稅收的所得彈性必然小於一，則其財源收入的增加也必然比較緩慢。從以上的分析可以推論，以薪資稅作為國民健保的主要財源，極可能潛伏了財務上的危機。

以一般稅中的所得稅而言，其稅收所得彈性大都高於一，因為所得

---

[19]　例如我國醫療需求的所得彈性，門診為 1.27%，住院為 1.38%，都大於一。見❶，第 70 頁，表 6–6。我國勞保的所得需求彈性亦大於一，參見❶，第 38 頁，表 1。

涵蓋的項目不只薪資一項而已，其充足性自當較薪資稅為大；此外，「疾病基金」與部分負擔之收入也非侷限於以某項所得為基準。「疾病基金」採自給自足方式，而部分負擔制的收入則隨支出的增加而擴大，兩者的收入彈性自應較大。儘管如此，前文已說明部分負擔制不宜作為國民健保的主要財源。

三、中立性

在財源取得過程中有一項共識，即儘量減少對經濟活動的干擾，避免扭曲資源利用的方向與生產要素合理組合所造成的無謂損失，此常稱為中性原則。就中性原則而論，一般稅中的所得稅如為累進課徵將干擾經濟活動，如為比例稅則可避免此種副作用。以薪資稅而言，因為此稅針對勞動所得課徵，至於非勞動所得則予以排除，故薪資稅必然會扭曲資源的合理利用。疾病基金採取個人總繳方式，對經濟活動不致於產生干擾，且企業負擔比例如果不高，則即令有影響亦不致太大；至於部分負擔制，不僅不會妨礙資源的利用，反而可以幫助醫療資源浪費的減少。

四、穩定性

國民健康保險一旦實施，便將成為國家恆久的制度，也將成為政府預算中十分重要的經常性支出項目。經常性支出自然需要以經常性收入作為其主要財源。就取得收入的穩定性而言，薪資稅的徵收具有此項優點，因為只要國民生產不斷增加，就業人數亦隨之增加，薪資支付亦將跟著上升，薪資稅的來源就不虞匱乏。惟當經濟不景氣時，投資與生產減少，就業人數隨之減少，薪資稅的來源亦受到牽連。所以大體而言，以薪資稅作為財源尚屬穩定，但其穩定性的大小仍需視整個經濟是否波動而定。如遇經濟失調，失業人數大增，醫療支出未必相應減少，極可

能產生短期醫療保險收支的不平衡，故必須設置「安全基金」予以調節。

毋庸贅言，發行公債之類的收入不宜作為國民健保的財源，雖然有些國家以發行彩券方式作為社會福利支出的財源，但其收入來源畢竟有限，同時也相當不穩定，故本質上不宜作為國民健保的主要財源。

一般稅中的所得稅當然也會受到經濟景氣變動的影響，所以用所得稅作為國民健保的財源與薪資稅比較時，因為所得中的非薪資部分更容易受到經濟景氣變動的影響，故用一般稅中的所得稅作為國民健保的財源，其穩定性比薪資稅低，但其不穩定性同樣可以用「安全基金」來調節。「疾病基金」的收入自不免也會受到經濟景氣變動的影響，唯對企業提供的部分影響較大，對個人貢獻的部分影響較小。因為「疾病基金」制是按總繳方式繳交，就整個「疾病基金」的收入而言，個人貢獻占絕大部分，故所受影響或許相對減低。唯如失業人數眾多，失業救濟金不足以繳納個人醫療債務時，基金的收入也同樣會有短絀現象。

部分負擔受經濟景氣變動的直接影響最小，因其與經濟活動並無直接關聯，部分負擔收入的多寡與穩定乃受就醫情況的影響。

五、節約性

所謂節約性是指財源取得所需要的徵收成本而言，成本愈低則表示節約性愈高，反之則節約性愈低。近年來公共財源取得過程中所產生的成本，不僅指因徵收而發生的人事、機器等直接費用，還包括申報繳納所引起的各項損失，特別是時間方面的花費，這稱為「遵從成本」(compliance cost) 或「申報成本」。所以財源獲取的成本應包括徵與納兩方面的成本。

就一般稅中的所得稅而言，徵收需要的條件較高，成本亦相對提高，故節約性較低。不過假如國民健保的財源係取自所得稅，而且採取附徵

的方式，則徵收成本便可降低。薪資稅的徵收一般都由雇用機構出納單位扣繳，雇主的負擔也按應納比例繳付，不需要稽徵機關特別徵收，故成本較低。易言之，其節約性較高。至於「疾病基金」取得財源的方式由個人與企業繳交，非由稽徵單位徵收，應不致產生稽徵費用，個人繳納雖然有「申報成本」但無逃漏之虞，因其性質上為「醫療消費合作社」社員繳納會費，申報手續不致繁雜，花費時間亦有限，故可謂成本較低。此外，部分負擔制係於就醫時繳納保費，資料充分掌握，無從逃漏，故徵收的效率較高，節約性較大。

　　根據以上分析，為便於比較各種財源的性質，茲列表 5-1 於下：

表 5-1　各種國民健康保險財源的比較

財源籌措方式 特　性	一般稅*	薪資稅	疾病基金	部分負擔
1.公平性	較公平	欠公平	公　平	尚公平
2.充足性	較充足	欠充足	頗充足	不充足
3.中立性	少干擾	有干擾	不干擾	不干擾
4.穩定性	欠穩定	尚穩定	較穩定	穩　定
5.節約性**	較　低	較　高	頗　高	較　高

* 一般稅假定為比例所得稅。
** 節約性指徵收成本之節省。

伍、我國現行健康保險財源籌措的檢討

　　我國現行健康保險制度約可分為軍人醫療照護、公保、勞保與農保四大體系，此外尚有臺灣省各級民意代表、村里鄉長健康保險，詳細情形可參見表 5-2。

　　茲將各種健康保險財源籌措的情形分述如下：

表 5-2 我國現行健康保險財源之籌措

公教人員及眷屬保險（中央欄）

保險規則＼財源取得方式	軍人保險（醫護）	公務人員保險	退休人員保險	公務人員眷屬疾病保險	退休公務人員疾病保險	退休公務人員配偶疾病保險	私立學校教職員保險	私立學校退休教職員疾病保險	私立學校教職員眷屬疾病保險	農民健康保險	臺灣省各級民意代表里鄰長健康保險	勞工保險
費率法定	8	7-9	3-5（每口）	6-12	6-12	7-9	6-12	6-12	3-5（每口）	6-8	6.5-8.5	6-8
費率現行	8	9	5	9	9	9	9	9	3	6.8	6.8	7
保險費分擔比率（薪資稅）本人	100	35	50	50	50	35	50	50	50	30	50	產 20 職 60 遭 80
主雇	0	65	50	50	50	32.5	25	25	25	40	0	80
中央政府	0	0	0	0	0	32.5	25	25	25	20	40	職 40
省	0	0	0	0	0	0	0	0	0	10	10	遭 20
縣市	0	0	0	0	0	0	0	0	0	0	0	0
醫療費用部分負擔比率	0	0	門診藥費 10	門診藥費 10	門診藥費 10	0	門診藥費 10	門診藥費 10	門診藥費 10	0	0	0
財務衝銷之處理	由中央政府撥補	由中央政府撥補	同左	調整費率後由中央政府撥補	調整費率	由中央政府撥補後調整費率	調整費率	調整費率	調整費率	由省政府撥補	同左	同左
備註	無健康保險之名稱之有健康照護。74年7月起停止加保	1.綜合保險 2.採綜合費率，健康保險費率約4.1%				1.綜合保險 2.採綜合費率，健康保險費率約 3%						1.綜合保險 2.採綜合費率，健康保險費率約4.5%

資料來源：依照行政院經建會之《全民健康保險制度規劃報告》第 96 頁改編。

一、財源籌措的方式

　　我國現行健康保險財源取得的方式各不相同，軍人醫護完全由政府一般稅收支應，不論門診與住院均免徵費用。公保的主要財源係以薪資為基礎徵收的保費，唯公保係綜合保險，其收入除用作醫療給付外，尚須用於生育、殘廢、老年、死亡等給付，故並非全部的薪資稅收入皆用於健康保險。公保自民國四十七年九月開辦，第二年起即入不敷出發生虧絀，且虧絀之數日益增大，每年皆由中央政府從一般稅收撥補[20]。勞保為民國三十九年三月開辦之綜合保險，財源亦為薪資稅，保費收入除用作健保醫療外，還需給付生育、殘廢、老年、死亡等項目，勞保在帳面上雖尚結餘 300 多億元[21]，但實際上早已陷入虧損。農保給付範圍包括生育、醫療、殘廢及喪葬津貼，其財源名目上取自薪資稅，事實上一般農民並無薪資，所謂「薪資」乃是比照勞工投保薪資分級表從低推算，故農保自民國七十四年試辦起，保費收入即無法支應全部給付，而陷於虧損狀態，且虧損與日俱增[22]。農保的虧絀亦是由政府一般稅收撥補。其他如退休人員、退休公務員、私立學校教職員保費的徵收方式，亦以薪資或原有薪資為基準，眷屬與配偶如無薪資所得，其保費按「假定薪資」計算。

　　我國現行健康保險的財源籌措方式除軍人醫護完全由一般稅支應、

---

[20]　自民國四十七年九月至七十九年二月，累計虧損已達 178 億 4,436 萬 4,000 元，估計七十九年度虧損超過 30 億元，見《公務人員保險財務分析》，中央信託局，民國七十九年三月。

[21]　劉見祥，《勞工保險實施概況及未來展望》，民國七十八年七月，第 3 頁。

[22]　林江風，〈勞工保險業務報告〉，《勞工保險實施四十週年紀念報告書》，民國七十九年三月一日，第 30 頁。

眷保自行部分負擔以外，其他皆由薪資稅充任。就公、農保而言，政府除給予法定補助外，其虧損均由一般稅收全數撥補。只有勞保收入，部分為勞保基金孳息，其餘部分為薪資稅。而實際上作為徵收基礎的薪資，只是「部分薪資」或「推定薪資」，並非「全部薪資」或「真實薪資」。

二、保險費率

從表 5-2 可以觀察到，現行我國各種健康保險的財源雖然同稱為薪資稅，但保費的費率亦即薪資稅的稅率各不相同。軍人醫療照護完全免費，無費率問題。公保體系現行費率大多低於法定費率，其中現職與退休公務人員、退休公務人員之配偶、私立學校教職員及私立學校退休教職員、私立學校退休教職員配偶與眷屬之費率以每口計算，均為 9% 為最高；公務人員眷屬次之，為 5%；私立學校教職員眷屬最低，為 3%，高、低費率相差達六個百分點。同屬眷屬保險，公務人員眷屬比私立學校教職員眷屬費率為高，如果費率的訂定係考慮私立學校教職員待遇等因素與公務人員有別，則私立學校教職員與公立學校教職員費率相同，又難於解釋。尤有進者，農民健保費率訂為 6.8%，臺灣省各級民意代表、村里鄉長健保費率亦訂為 6.8%，乍看很難理解，其實健康保險費率的訂定已演變成政治產物，專家精算師的估算僅留作參考，最後決定權仍在立法機構，關鍵尤其在少數職業團體的國會議員。

如再進一步探討可發現，表中所顯示的費率僅是「名目費率」，各種保險的「實質費率」或「有效費率」遠低於「名目費率」，因為作為徵收基礎的薪資有嚴重低估或低報的情形，公保徵收保費的薪資為實際薪資的 60%；勞保更低，只有 50% ❷。且勞保與農保都發生欠繳情形，勞保

---

❷ 參閱王偉玲,《社會保險醫療給付之研究》, 政治大學保險研究所碩士論文, 民國七十九年五月, 第

收繳率在 95% 左右，農保保費收繳率平均僅達 70% ❷。所以公保名目費率雖為 9%，實質有效費率僅約 5%；勞保名目費率為 7%，實質費率大概不及 3.5%。農保費率原就偏低，欠繳情形又如此嚴重，其實質有效費率亦遠較名目的 6.8% 為低，大約僅為 4.7%。圖 5-1 表示現行費率、有效費率以及專家精算或估算的應有費率，從圖中可看出費率低估之一斑。

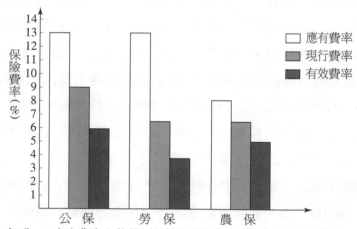

說明：1. 應有費率之計算，公保為考試院估算，勞保為林喆精算，
　　　　農保為中華民國精算學會估算。
　　　2. 有效費率是依照實際公、勞、農保徵收費率的基礎折算。

圖 5-1　現行公、勞、農保的保險費率

三、保費的負擔比例

軍人醫療照護、公保、勞保、農保與其他健康保險之被保險人、企業或政府負擔保費的比例有顯著的差異。軍人醫療照護本人無負擔，政

6-3 頁。

❷ 見❶，第 59 頁。

府負擔全部；公保被保險人負擔 35%，政府負擔 65%；僅退休人員如退
休當時一次領取全部退休金並且退保，其後又加保者，保費才需自己完
全負擔。勞保方面，任職於產業之勞保被保險人僅負擔 20%，雇主負擔
80%；非產業之其他行業勞保被保險人需負擔 60%，政府負擔 40%；資
遣的勞保被保險人為本人負擔 80%，政府負擔 20%。農保方面，被保險
人負擔 30%，政府負擔 70%。保費的分擔比例因身分、職業而有差別，
所謂被保險人分擔比例輕、政府負擔比例重，意即政府對其補助較多。
在各種保險中，補助最多者為農民，達 70%，而且不論貧農或富農補助
相同，可能被視為對農民的一項福利。其次為公務人員，政府補助 65%，
大概亦可當作公務人員福利的一部分。對於民間產業的勞保，政府並無
補助。私立學校教職員眷屬配偶保險則為學校與政府各負擔 25%，政府
所補助的 25% 或可視為政府對私立學校從事教育工作者的照顧之意。

　　在勞保方面，表面上雇主為勞工負擔 80% 的保費，但實際的負擔小
於 80%，因為雇主極可能將所負擔的費用作部分轉嫁。關於薪資稅轉嫁
的問題，W. Verman 等人所作研究指出，後轉的程度大約在 25% 至 50%
之間 ㉕。假定我們採取 25% 的保守估計，則我國雇主實際負擔的比例大
約為 60%。

㉕　Wayne Verman, "Employer Payroll Tax Incidence: Empirical Test with Cross
　　Country Data", *Public Finance*, 29, No. 2, pp. 184–200.
　　Johannes Weitenberg, "The Incidence of Social Security Taxes", *Public Finance*,
　　24, No. 2, pp. 193–208.
　　江豐富，同 ⑰。

四、部分負擔比例

軍人醫療照護費用悉數為政府負擔，亦未實施醫療費用部分負擔。公保、勞保、農保、私立學校教職員與臺灣省各級民意代表、村里鄉長健保迄未實施部分負擔制度。目前實施部分負擔制度者計有公務人員眷屬、退休公務人員眷屬、退休公務人員配偶及私立學校退休教職員、眷屬、配偶等健康保險。唯分擔範圍僅為門診藥費的 10%，不包括診療或住院費用，此與一般國家實施的醫療費用部分負擔制度有所差別。但如進一步觀察便可發現我國健康保險制度一向採取低費政策，在醫療給付上有許多限制，所以在形式上我國的公、勞、農等健康保險雖未實施部分負擔制度，但實質上若門診或住院費用超過給付範圍仍需被保險人自行負擔，此或可稱為「實質部分負擔」。尤有進者為公、勞保的診療品質甚低——掛號費時費事，部分被保險人雖按月扣繳保費，卻極少因病而赴保險機構指定醫院就醫，對這些被保險人而言，醫療費用不是部分負擔而是全部自行負擔。

五、財源籌措與財務狀況

薪資稅為我國現行健康保險的主要財源，由於薪資稅的徵收基礎遠低於被保險人的所得水準，且薪資受到嚴重的低報或低估，費率方面亦因政治因素曲意壓低，加以公、勞、農保均未實施部分負擔制度，故整個健康保險的財務狀況早已捉襟見肘。前文已提及公保自開辦第二年即陷入虧損，且虧損數因投保人數的增加與老齡化、醫療器材與藥品價格的上漲等因素日益擴大，民國七十八年虧損數為新臺幣 27 億元，七十九年為 31 億 8,000 餘萬元，至七十九年止累計虧損金額高達 163 億元 ❷⑥。勞保方面，帳面上不但未虧損，尚保有 300 多億元的累積盈餘，此乃因

勞保中的老年給付迄未執行之故。目前約有三十五萬勞工被保險人具有老年給付資格尚未辦理退休，如果這些人同時申請退休，給付金額將高達 600 億元，則勞工保險立即短缺 300 億元。根據謝長宏等人的研究估計，假如勞保繼續維持目前的財務管理方式，可能遭致破產命運[27]。

公保、農保年年虧損皆從國庫中撥補，此舉無疑使未享受健康保險利益的人為享受健康保險利益的人分擔費用，只是他們未直接感受負擔的痛苦而已。就公平的立場而言，不調整保險費率，而以國庫一般稅收撥補虧損，難稱允當。

■ 陸、全民健康保險財源的規劃與檢討

政府為促進社會建設與經濟建設同步發展，行政院責成經濟建設委員會負責規劃全民健康保險，該會於民國七十九年六月完成規劃報告。報告中對於全民健保財務的大原則是「不浪費」、「不虧損」。其基本原則為：(1)公平；(2)效率；(3)共同分擔風險；與(4)減少經濟的負面效果。有關財源籌措的重要構想與建議則如下：

　　1.以保險費作為全民健保的主要財源。

　　2.薪資稅作為保險費徵收的基礎。

　　3.以被保險人為徵收單位。

　　4.財務分擔比率如表 5-3 所示。

---

[26]　參見[22]。

[27]　見謝長宏，《勞保運作策略及其成本效益分析之初步研究》，行政院研考會，民國七十三年。
行政院經建會全民健康保險規劃小組，《社會保險的財務危機與低保險費率政策》，全民健康保險規劃小組中間報告之三，民國七十九年三月。

表 5-3　財務分擔比率

單位：%

年　別	民國七十九年			民國八十三年		
負擔對象	政府	雇主	被保險人	政府	雇主	被保險人
公保體系						
公務人員本人	65		35	65		35
眷屬						
配偶	50		50	50		50
父母	50		50	50		50
子女等				50		50
退休人員	0		100	0		100
退休公務人員	50		50	50		50
退休公務人員配偶	50		50	50		50
私校教職員	32.5	32.5	35	32.5	32.5	35
眷屬						
配偶	25	25	50	25	25	50
父母				25	25	50
子女等				25	25	50
私校退休教職員	25	25	50	25	25	50
私校退休教職員配偶	25	25	50	25	25	50
勞保體系						
勞工本人						
無一定雇主	40		60	50		50
眷屬						
配偶				50		50
父母				50		50
子女等				50		50
有一定雇主（政府）	80		20	80		20
眷屬						
配偶				50		50
父母				50		50
子女等				50		50
有一定雇主（民間）		80	20		80	20
眷屬						
配偶					50	50
父母					50	50

子女等				50	50
農保體系					
農民	70		30	70	30
農眷				50	50
低收入戶	100		0	100	0
榮民團體					
榮民本人				100	0
眷屬				50	50
軍保體系					
軍人					
職業軍人	100		0	100	0
義務役軍人	100		0	100	0
眷屬					
配偶				50	50
父母				50	50
子女等				50	50
其他人口				50	50

資料來源：經建會，《全民健康保險制度規劃報告》。

　　5.實施部分負擔制度。

　　針對前述規劃方針，本文提出如下的管見：

一、對規劃原則的探討

　　前面曾提及公平是公共收入的首要原則，唯何謂公平需要界定。「能力高者保險費負擔高，能力低者保險費負擔低，無能力的群體（如低收入戶）由政府全額補助其保險費，以達量能負擔的公平性❷❽。」上述公平原則，顯而易見是指「垂直公平」。對於「水平公平」，即具有同等能力者是否負擔同樣的保費則未曾提及，不知是否認為「水平公平」不甚重

❷❽　同❶，第50頁。

要而可以犧牲不顧，且所謂衡量公平的標準亦僅為薪資水準而已。人人皆知，薪資為所得中的一項，往往所得愈高的個人或家庭，其薪資所占比例愈低；相對地，低所得的個人或家庭，薪資可能是唯一的收入。此外，有些個人或家庭可能只有非薪資所得，即租金、紅利、利息、權利金等收入。因此，以薪資作為衡量公平的基礎，實在值得斟酌。

所謂效率原則或可從兩方面說明：一是指在徵收保費的過程中儘量減少對資源利用的干擾，以免造成「無謂損失」(deadweight loss)，尤其是對勞動市場的影響，此亦即一般所稱的「中性原則」(neutrality)；但效率有時也指收取保費應節省徵收成本，提高徵收的效率。在規劃報告中所稱之效率是指徵收成本的節約。唯就避免對資源利用的干擾而言，不論對勞動所得或資本所得課徵保費，都容易扭曲生產要素的相對價格，導致資本與勞動之間的替代效果，而難以保持中性原則。再者，若以徵收成本衡量效率，又涉及到稽徵技術的問題，如果採用「扣繳」(withholding) 或「附徵」(surtax) 方式徵收，其稽收成本較低。如由被保險人自動申報，成本將會提高。眾所周知，薪資稅的徵收向以扣繳方式進行，徵收成本頗低；非薪資所得同樣亦可以扣繳方式繳交。此外，尚可採附徵於其他稅的方式徵收保險費，以符合節省徵收成本、提高徵收效率的原則。

二、對規劃構想的商榷

我們一再強調全民健保是保險的一種，只是性質上屬於社會保險。然而既稱保險就不是社會救濟，其財源自當取自保費。問題是保費如何徵收？以何作為徵收基礎？規劃單位主張以薪資作為徵收的基礎，亦即徵收薪資稅作為保費的來源，其理由有三❷：

　1.以一般稅作為全民健保的財源,容易受其他公共支出分配的影響,

可能無法專款專用；由於薪資稅是一種「目的稅」或「指定用途稅」
(earmark tax)，因而可以確保健康保險的收入。目前我國租稅多由薪水階
級所負擔，如果全民健保的龐大支出亦以一般稅支應，就必須增加課稅，
此將加重薪水階級的負擔，違反量能課稅的原則。

2.薪資稅為世界各國社會保險最普遍的財源，具有歷史的淵源。該
稅雖具有累退性，唯其用於社會保險，所繳稅額（保險費）與所獲福利
（保險給付）關係明確。

3.「舊稅即良稅」，容易為民眾所接受。我國現行公、勞、農保費的
徵收，皆以薪資為基礎，故全民健保仍以薪資稅為財源。

筆者對於前述以薪資稅作為全民健保主要財源的理由提出下列的商
榷：

首先，就國家財務調度而言，「專款專用」與「統收統支」各有利弊，
前者可確定用途，不虞使用上的競爭，但缺乏調度上的伸縮性；後者雖
具有調度上的優點，必要時可互濟盈虛，唯可能發生爭相使用的缺點。
無可諱言，財源的穩定與確保相當重要，但更重要的是獨立、確保的收
入是否足以支應開支？假如獨立的收入依然不足，需要國庫從一般稅調
度支應，則失去專款專用的意義，所以除非專款專用後盈虧自負，不再
仰仗國庫補助，始具有存在的價值。前文中曾提及薪資稅的收入所得彈
性小於一，而醫療保險支出的所得彈性卻大於一，在此前提之下，若以
薪資稅收入支應全民健保，收支恐難以平衡，即使調高費率增加收入，
額度恐仍不足，屆時又不得不仰賴政府彌補其赤字。

其次，指定用途稅的徵收，並非一定要有獨立的稅目，亦不一定非
分開徵收不可，就其他稅附徵一樣可以達到指定用途與專款專用的目的。

❷　同❶，第51–52頁。

例如，我國延長國民教育為九年時，其財源即以附徵的方式取得，另外即使專款專用或指定用途，亦可採「分成」的辦法 (revenue sharing)。總之獨立徵稅與專款專用是迥然不同之事，不宜混為一談。

再者，薪資稅的徵收和社會安全制度的建立有淵源關係，但與國民健康保險制度的發展並無絕對的關聯。前文中已說明，有些國家以所得稅作為國民健康保險的財源，如丹麥、瑞典、挪威、紐西蘭；有以基金方式作為財源，如德國、荷蘭❸。故並非所有國家皆以薪資稅為財源。此外，美國並未實施國民健保制度，卻以薪資稅作為失業、老年退休給付、傷殘、無力謀生者救助等社會安全制度的財源❸。

增加課稅勢必加重薪水階級的負擔，違反公平原則。因為薪資稅的徵收範圍有限，薪資太少及低收入戶不徵收；收入超過某一水準，又為預留私人健康保險制度發展的空間，亦予以免除。徵收對象侷限在一定的範圍之內，薪水階級負擔不僅無從免除，甚至將益趨加重。

三、對於財務分擔比率與徵收技術的商榷

或許因為遷就現實，規劃單位將繼續維持公、勞、農保的保費分擔比率。然而既要稱作全民健保，當然應就全民考慮，不宜因國民身分不同，負擔比率有所差別，蓋因負擔比率不同，即是牴觸了水平的公平原則。國際上極少見到任何國家實施國民健保制度，保費分擔比率因國民身分不同而有差別的例子。

---

❸　參閱❾與⓭，德國等國家的「疾病基金」來源，原則上亦按薪資之高低，以一定之比例分擔，形式上與薪資稅頗為類似，但責任上完全不同，「疾病基金」必須盈虧自負，薪資稅則否。在費率方面，各個「疾病基金」互不相同，薪資稅之稅率多為全國統一。

❸　白秀雄，《美國社會福利發展之研究》，臺灣商務印書館，臺北，民國五十九年，第三、四、五章。

　　分擔比率的訂定需要兼顧實際的徵收作業，否則比率的訂定就形同虛設。規劃報告上已訂定高所得者自付 100%，低收入戶為「零負擔」，構想符合垂直公平原則，唯「富有線」(rich line) 與「貧窮線」(poverty line) 的界限如何劃分？所謂收入的高低是指薪資、總所得或是其他標準？如果收入不以薪資而以總所得或其他作為標準時，則對薪資徵收的立論基礎立即動搖，且陷入否定用其他所得作為保費課徵基礎的自相矛盾之中。

　　如果保費的徵收不以薪資為標準，而用總所得為基準，並設定高所得者亦願意接受所訂標準，樂意負擔 100%，尚需考慮如何徵收。因為薪資稅一向採用扣繳方式，而高所得者往往並無薪資，因此無從由薪資所得中扣繳，即有薪資亦可能未達高所得扣繳標準，而產生徵收執行上的困擾。

四、對費率訂立的疑慮

　　規劃單位未說明民國八十三年將實施的全民健保制度保費費率究竟是多少，是單一費率或仍維持現行的複式費率？未來的費率比現行水準提高抑或降低？文中不僅缺乏具體的數字，即使是原則性的說明也付之闕如。依據側面的了解，未來的費率將為 13%，我們無從知悉這項數字的可靠性與為何不加公開，是時機未成熟？或是涉及機密？其實全民健保費率早晚得公諸於世，尤其是經過保險精算師的專業計算應有其可信度。我國現行社會保險制度中的公保與勞保均為綜合保險，而全民健保的規劃範圍，只是針對其中的健康保險部分，至於其他項目，特別是老年退休給付並未一併規劃，而保險費卻是糾纏在一起。假如其他社會保險，特別是老年退休保險能具有明確的政策，健康保險亦可由綜合保險中析出，單獨訂定收費標準，全民健保的費率就可迎刃而解了。

柒、對全民健康保險財源籌措的建議

一、保險費徵收以總所得為基礎

從公平與充分原則來考量，保費的徵收並非一定要建立在薪資的基礎之上，全民健保係以「交叉補助」(cross subsidy) 方式來分散風險。但保費的基礎應不限於薪資，宜涵蓋非薪資的部分，亦即應以個人總所得作為保費計算的基礎。

假如保費徵收的基礎擴大，不限於勞動所得，同時也包括非勞動所得，則可避免扭曲資源的利用，亦即保持中性原則，不影響要素的相對價格，亦不致影響勞動的供需。如此的課徵基礎或許有人認為會牽涉到重複課稅的問題，若本來已課個人所得稅，又再為保費課徵薪資稅，實質上已經重複課稅。因此，為擴大保費徵收基礎而對薪資重複課稅的問題了無新意，至於對非薪資所得若因考慮避免重複課稅而予以免除，則從水平公平立場，對薪資所得者又如何交代？若為節省徵收成本，非薪資所得同樣可按規定的保險費率採扣繳方式。另外，為考慮徵收的效率，可與所得稅一併課徵，即採取附徵的方式，或採分項單獨扣繳的方式繳納。

為確保健康保險的財源，按上述方式徵收的保費，只要立法時明文規定專款專用，則不至於在編列預算時與其他公共支出競爭使用。

以總所得作為保費的徵收基礎，無疑增強了保費收入的所得彈性，此恰可彌補單獨以薪資為基礎徵收彈性偏低的缺點。儘管如此，以總所得作為保費的徵收基礎，仍可能會產生兩項令人擔憂的副作用：

1. 薪資以外的所得，因課徵資料難以掌握容易逃漏。

2.保費作為所得稅的扣除項目，稅基可能比薪資稅狹窄，因此得不償失。

因此，對上述兩項顧慮提出下面的說明：

首先，徵費或課稅要想一網打盡，事實上為不可能，但股利、紅利、利息、獎金、權利金等收入採用扣繳方式並非不可行，只有缺乏契約憑證的現金交易稽查比較困擾，所得稅既然可以徵收，保費的徵收就沒有理由因為會發生逃漏而裹足不前。

其次，保險費是否准予扣繳，應視一國的情況與政策而定，假如該國尚未實施國民健保，為鼓勵個人投保健康保險，利用保費扣除的免稅優惠，應有其政策上的意義，但如已實施國民健保制度，再准許將所納保費從課稅所得中扣除，即為多此一舉。

再則，假如保險給付不予課稅，保費再從課稅所得中扣除，應無理由也無必要，因為如此作法會導致雙重的優惠。

以總所得為基礎的保費徵收與綜合所得稅有何差異？綜合所得稅一般採取累進徵課，保費的徵收則無此必要。因為綜合所得稅係以家庭為納稅單位，牽涉到複雜的寬減、免稅、扣除等問題，保險費的計算不考慮這些因素，不過假如以總所得作為保費的徵收基礎，則綜合所得稅結算申報的資料，以及稽徵單位最後核定的資料，便可作為勾稽健康保險保費徵收的重要參考。

關於保費的徵收為何不以財產或消費為基礎，其理由如下：

1.就負擔公平的觀點而言，保費徵收以財產為基礎頗符合公平原則，唯若考慮其充足性，則財產稅成長，似不易滿足國民健保財務上的需要，其穩定性亦較差，且財產價值的評估，往往需要很高的徵收成本。而一般消費稅多具累退性，故以消費為基礎課徵保費亦有同樣的缺陷，除非只考慮對少數所得彈性較高的消費品徵課，如此雖可符合公平原則，但

卻無法滿足國民健保鉅額經費的需求。至於以綜合消費為基礎的徵收標準，雖然符合公平原則與中性原則，但因其徵收成本高，至今少有國家能夠實施。

　　2.前文中曾提到德國、荷蘭等國家的「疾病基金」制度，具有公平、效率及財務獨立等優點，未來我國全民保險財源之籌措是否可以仿效？這牽涉到整個國家的醫療與財政體制。因為在基金制度之下各區域分別成立「疾病基金」，全國人民分屬各地區基金組織，醫療資源也需要區域化，分別於各地區建立醫療部門，醫療部門的經費除設備由政府投資之外，其餘均由該區的基金支應。目前我國醫療資源集中於大都市，城鄉之間的分配極不平均❸❷。故除非我國醫療資源分配與醫療體系能作徹底更張，否則以「疾病基金」方式取得全民健保的財源便不可行。進而言之，目前我國公、勞、農保的財務處理都是「中央集權」，要實行基金制的財源籌措，財務組織與管理都必須民營化與地方化，如果財政體系不作如此調整，基金制度恐難以順利推行。德國的醫療體系與其國家的社會運動發展息息相關，該國「醫療消費合作社」之類的組織，對我國而言未必可行；美國民間醫療保險組織如藍盾、藍十字等之若干性質與德國「醫療消費合作社」頗為類似，但目前已流於商業化，此皆可作為我國財源籌措之參考。

二、保險費率採單一費率

　　為改進目前公、勞、農保的財務狀況，雖然公保費率已達法定上限，規劃單位認為勞保尚有 1%、農保亦有 1.2% 的調整空間。令人驚異的是目前公、勞、農保都已陷入極大的財務危機，但費率迄今未作調整，又

---

❸❷　經建會全民健康保險規劃小組，《對我國醫療體系之評估》，民國七十九年五月。

牽涉到複雜的政治和基本觀念問題，到底應先提高醫療效率而後考慮變動費率？還是先行提高費率，再提升醫療效率？以及健康措施究竟屬於福利或是保險等觀念混淆不清。此外，自從勞動基準法通過之後，雇主對勞工退休金的提撥負擔加重，目前雇主對勞工保險的負擔已達80%，倘若再將勞保費率向上調整，雇主的負擔勢必更為加重，因此雇主表示反對乃為意料中事。而勞方負擔只有20%，費率不調、可減輕負擔，當亦不意外。最近勞保主管單位正建議提高薪資分級表水準，並將費率由法定的6-8%修改為9.5-11.5%，已經行政院核定通過，但是否能順利完成修法，關鍵仍在立法院。公保、農保主管部門都曾試圖調整費率，公保費率兩次調整案均未能獲立法機構同意，農保費率調整案亦擱置於立法部門。由上述情形可知，欲向上調整以薪資為基礎的費率頗難以達成。儘管如此，投保人數與給付項目則仍繼續增加，於是健康保險的財務狀況愈趨惡化[33]。

　　由於保險費率的調整困難重重，假如能將保費徵收基礎的投保薪資分級表予以更改，或可改善目前健康保險的財務狀況，且有助於未來全民健保收入的增加，因此規劃單位建議將公保保費以本俸為徵收基準的條款修改為以全部俸給為基準，同時將勞保薪資分級表中的上限調高[34]。持平而論，此項建議合情合理，但薪資以外的俸給是否亦為「薪資」可能引起質疑。假如此項建議可以獲得共識，公教人員的退休金也需按相同基準予以調整，私立學校教職員亦應比照辦理。應該加以強調的是，不論保費計算基準擴大為全部俸給或者是提高費率，皆增加薪資所得者

[33] 參閱江東亮，《中華民國健康照護制度之現況與問題》，全民健康保險國際研討會，民國七十八年十二月十八、十九日，臺北市。

[34] 同[1]，第57頁。

的負擔，而所產生的利益，卻歸於國民大眾，非僅薪資所得者獨享。

　　規劃單位未對全民健保費率提出任何建議，筆者以為未來的費率應改為單一費率，不宜因身分之別而有不同的負擔標準，唯未來全民健保費率低於現行費率的可能性不大，如果真是傳聞中的 13%，則不僅被保險人的負擔加重，且涉及負擔的重分配。為顧慮各類被保險人的接受性，似可採用逐步向上調整方式。然而根據過去費率調整的經驗，似乎長痛不如短痛。因為費率一經訂定即成定局，即使有上下限，往往也無法逐步向上調整。因此費率之調整，宜以一次調足較佳。

三、保費分擔比例各為一半

　　規劃單位對保費比例的建議是被保險人不因身分之別負擔比率相左（見表 5-2），此似與全民健保的基本精神相違背❸。因為健康保險既然由受雇者與雇主共同負擔，不論採用何種負擔基準，均宜各自分擔一半，且不應再有政府與民間之分，只有軍人醫療照護例外。如此民間受雇者負擔將增加，變動幅度最大，雇主負擔相對減輕。如果全民健保的實施不再區分公保或勞保，目前勞保偏低的醫療給付亦可相對提高。此外，雇主負擔比率相對降低，應可緩和其反對保費費率上調的聲浪。探討保費的負擔不能只從表面觀察百分比，尚需深入了解保費負擔的計算基礎及費率的高低。全民健保既是國民健保，保費的分擔應以國民為基準，不應再有任何身分之別。

　　假如分擔比例簡化為雇主與受雇者各 50%，不僅民間受雇者與雇主的負擔改變，公教人員保費負擔亦將相對提高，政府與私立學校則相對

---

❸　同❶，該報告的摘要所列保險分擔比率與第 54 頁所列財務分擔比例有不一致的現象，本文討論根據第 54 頁，表 6-1。

減低。天下沒有「低保費、高品質」的醫療服務，若欲改進目前「低保費、低品質」的醫療服務，被保險人應該各盡一己之貢獻。至於政府與私立學校保費負擔減輕的部分，建議移作公教人員的退休基金，民間雇主負擔減輕的部分，也希望用作受雇者退休或其他方面的福利。

四、實施部分負擔制，分擔比例不宜訂得太高

部分醫療費用分擔，是建立在使用者付費 (user charge) 的理論基礎上，為抑制醫療資源的浪費，也為開拓新財源，部分負擔確有實施的必要，因此而增加的收入，可用以增加醫療設備與品質的改善❸。鑑於目前我國健康保險確有浪費醫療資源的情形，因此贊同在實施全民保險制度的同時，實行部分負擔制度，唯比例不宜訂得太高。醫療費用的部分負擔可分為門診與住院費用的部分負擔，規劃單位建議:「被保險人應自行負擔門診費用 20–30%、住院費用 10–15%，不依轉診越級就醫者，加重其負擔。」❸ 這些分擔比例頗具有伸縮性，但比例是否稍微為偏高似可商榷，因為此項建議非僅針對目前已實施部分負擔的門診藥費而已，而是指「門診費用」與「住院費用」兩項，該二項目不僅包含藥費，還包括診療等費用。就目前已經實施門診藥費分擔 10% 的公務人員眷屬等五種健康保險而言，此等保險的財務狀況皆尚稱良好 ❸。且所謂部分負擔，

---

❸ Charles C. Griffin, *User Charges for Health Care in Principle and Practice*, Economic Development Institute of the World Bank, Washington D.C., 1988. 並參閱 ⑯, p. 10。

❸ 同 ❷，第 3 頁。

❸ 至民國七十九年二月資料論，公務人員眷屬有 2,554 萬 4,000 元的結餘，退休公務人員配偶疾病保險有 9,991 萬 6,000 元之結餘，私立學校退休教職員眷屬疾病保險有 249 萬 4,000 元之結餘，只

實際上是指就醫的「行政價格」，姑且不論是人為的「行政價格」或美其名之「政策價格」，均非市場決定的「均衡價格」，價格偏高雖可遏阻醫療資源的浪費，但也可能發生真正有病亟需就醫者被摒棄於醫療機構門外的副作用，此完全與實施國民健康保險制度的目的相左。因此，建議未來全民健保門診與住院費用的部分負擔比率均暫訂為 10%，超過此種比例，恐怕不易為社會一般人所接受。

最近行政院研考會對未來我國實施全民健保制度所作的一項訪問調查指出，一般民眾、公保或勞保被保險人認為應該採取部分負擔制度者皆超過 70%，整體樣本則高達 75.6%。認為合理分擔比率應低於 10% 之公保或勞保被保險人超過 40%，一般民眾為 37.1%，整體樣本為 45.1%❸⑨。該項研究調查有二點可作參考：

  1. 部分負擔制度可以採行。

  2. 分擔比率訂為 10% 較為合理。

遺憾的是此項調查未分別探究門診與住院的部分負擔，否則將更具參考價值，但至少可以顯示部分負擔比率不宜過高，否則，一般民眾不易接納。

▌捌、結 論

根據上述分析，歸納結論如下：

  1. 為實施全民健保制度，估計費用高達 3,000 餘億元，為支應如此

有私立學校退休教職員配偶疾病保險有 54 萬 6,000 元之虧絀，故眷屬配偶保險之財務狀況應稱良好，見❷，附表 2。

❸⑨ 同❷，第 43 頁，表 16。

鉅額的支出，其財源籌措實應多加斟酌。

2.全民健保即一般所稱的國民健保，性質上為社會保險，不同於商業保險，具有社會政策的意義，但絕不可誤解為社會福利。社會保險仍為保險的一種，其為利用交叉補助達成風險分擔之目的。因為醫療具有殊價財的特性，國民健保有必要舉辦，政府也有分擔保險費用的職責，唯其分擔比例應當適中，其他部分仍應由企業與被保險人共同負擔。

3.國民健保財源的籌措，以薪資作為保費徵收的基礎，不僅不公平且容易造成所得分配的惡化。就充足性而言，僅就勞動所得課徵，似不足以支應持續擴大的醫療支出，且對要素組合有扭曲作用而與中性原則不合。為擴大保費的徵收基礎，應將勞動以外之所得納入課徵的範圍，建立以所得為基準之保費徵收制度。

4.為節省徵收成本，提高徵收效率，宜採附徵扣繳方式，並應規定收入專款專用。唯國民健保財源究竟應否獨立？獨立是否即可確保充足的財源？乃為政策取向的問題。

5.國民健康保險費率宜採單一費率，雇主與受雇者的保費分擔比率各為50%，被保險人不因身分負擔比例不同，雇主也無政府與民間之別。

6.為增闢財源與抑制醫療資源浪費，有必要實施部分負擔制，唯門診與住院的負擔比率均不宜超過10%。過高的部分負擔比率不僅不易為民眾所接受，亦與國民健保的基本精神相違背。

（本文發表於《自由中國之工業》，第七十七卷第三期，民國八十一年三月）

附　錄

項目	勞工保險					退休人員保險	公教保險	農保	全民健保
法定費率	6.5-11%					8%	4.5-9%	6-8%	6%
現行費率	6.5%、5.5%						7.15%	2.55%	4.55%
保險負擔 本人	產 20	職 60	遭 80	漁 20	外 80		35	30	0-100
保險負擔 雇主	產 70	職 -	遭 -	漁 -	外 -		65	-	0-60
保險負擔 政府	產 10	職 40	遭 20	漁 80	外 20		0	70	0-100
財務虧絀之處理	勞保基金挹注，不足再由中央撥補						88/5 前之虧損由財政部撥補，88/5 後虧損須由調整保費挹注	由內政部撥補	安全準備撥補
備註	全民健保開辦後，醫療給付業務移交中央健保局辦理；普通事故保險費率為 6.5%（含失業保險費）或 5.5%（不含失業保險費）						全民健保開辦後，醫療給付業務移交中央健保局辦理	全民健保開辦後，醫療給付業務移交中央健保局辦理	

說明：全民健保實施後，公保原屬疾病保險醫療給付業務已移併全民健保主辦機關中央健保局辦理。公保體系原有之退休公教人員及其眷屬疾病保險、公務人員眷屬疾病保險、私立學校教職員眷屬疾病保險均已終止辦理，公務人員保險與私立學校教職員保險已合併為公教人員保險。

第六篇

我國全民健康保險財源規劃之探討

▌壹、前　言

　　我國政府原定於民國八十九年實施全民健康保險（National Health Insurance, 以下簡稱全民健保），嗣後因情勢改變，決定提前於民國八十三年實施。朝野關切的是，此項社會保險制度的實施，需要龐大的財源，政府從何處取得足夠的收入，以支應每年約 3,000 億元的支出？全民健保的規劃小組曾經建議，以薪資作為健康保險費之基礎，唯以目前公勞保的投保薪資觀察，投保薪資遠低於實際薪資。因此，如何使我國未來在全民健保中之投保薪資合理化，實為實行該項制度健全財務和有效徵收保險費收入的第一要務。此外，政府在全民健保中財務上扮演何種角色？是否給予補助和如何補助？再則，除以薪資作為保險費徵收基礎外，有無替代方案？學者曾建議以所得作為健康保險費之徵收基礎，其可行性如何？

　　本篇除前言與結論及建議外，共分五部分。第一部分探討全民健保財源規劃之原則。第二部分觀察先進國家全民健保財務採行之經驗及晚近發展之趨勢。第三部分探討投保薪資如何能趨向合理。第四部分研究政府補助的方案。最後第五部分分析以所得作為保險徵收基礎的可行性問題。

■ 貳、全民健保財源規劃之原則

　　根據《全民健康保險制度規劃報告》(經建會，民國七十九年)，全民健保的財源以保險費收入為主，並以投保薪資為保險費徵收之基礎。投保薪資與保險費率結構是否合理，攸關全民健保財務制度之健全與否。本部分之主要目的，在於確立健保財務所應遵循的重要原則，作為設計後面幾個合理與可行投保薪資制度之準繩，以及政府補助保險費的標準。

　　籌措全民健保的財源，應遵循下列幾個原則：

一、自足性

　　全民健保既然視為社會保險中之一環，所有被保險人(即全體國民)就應本著自助互助的精神，共同分擔彼此因疾病或傷害所引起之醫療費用與其他財務損失。因此，全民健保財務制度，首重自給自足原則，即保險費與相關收入應足夠支付醫療費用與其他支出。收入大於支出，形成全體國民過重的負擔，政府亦難逃橫徵暴斂之譏。反之，收入不敷支出，造成政府財政負荷，勢必削減其他公共支出或增加稅收要求，反而影響全民的經濟福祉。

　　一般而言，在投保薪資與保險費率結構確定之後，保費收入應是相當穩定。然而，疾病或傷害的發生很難精確地預測，每年醫療費用與預估數額可能大有出入。再者，經濟景氣劇烈的變化，或會影響保險費的徵收；而失業的增加或個人所得的減少，會提高疾病或傷害發生的可能性。因此，收入與支出發生剩餘或不足的情形，在短期間原是一種無法避免的現象。若因投保薪資結構設計不佳，對醫療機構支付方法不當，或人口老化的關係，形成長期入不敷出或大量剩餘，則是健保財務制度

的一種病態。在此情況下，必須調整費率，改善支付方法，或運用其他手段，達到收入與支出的均等原則。

　　為確保財務自給自足原則，健保的收入與支出應跟政府一般預算分開設立，以符「專款專用」之精神。政府對於健保所負之財務責任，僅限於其作為雇主所分攤之保險費及對低所得者之補助。除此之外，健保財務之不足或過剩，皆應跟政府之預算無關。

二、公平性

　　所謂公平原則，係指被保險人經濟情況相同者，應負擔相同數額的保險費與其他支出，此為水平式公平原則；被保險人經濟條件不同時，則負擔不等數額的保險費用，此為垂直式的公平原則。

　　一般而言，所得是衡量被保險單位（個人或家庭）經濟情況或支付能力 (capacity to pay) 之最佳指標；所得越高者，支付能力也越高。以所得作為保險費徵收的基礎，顯然符合費用負擔之公平原則。反之，以薪資作為保險費課徵基礎僅涉及所得中之薪資所得部分，卻豁免利息、地租與利潤等財產所得，違反上述水平式公平原則。再者，觀察實際所得分配情況，低所得階層中薪資占所得之比例較大，高所得階層中財產所得的比例較大，以薪資為保險費徵收基礎，其保險費占所得的比例，低所得階層顯然超過高所得階層，形成累退性質，有違上述垂直式公平原則。

　　然而，除觀察健保費用分攤情形外，我們尚須考慮健保利益在不同所得階層的分配狀況。一般而言，所得水準不同，家庭組成分子也可能有異，低所得階層包含較多年紀較大的老人或稚齡兒童，或低所得家庭發生疾病或傷害的或然率可能較高,其享受全民健保的利益亦自然較高。再者，如果健保的醫療費用成本分攤 (cost sharing) 制度，要求低所得階

層分攤較低的百分比，那麼，低所得家庭享受健保利益的比例，顯然大於高所得階層。總之，為正確地衡量某個健保計畫的累退性，或比較兩個健保計畫的公平性，應該考慮健保淨利益（即利益減費用）在不同所得階層的分配狀況。

三、效率性

全民健保財源之籌措，應儘量減少對資源配置發生不必要的干擾。假設其他情況相同，以所得作為保費課徵標的，其徵收基礎顯較薪資寬廣，縱使費率較低，亦能徵收較多或相等數額之保險費收入。費率較低與課徵基礎較廣，對於資源配置的干擾自然較為輕微。然而，以薪資作為保險費課徵基礎，可能僅會影響被保險人對勞動與休閒的選擇。以所得作為徵收標的，除引起此種超額負擔 (excess burden) 外，其中課於利息或財產所得部分，還會干擾被保險人的消費或儲蓄行為。基於效率性原則，以所得或薪資為課徵基礎，孰優孰劣？頗難下斷言。

無論以薪資或所得為保險費課徵基礎，皆可能會對勞動需要或供給發生不利的作用。首就勞動供給而言，如果勞工無法將保險費全部轉嫁給雇主負擔，勢必增加其薪資的邊際稅負或（相同地）減少稅後薪資數額❶。在其他條件既定下，這將影響被保險人的工作意願，減少其勞動供給量或引起偷懶怠工等情事。次就勞動需要而言，如果稅前工資接近法定最低水準或勞動供給彈性很小，雇主可能無法將其分攤之部分保險費轉嫁給勞工。對雇主而言，保險費即形同最低工資水準的提高，因而增加其雇用勞動的成本，這可能促使雇主多雇兼職或志願放棄保險的人員，以代替正常的勞工。再者，由於勞動的成本上升，其他生產因素（如

---

❶ 根據多數實證研究結果，保險費大部分由被保險人（員工）負擔，參閱江豐富（民國七十九年）。

資本勞務）的成本不變，在生產技術許可之下，雇主也會以其他的生產因素代替勞動。最後，勞動成本上升，可能影響廠商的利潤，促使其減產和縮小投資，這將對勞動的就業產生不良的影響。

四、可行性

　　財源之籌措，務求徵收方法簡易可行，俾減少徵收成本。一般而言，稽徵成本包含政府部門的徵收費用與被保險人的繳納成本兩種。目前公保體系採用投保單位造冊報繳保費方式，雖然可減少政府的徵收費用，卻加重投保單位的行政負擔。反之，勞保體系採用勞保局製單收繳方法，作用則剛好相反。

　　一般而言，徵繳成本之高低，跟保費徵收方式有密切關係。如為固定數額保險費方式（即無論被保險人的年齡與所得等，每人皆負擔一定與相同數額之保險費），徵納雙方對保險費的確定較少爭執，徵納成本必然達到極小。其次，由於薪資數額較易確定，而財產所得則難以掌握與界定，因此，以薪資作為保費課徵基礎，其執行成本顯然地較以所得為基礎為低。最後，無論是薪資或所得，比例費制（即保險費等於薪資或所得的一固定比例）無疑地將比累進費制（即費率隨基礎之增加而提高）簡易可行。

　　最後，值得注意者，即上述四個原則中有些可能是相輔相成者，例如以累進的所得費制來融通醫療支出，不但最符合公平原則，並且除非高陡的累進費率嚴重的打擊勞動與儲蓄意願，它尚能確保充足的財源以滿足鉅額醫療支出的需求。又如定額保險費具有總額租稅或移轉支出 (lump-sum tax or transfer) 的性質，對資源配置的不良影響達到最小，且最為簡易可行。但有些原則則是彼此相互衝突的，例如薪資稅雖較簡易可行，卻具累退性質。又如以所得為保費基礎，雖符合公平原則，卻可

能形成多重的超額負擔，且不易執行或執行成本高昂。總之，一個良好的財務制度，應能發揮上述原則的互補作用，兼顧彼此的交替性質 (trade-off)，符合社會的需要與時代潮流的背景，具有廣被接受的可能性，可供決策者參考。

■ 參、先進國家健康保險財源取得之經驗及其發展趨向

眾人皆知，德國早在 1883 年實施全民健保制度，接著許多國家紛紛採行（見表 6-1），各國健康保險制度雖然不盡相同，但給予國民更多的醫療照護的目標則為一致，自德國的俾斯麥首相建立全民健保制以還，至今已有百餘年的歷史，先進國家如何取得財源？是否拖累國家財政？影響其他建設？值得作深入研究。

就健康保險財源籌措的型態言，收入的來源不外取自政府與私人，而政府財源籌措的方法主要為：⑴一般稅收；⑵指定用途稅；⑶強制保險費。自私人取得財源的方法主要為：⑴自願保險費；⑵直接支付（見圖 6-1）。他山之石足以攻玉，先進國家實施全民健保財源取得的方式，應可作為我國規劃是項制度的借鏡，而最近發展的趨勢也足以給予我們建立健康保險制度的參考，故下文將從全民健保傳統財源取得的方式與最近發展的走向分述如下❷：

---

❷ 與頁 79-82 國民健康保險財源籌措方式對照，薪資稅若專作為健康照護用途，即成為指定用途稅，換言之，其非如一般稅收未指定用途，採統收統支的財務調度。另外，保險費的來源，雖則傳統多取自於薪資，稱薪資稅，但不定限於薪資。例如亦可取自菸酒稅。如果健康保險的屬性是社會保險，保險費的徵收採強制方式，故稱作強制保險費；如健康保險是一種商業保險，保險費的繳交尚採自願繳交，故稱為自願保險費。又所謂基金是指健康保險財源資金匯集之稱。毫無疑問健康保險基金，當然是健康保

表 6-1　實施全民健保的早期國家

國　　家	實施時間	附　　註
德　　國	1883 年	
奧地利	1888 年	
匈牙利	1891 年	
盧森堡	1901 年	
挪　　威	1901 年	
塞爾維亞	1910 年	
英　　國	1911 年	至 1946 年改為國民健康服務
俄　　國	1911 年	
羅馬尼亞	1912 年	
捷　　克	1920 年	
波　　蘭	1920 年	
澳大利亞	1921 年	
南斯拉夫	1922 年	
保加利亞	1918 年	
葡萄牙	1919 年	
希　　臘	1922 年	
蘇　　聯	1918 年	
日　　本	1922 年	
法　　國*	1930 年	
紐西蘭	1935 年	
芬　　蘭*	1941 年	
瑞　　典*	1947 年	

資料來源：除 * 為筆者編入，其他國家見 Delesie, Lue and Herman
Nys, *National Health Insurance & Health Resources* ,
Harvard University Press, 1987.

主要的財源，它只是以資金匯集的觀點論財源之構成。至於部分負擔，其本非醫療保險財源取得之所繫，主要之目的在抑制醫療資源之浪費，但部分負擔一經收取連帶便有財務挹注效果，故亦成為健康保險財源之一。

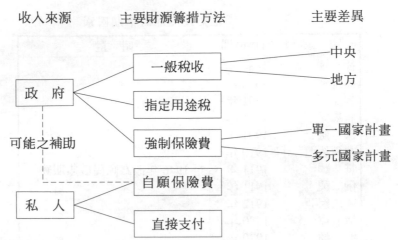

資料來源：*International Health Care: Patterns of Financing Fee Negotiation and Spending* , 1989, p. 4.

圖 6-1 健康保險之財源籌措型態

一、全民健保的特質與其財源取得之方式

㈠全民健保的特質

欲了解歐洲國家早期如何實施全民健保制度,掌握其特質有所必要:

1.全民健保是一種社會保險──全民健保與商業性健康保險不同,不是按照患病、死亡等風險的高低,決定保險費之多寡。而是具有共同分擔風險的特性,應加強調是其社會性,透過醫療資源的社會化,以達成所得重分配的功能。全民健保原本是一項政治妥協的產物,為了抑制德國工潮、安定社會而創設,是屬於整個歐洲社會運動發展過程中的一環❸。

2.全民健保是一種強制保險──健康保險一般可分為兩種:一為自願健康保險 (voluntary health insurance);另一為強制健康保險 (compul-

---

❸ Ariven Ron, Brian Abel-Smith & Giovanni Tamburn (1990).

sory health insurance)。全民健保是屬於後者。健康保險所以採取強制方式，是希望將全體國民納入健康照護的範圍，不僅考慮如果採自願性商業保險，有人可能因無法負擔醫療與保險費用，將被摒棄無法接受醫療照護，而影響其健康。更顧慮到許多疾病具有傳染性，如果部分人士或因經濟能力，或因醫療與保險知識缺乏，無法納入健康保險體系，如一旦罹患疾病則不僅自己健康受損，也會延禍他人，甚至波及整個社會。國際勞工局 (International Labour Office) 曾經指出，強制的健康保險，具有強烈的社會目標，把資金匯集，目標即是作交叉補助 (cross subsidy)，以鞏固社會。德國有時把國民健康保險費稱作「團結捐」(solidarbeitrag)，是具有相當社會政策的意味❹。

　　3.全民健保是一種醫療保險——毋庸贅言，全民健保是一種醫療保險，或稱疾病保險，又名健康保險。為防止罹患疾病，甚至可能遭受傾家蕩產，不得不未雨綢繆加入健康保險。其實在歐洲國家形成全民健保之前，民間已有健康維護的互助組織，像英國的「友誼會」(Friends Society)，比利時與法國的 The Societe's de Secours Mutuels，荷蘭的 Ziekafondsam，德國的 Kranken Kassen，意大利的 Di Mutuo Soccerso，丹麥的 Kygckassen 等皆以團體的力量分散疾病的風險。唯地區性的自願組織，畢竟太小，各個團體的分擔費用與醫療品質相差甚大，有些小團體風險分散更屬有限，財務無法支撐，終於夭折而宣告解散❺。於是，為切合需要由政府統籌規劃，實施全體國民的健康保險制度乃應運而生。由此觀之，全民健保並非突發而至，乃是演進而來。

　　在德國首相俾斯麥決定實施全民健保之初，原計畫對全體國民採免

---

❹　Schoch (1980), pp. 30–33.

❺　Rubinow, I. M. (1913), p. 224.

費制度，後經屬下告知，如此作法將違反保險的基本原則，方從善如流
打消原意。健康保險按風險分散，人人應納保險費，除非為低收入階級，
其保險費由國庫負擔。

4.全民健保是一種基本保險——健康保險涉及的範圍甚廣，醫療照
護的水準與涵蓋亦有很大差異，為顧及國家與個人財政的負擔，全民健
保乃訂定在基本醫療照護的範圍。所謂基本保險是隨國家整體發展與醫
療技術進步而有所不同，但基本上是指維護國民健康給予最低限度的照
護。換言之，超過此一水準的需要，被保險人即應自行負擔，或額外參
加自願性健康保險。歐洲國家長久以來實施全民健保，並未完全取代私
人健康保險，原因之一即在全民健保僅為基本保險，無法完全滿足每一
國民的需要，私人健康保險正可彌補此類不足。職是之故，全民健保與
自願性私人健康保險並非相互替代，而是具有互補的功能。

5.全民健保是涵蓋醫療與現金給付的保險——全民健保的給付有兩
項：⑴現金給付；⑵醫療給付。現金給付是指被保險人因患病無法工作，
收入喪失，而給予的補償，或因就醫額外的支付而給予的補助，因所支
付者皆為現金，故稱現金給付，而醫療給付則是一種實物給付，是指被
保險人患病就醫時所給予的醫療服務或藥物。從上文指出全民健保為一
種基本保險可知，無論現金給付或醫療給付，都有一定的限度。

㈡全民健保財源傳統取得的方式

1.薪資稅

⑴薪資的含義：

全民健保財源取得的方式頗多，但最主要的是薪資稅 (payroll
tax)。此稅的徵收是配合社會安全制度的實施，將所得中的薪資
部分作為課徵的基礎。從許多國家的經驗觀察，薪資不只作為
健康保險費徵收的基礎，並且也作為老年退休年金保險費徵收

的基礎，此外又作為失業保險費徵收的基礎，故薪資是名副其實的「重複課稅」。

以薪資為保險費徵收之基礎的薪資稅，薪資的定義或內涵為何？是部分抑或全部薪資？按照經濟學上的定義，薪資應該是指提供勞動的報酬，故不管形式上給予的現金或者實物皆應視為報酬，不論身分上是勞心或勞力階級，是所謂白領或者藍領階級，凡是受僱者因提供勞務所獲取的所得皆稱為薪資所得（簡稱薪資），不計名稱為薪水或工資、加班費、工作獎金、專業補助、值班費、分紅、年終犒賞，皆應視為廣義的薪資。

早期歐洲國家實施全民健保從薪資稅取得的財源，薪資稅徵收的基礎並非包括全部薪資，而是指「基本工資」(basic wage 或 Grundlohn)。至於基本工資則是指「本薪」，不包括職務加給、加班費、獎金、津貼、紅利、犒賞等。從此一含義可知，薪資是作狹義的解釋，但是晚近依照國際勞工局的看法，所謂基本工資可區分為❻：

①每一被保險人的真實工資 (true wage of each insured person)。
②工資分級表中的平均工資 (average wage in each wage class)。
③被保險團體的平均工資 (average wage of the insured group)。
④地區平均工資 (local average wage)。

國際勞工局認為：為了避免形式上申報與對申報的工資查核其是否確實，不如直截了當逕以地方勞工主管部門所可能求得的平均工資，作為計算保險費的基礎。

許多歐洲國家的全民健保包括兩大類：①職業團體；②不納入

❻　International Labour Office (1927), p. 456.

職業團體的地區保險。參加地區性的非職業被保險人，本無所謂薪資所得，若以地區平均工資計算應納保險費，只能算作「設算薪資」(imputed wage)。如果是職業團體的被保險人，理想上應以其真實工資計算應納保險費，但真實工資如由被保險人或雇主申報，保險機構必須對申報資料的正確性一一查核，如此作法必定曠時費事，故大多數國家皆逕以工資分級表中的平均工資，或被保險團體的平均薪資作為投保薪資。

由上可知，歐洲國家薪資稅的計算，基於徵收技術層面的限制，並非以每一被保險人的真實薪資或實際收入，而是按照其所屬階層或團體的平均薪資，作為薪資稅計算健康保險費的基礎，故投保薪資與真實薪資常有差距，就一般而言，投保薪資每每低於真實薪資。

(2)薪資分級表的訂定與其功能：

投保薪資是否接近真實薪資，不僅影響被保險人的保險費負擔輕重，而且涉及健康保險單位的財務收入，以及是否能夠支應保險給付的需要，故事關重大。而以投保薪資計算保險費，又牽連投保薪資分級表的如何訂定。

投保薪資分級表訂定的目的何在？是否必要？此涉及全民健保保險費訂定的政策問題。假如全民健保含有所得重分配的功能，則保險費的支付，應依照量能負擔 (ability to pay)，亦即應採取累進課徵；凡低於一定薪資所得，免於繳納保險費，但超過一定金額，即將薪資按高低分成若干級，以負擔遞增方式徵收。例如法國 1927 年的強制健康保險，即按表 6–2 中方式徵納保險費。

為計算保險費，薪資表應分成幾級，每一級的級距應多少，實施全民健保的先進國家，並無一定模式。例如羅馬尼亞分五級、保加利亞分五級、挪威分六級、匈牙利分八級、奧地利分十級、日本分十六級，最多的南斯拉夫分十八級（見表 6-3 至表 6-9）。

表 6-2　法國強制健康保險所得分級與保險費（1927 年）

被保險人分級	年所得	保險費負擔百分比	
		政　府	被保險人
I	(a)單身所得 1,800 法郎以下	100	−
	(b)家庭所得 2,500 法郎以下	100	−
II	(a)單身所得 1,801 至 2,500 法郎	$66\frac{2}{3}$	$33\frac{1}{3}$
	(b)家庭所得 2,501 至 3,500 法郎，每小孩 500 法郎	$66\frac{2}{3}$	$33\frac{1}{3}$
III	(a)單身所得 3,501 至 4,500 法郎	$33\frac{1}{3}$	$66\frac{2}{3}$
	(b)家庭所得 3,501 至 4,500 法郎，每小孩 500 法郎	$33\frac{1}{3}$	$66\frac{2}{3}$
IV	(a)單身所得 4,501 法郎以上	−	100
	(b)家庭所得 4,501 法郎以上，每小孩 500 法郎	−	100

資料來源：*Compulsory Sickness Insurance*, International Labour Office, 1927, p. 418.

表 6-3　羅馬尼亞之工資分級與保險費

單位：Lei

分　級	平均每月工資	每週繳納保險費	費　率
1	4.50	1.00	3.66
2	15.00	3.00	3.33
3	30.00	5.00	2.77
4	45.00	7.00	2.59
5	60.00	10.00	2.77

資料來源：*Compulsory Sickness Insurance*, International Labour Office, 1927.
說明：舊日羅馬尼亞帝國時代保險費完全由被保險人繳納。

表 6-4　保加利亞之工資分級與保險

單位：Levas

工資分級	每週工資	勞工繳納	雇主繳納
1	15 以下	1.5	1.5
2	16-30	2	2
3	31-45	2.5	2.52
4	46-60	3	3
5	61 以上	4	4

資料來源：同上表。

表 6-5　挪威之所得分級與保險費

單位：克朗

所得分級	每年所得	每週繳納保險費
1	100 以下	25
2	100- 600	35
3	600-1,200	45
4	1,200-1,600	55
5	1,600-2,000	65
6	2,000 以上	70

資料來源：同上表。

表 6-6　1924 年匈牙利工資分級

單位：克朗

級　數	每日工資（紙克朗）	平均每日工資		保險費率
		紙克朗	金克朗	
1	10,000 以下	10,000	0.56	9.7
2	10,000-20,000	15,000	0.83	7.1
3	20,000-30,000	25,000	1.39	7.9
4	30,000-40,000	35,000	1.94	8.4
5	40,000-50,000	45,000	2.50	8.0
6	50,000-60,000	55,000	3.06	8.4
7	60,000-70,000	65,000	3.61	8.6
8	70,000 以上	75,000	4.17	41.9

資料來源：同上表。
說明：1918 年曾減至五級，後又增至七級、九級、十三級。

表 6-7　　1925 年奧地利工資分級與保險費

單位：先令

工資分級	每日工資	平均每日工資	每週繳納	每月繳納
1	0.77以下	0.72	0.36	1.56
2	0.77–1.03	0.90	0.45	1.95
3	1.03–1.13	1.08	0.54	2.34
4	1.13–1.39	1.26	0.63	2.73
5	1.39–1.73	1.56	0.78	3.39
6	1.73–1.87	1.80	0.90	3.90
7	1.87–2.40	2.10	1.05	4.56
8	2.40–3.00	2.70	1.35	5.85
9	3.00–4.20	3.60	1.80	7.80
10	4.20以上	4.80	2.10	9.09

資料來源：同上表。

表 6-8　　日本工資分級表

單位：日圓

工資分級	每日工資	基本每日工資
1	0.35 以下	0.30
2	0.35–0.45	0.40
3	0.45–0.55	0.50
4	0.55–0.65	0.60
5	0.65–0.75	0.70
6	0.75–0.85	0.80
7	0.85–1.15	1.00
8	1.15–1.45	1.30
9	1.45–1.75	1.60
10	1.75–2.05	1.90
11	2.05–2.35	2.20
12	2.35–2.65	2.50
13	2.65–2.95	2.80
14	2.95–3.25	3.10
15	3.25–3.75	3.50
16	3.75 以上	4.00

資料來源：同上表。

說明：健康保險費採定率，原則照實際每日工資不超過 3%，如有超過
　　　3% 者由雇主支付。

表 6-9　　1927 年南斯拉夫之工資分級與保險費

單位：Dinars

工資分級	實際每日薪資	實際每週薪資	基本薪資	每日保險費
1	2.50 以下	15.00 以下	2.00	0.12
2	2.51- 3.00	15.01- 18.00	2.50	0.15
3	3.01- 3.60	18.01- 21.60	3.00	0.18
4	3.61- 4.40	21.61- 26.40	3.60	0.22
5	4.41- 5.40	26.41- 32.40	4.40	0.27
6	5.41- 6.60	32.41- 39.60	5.40	0.30
7	6.61- 8.00	39.61- 48.00	6.60	0.40
8	8.01- 9.60	48.01- 57.60	8.00	0.48
9	9.61-11.60	57.61- 69.60	9.60	0.58
10	11.61-14.00	69.61- 84.00	11.60	0.70
11	14.01-16.80	84.01-100.80	14.00	0.84
12	16.81-20.00	100.81-120.00	16.80	1.01
13	20.01-24.00	120.01-144.00	20.00	1.20
14	24.01-28.80	144.01-172.80	24.00	1.44
15	28.81-34.00	172.81-204.00	28.80	1.73
16	34.01-40.00	204.01-240.00	34.00	2.04
17	40.01-48.00	240.01-288.00	40.00	2.40
18	48.00 以上	288.00 以上	48.00	2.88

資料來源：同上表。
說明：採固定費率 6% 繳納。

理論上薪資表分級愈多，愈能反映並接近真實薪資，也使每級
上下限相差不致太大，但也可能漸漸失去分級的意義，而且相
對增加了徵收行政上的複雜性。反之，如果薪資表分級太少，
愈偏離真實薪資，不僅每級之間相差甚大，會使保險費負擔隨
級距上升而驟然增加，容易產生各級負擔的不公平，即使在每
一級之中，如果上、下限相差較大，亦會引發保險費負擔級內
的不公平。

值得重視的是，薪資分級有藉保險費的徵收，以達成所得重分

配的意義。如果薪資表分級，而且設上、下限，則若採取單一
費率，會對所得分配產生逆進效果，因為形式上雖稱比例稅，
實際上卻可能呈現累退作用。美國布魯金斯研究所 (The
Brookings Institution) 的 Joseph Pechman, John A. Brittain,
Martin David 等學者，極力反對用薪資稅作為社會安全 (social
security) 財源的理由，即在於此。他們以實證分析指陳：薪資稅
實際上的負擔者為中低所得者 ❼。這項結論，雖然有部分學者
並不表示同意，像 Richard A. Musgrave 與 Michael J. Boskin 認
為：薪資稅的所得分配效果應從收與支兩方面衡量，片面的觀
察不足為訓 ❽。

不過根據我們所知，薪資分級表的意義不只就被保險人按照薪
資所屬級數扣繳保險費，除此以外，還用作被保險人現金給付
的依據。毋庸置疑，繳納保險費較多者的醫療給付與繳納保險
費較少者並無差異，但現金給付卻有所不同，雖則一般現金給
付皆訂有限額。故如僅就全民健保的給付受益而言，其與保險
費繳納多寡關聯密切，表 6-10 中可以看出英國當年的健康保
險費繳納與患病受益給付的情形。

如前所示，訂定薪資分級表目的在大致反映被保險人的經濟能
力，即按照不同的經濟能力，負擔不同比例的保險費，故或多
或少含有所得重分配的功能。但亦有不少國家為課徵簡單、節
省徵收成本，而犧牲量能負擔的原則，而採單一費率（參閱表

❼　George F. Break, J. A. Pechman (1972); Karen Davis (1975); John A. Brittain (1975).

❽　Richard A. Musgrave (1986), pp. 67–81; Michael J. Boskin (1986), pp. 11–129.

6–11)。

表 6–10　英國之地域與工廠健康保險

每週薪資	每週健康保險費	每週患病受益
12 先令	$3\frac{1}{4}$ 便士	6 先令
15 先令	$4\frac{1}{4}$ 便士	7 先令 6 便士
18 先令	5 便士	9 先令
20 先令	$5\frac{1}{2}$ 便士	10 先令
24 先令	$6\frac{3}{4}$ 便士	12 先令
27 先令	$6\frac{3}{4}$ 或 $7\frac{1}{2}$ 便士	12 先令或 13 先令 6 便士
30 先令	$6\frac{3}{4}$ 或 $8\frac{1}{2}$ 便士	12 先令或 15 先令

資料來源：*The British System of Social Insurance*, Phillip Allen, London, 1931.

表 6–11　疾病基金與保險費率

財務管理	保險費率	
	單一費率	差別費率*
由一個基金	比利時、保加利亞、法國（海員）	南斯拉夫
由多個基金	智利、捷克、法國（礦工）、英國、匈牙利、意大利、愛爾蘭、北愛爾蘭、葡萄牙、瑞士（Appenzell outer Rhodes, Basel Town, St. Gall 等邦）	奧地利、愛沙尼亞、法國（阿爾薩斯、勞林）、拉脫維亞、立陶宛、盧森堡、挪威、波蘭、羅馬尼亞（Bukovina）、瑞士（Appenzell inter Rhodes 邦）

資料來源：British Medical Association, *Health Services Financing*, Fisher Knight Co., Great Britain, 1967, p. 513.

* 費率隨地區與機構而不同。

　　由各國的情形看來，健康保險採差別或單一費率，端視一個國家的所得重分配政策與課徵行政而定。從上表中可以發現：即使於一個國家中，像瑞士、羅馬尼亞，既採差別費率，又有單一費率。產生如此複雜的情形，主要是因為有多個健康保險基金的組織，保險費完全由基金訂定。有些基金為求保險費徵收的簡化乃採單一費率，而有些基金強調量能負擔而採多元費率。

⑶上、下限的訂定：

　　投保薪資分級表是否需要訂定下限與上限，亦是一個值得重視的問題，依照全民健保先進國家的制度觀察，大多訂有上限（見表 6–12）。

表 6–12　選樣國家全民健保年收入或所得之上限

國　家	勞工階級	所得來源	最高保險費
德　國[1]	非手工	工資	3,600 馬克
英國與北愛爾蘭[2]	非手工	工資	250 鎊
匈牙利	非手工	工資	24,000,000 克朗
愛爾蘭	非手工	工資	250 鎊
日　本[3]	非手工	工資	1,200 日圓
立陶宛	所有手工	工資	4,800 立塔
盧森堡	非手工	工資	1,000 法郎
挪　威	非手工	全部所得	6,000 克朗

資料來源：International Labour Office, 1927.
說明：　1. 1989 年上限訂為 54,000 馬克。
　　　　2. 目前已改為國民健康服務 (National Health Service)。
　　　　3. 1973 年上限為 200,000 日圓。

　　值得探討的是各國為何要訂定上限？因為假如健康保險的對象僅限於勞工階級（藍領），則上限的意義不大，理由是一般勞工的收入，即工資相差不會太大。是以薪資分級表上限的訂定乃另有其原因：

①避免保險費負擔過重——健康保險費的支付，不只涉及受雇者，連雇主也要負擔，特別是健康保險範圍擴大到一般受雇者，薪資差距拉大，為避免勞資雙方負擔過重，訂定上限，誠有必要。

②避免現金給付過多——前文提及，薪資分級表不只作為保險費徵收的依據，也與現金給付多寡有關，為避免現金給付負擔太大，不得不設定上限。

有關下限的設定，則比較容易理解，此猶如一般租稅的起徵點，未達最低起徵薪資水準，一概予以免繳健康保險費。或此項保險費不必由被保險人繳納，而是由政府主管社會救助單位支付。至於下限的設定，常以最低工資或最低生活費作為標準。

唯上、下限投保薪資差距應為多少？亦即投保薪資的上限應該是下限的幾倍方稱公平或始為恰當？從先進國家的資料中，很難找出絕對公平而又恰當的倍數。如果下限不變，將上限的差距拉大，倍數增加，必然更符合量能負擔的原則，發揮所得重分配的效果，但也加重了受雇者與雇主的負擔，進而牽連到增加現金給付的負擔。如果再深入探討上、下限的擴大，是否能真正發揮重分配效果，尚取決於徵納基礎。就薪資而言，稅基只限於薪資，故即使有重分配效果，也侷限於薪資所得者的範圍內打轉，效果當屬有限。基本上投保薪資上、下限的差距，與每一組內上、下限的訂定，是取決於所得重分配的價值觀。但儘管如此，上、下限的設立必須同時兼顧對經濟效率的影響。

(4)保險費用的分擔：

如前文所述，全民健保雖然是屬於社會保險，負有社會政策的使命，然因屬於保險的範疇，必須依照保險的基本原則分擔保

險費，除非被保險人是低所得者。當然，關鍵是如何分擔？依照先進國家的例子，關於醫療與保險行政費用，由雇主與受雇者共同分擔。表 6–13 中德國的全民健保於 1883 到 1981 年是按照被保險人的薪資所得，有不同的分擔比例：

表 6–13　　德國全民健保之保險費分擔

薪資所得	雇主負擔	受雇者負擔	政府負擔
750 馬克以下	2/3	–	1/3
750–1,200 馬克	2/3	1/3	0
1200–2,000 馬克	1/2	1/2	0

資料來源：W. Harbult Dawson, *Social Insurance in Germany, 1883–1981*, London, 1927, p. 38.

被保險人為受雇者，屬利益的受益者；分擔保險費乃理所當然，但是雇主為何亦必須同時負擔？不僅如此，有些國家硬性規定雇主的負擔超過受雇者的負擔（見表 6–14），更甚者如瑞典，以及前共產國家，強制健康保險的保險費完全由雇主負擔❾。雇主何以要為受雇者分擔，甚至負擔全部健康保險費，我們可以從全民健保為社會保險的屬性了解，企業或機關組織，雇主與受雇者休戚與共，員工的健康自然和企業或機關組織關係重大，或為分擔社會責任或為自身利益，負擔保險費應有其必要。表 6–14 中從奧地利也可看出，雇主與受雇者對健康保險費分擔則各占一半，並且藍領與白領階級有所差別。

如果再從健康保險所產生的外部性 (externality) 與殊價性 (meritorious) 的觀點出發，則連政府亦應負擔部分健康保險費

❾　鄭文輝等（民國八十年）。

表 6-14　奧地利健康保險費的分擔 (1985)

保險對象	費　率	受雇者	雇　主
藍領階級	6.3%	3.15%	3.15%
白領階級	5.0%	2.5%	2.5%

資料來源：Theodor Tumardle and Carl Fuerboede, *Social Partnership: The Austrian System of Industrial Relation & Social Insurance*, ILR Press, Cornell University, 1986, p. 96.

用。Gerry Perin 曾經提出社會安全財源籌措的「金科玉律」(A Golden Rule)，他主張最適當的費用分擔，應該是雇主、勞工與政府三者各占三分之一。此一見解，我們可以從立陶宛、拉脫維亞與保加利亞等國家，發現這種健康保險費用分擔「三三制」的例證（見表 6-15）。

假如健康保險的被保險人全是受雇者，而且受雇者除薪資所得之外，別無其他所得，至少薪資以外的所得比例不高，用薪資作為保險費徵收的基礎，困擾甚少，然而當健康保險的對象擴及到自雇者與無薪資所得者，僅以薪資作為稅基的困擾即隨之而起。

自雇者既無薪資，像比利時等國家，乃按照一固定數額徵收保險費，亦即一般稱為「總繳」或「定額」(lump-sum)，此種徵收不失為一種「次佳」方法，但卻連帶產生兩項問題：

①總繳的水準如何訂定？

②當無法扣繳 (withholding) 時，如何使被保險人自動報繳？

在許多歐洲國家，收取保險費皆屬地方保險單位，如德國、奧地利、瑞士、荷蘭等國的「疾病基金」(sickness fund) 其總繳的金額多寡，由各基金自行按照醫療與行政費用支出、被保險人人數多寡等，由被保險人共同分攤全部成本。像日本的非受雇

表6-15　強制性疾病保險之財源

國　家	民間負擔			政府負擔		效益成本比例	社區負擔
	被保險人負擔比例	雇主負擔比例	負擔比例	被保險人每人補助	一般補助		
奧地利	2/3	1/3	0	0	0	0	0
比利時（海員）	1/2 或 5/8	1/2 或 3/8	0	0	不確定捐助	0	0
保加利亞	1/3	1/3	1/3	0	0	0	0
智　利	2/6	3/6	1/6	0	0	0	0
捷　克	1/2	1/2	0	0	0	0	0
愛沙尼亞	1/2	1/2	0	0	0	0	0
法國(阿爾薩斯、勞林)	2/3	1/3	0	0	由基金補貼每人補助互助金	0	0
法國（礦工）	1/2	1/2	0	0	0	0	0
法國（海員）	2/9 或 3/17	7/9 或 14/17	0	0	0	0	0
德　國[1]	2/3	1/3	0	0	0	對被保險人之未獲保險之妻子1/2生育補助	0
英國（男性）	1/2	1/2	0		補助中央行政成本費用	男性受益之1/7	0
（女性）	8/17	9/17	0	0		女性受益之1/5	0
希　臘	1/2	1/2	0	0	勞工保險之行政費用	0	0
匈牙利	1/2	1/2	0	0	0	0	0
愛爾蘭（男性）	1/2	1/2	0	每週每人補助2d之2/9	0	0	0
（女性）	3/7	4/7	0	每週每人補助2d之2/9	0	2/9	0

表 6-15　強制性疾病保險之財源（續）

國家	民間負擔		負擔比例	政府負擔		效益成本比例	社區負擔
	被保險人負擔比例	雇主負擔比例		被保險人每人補助	一般補助		
意大利（新省）	2/3	1/3	0	0	0	受益人10%；最多每人2元	0
日　本	1/2	1/2	0	0	0	0	0
拉脫維亞	1/3	1/3	1/3	0	0	0	0
立陶宛	1/3	1/3	1/3	0	0	0	0
盧森堡	2/3	1/3	0	0	0	0	0
北愛爾蘭（男性）	1/2	1/2	0	每週每人2便士之1/7	0	男性受益1/7	0
（女性）	6/13	7/13	0	每週每人2便士之1/5		女性受益1/5	0
愛爾蘭²	1/3	1/3	1/3	—	—	0	0
荷　蘭²	1/2	1/2	0	—	—	0	0
挪威（區域）	6/10	1/10	2/10	—	—	0	1/10
（識業）	2/6	1/6	2/6	—	—	0	1/6

說明：1. 德國與奧地利之分攤比例已改為雇主與受雇者各分擔 1/2。
　　　2. 以外取自 Compulsory Sickness Insurance, International Labour Office, Geneva, 1929, pp. 430–431.

者的保險費，是依照被保險人的財產價值等因素分攤，自營商
則參酌其收益。奧地利對農民是按照其所得徵收保險費，先將
農業分級，按等級每月徵收一定金額的保險費，亦即是採取總
繳方法，唯總繳的多寡並不一致。至於自動報繳，可由建立保
險費繳交卡予以管制。

⑸保險費的訂定:

不論職業團體或地區性健康保險，A. Ron, B. Abel Smith, G.
Tamburn 等人認為，健康保險費的訂定，取決於下列因變數 ❿:

①提供利益的範圍與性質。

②醫療照護的組織。

③用作計算保險費的收入水準 (level of earning)。

④政府在財務上參與的程度。

⑤健康照護的經濟與市場條件。

由 A. Ron 等人提出的健康保險費訂定的變數可知:

①要想健康保險提供的醫療給付好且現金給付高，被保險人就
　必須支付較高的保險費。如前文所示，全民健保只是一種基
　本健康保險制度，醫療保險性質上的限制，自當限制給付的
　範圍，當然也是顧慮國家財政與被保險人保險費的負擔。

②醫療照護的組織是中央集權，抑或地方分權，甚至醫療網的
　分布，是集中或分散，均影響保險費的訂定。

③為了保險費的公平負擔起見，被保險人的收入，自然是決定
　保險費重要的參考資料，就薪資稅言，薪資高者負擔較重，

❿　同❷。

薪資低者負擔較少，如薪資未達下限，被保險人可以免繳保
險費。

④政府在全民健保財務上是否參與，和參與到何種程度，自然
會影響保險費的訂定，像加拿大許多省份的健康保險，被保
險人免繳任何保險費，而全部健康保險支出由政府從一般稅
中融通。

如前文指出，健康照護的社會化，未必完全抑阻私人健康保險
的發展，醫療技術的進步，醫療器材與藥品的自製能力，醫護
人員的供需，以及一般物價的變動都均足以影響醫療成本，同
時也影響健康保險費訂定的水準。

2.非薪資稅

(1)對所得課徵特別稅：

前文論及傳統上以薪資稅作為全民健保的財源，有歷史上的淵
源，即健康保險原來僅限於勞工階層，後來隨著健康保險範圍
的擴大，由勞工擴充到一般受雇者，由職業團體增加到地區性
健康保險，單單薪資已不足概括所有被保險人的收入，更重要
的是也無法反映被保險人的經濟能力，於是利用一般性所得為
全民健保的財源乃應運而生。

像阿根廷、澳大利亞、芬蘭、紐西蘭、挪威與瑞典，皆直接對
所得課徵特別稅 (special tax levied directly on income)，此種取
得財源的方法與傳統的薪資稅，有下列顯著差異：

①稅基較廣──除薪資所得之外，其他所得亦納入作為保險費
計算的基礎，故稅基較廣。

②彈性較大──因課徵標的包括薪資與非薪資所得，一般所得
稅收彈性大於一。

③沒有上限——因為對所得課徵特別稅，實際上對所得稅徵收附加稅，所得稅無所謂上限，所以對所得課徵特別稅自然也無課徵最高限制。

④能反映經濟能力——與薪資稅相較，因非薪資一併納入保險費的計算，全部所得比薪資所得，自然更能反映被保險人的經濟能力。

此外像加拿大就所得稅課徵 2% 的附加捐，最多為 100 元，稱為社會發展稅 (social development tax)，作為聯邦補助各省執行保險計畫所花成本之用。

(2)對菸酒課徵特別稅：

為籌措健康保險的財源，法國、瑞士等國對菸酒課徵一特別稅。眾所周知，對菸酒課稅一般稅率較高，政策上含有寓禁於徵之意，故稅負雖重亦不為虐，更何況菸酒有損國民健康，為全民健保課徵特別稅，加強寓禁於徵，不失為一項良方。

應加說明的是，對菸酒課徵特別稅並非全民健保的主要財源，即不是因此而替代薪資稅，而係一項補充性財源。

此外，眾所周知，瑞士並無全國一致性的全民健保，但各邦之內都有「疾病基金會」之類的健康保險的組織，給付的範圍與保險費的負擔各不相同，私人健康保險相當發達。聯邦政府對菸酒課徵特別稅，其目的不是為籌措全民健保財源，而是在支援各邦的健康保險。

(3)對出口礦砂課徵特別稅：

賴比瑞亞政府為了健康保險制度的推行，能籌得較多的財源，對輸往國外的礦砂課徵特別稅。就理論上分析，對自然資源出口徵稅，有抑制資源輸出的作用。唯此種財源籌措的方式，既

不考慮被保險人的負擔能力，也與健康保險的給付無關，因此談不上公平與否，可能只是為取得財源上的方便。

(4)對不同產品課徵特別間接稅：

為了增加健康保險的財源，希臘對不同的產品課以特別間接稅。就公平觀點，一般間接稅均含有累退性，不符合量能負擔，如對不同產品課徵不同的間接稅，也容易產生扭曲作用，影響資源正常配置。而從財源取得的性質來論，對不同產品課徵間接稅，與健康保險的給付亦無關聯，故希臘課徵此項特別稅，應該也不是全民健保的主要財源。

二、政府在全民健保財務上扮演的角色

(一)健康保險費的補助

如前文所述，全民健保是一種社會保險制度，在此制度中，政府在財務上應負擔何種責任，論者有不同的看法，或主張全民健保雖稱社會保險，仍不失為保險中的一項，只是性質上與商業保險有所區分，故無論如何，其保險費應由被保險人及其利害關係人——雇主共同負擔，政府不應分擔任何保險費用。

然而，站在健康保險即是疾病保險的觀點，許多疾病有外部性，在市場仍有失靈 (market failure) 情形下，此種外部效果無法內在化 (internalize)。職是之故，政府在保險費上給予部分補貼，堪稱允當。如果再從醫療保險的殊價性 (meritorious) 觀之，健康保險乃是一種殊價財 (merit good)，既然健康保險是一種殊價財，則政府在保險費給予適當補貼，亦稱允當，否則就產生消費不足之虞。

有關健康保險費的補貼，嚴格可區分為兩種：

1.對低收入者補貼——上文提及，若以薪資稅作為全民健保的財源，

對未達「起徵點」的被保險人，本人完全免繳保險費，而由政府從一般稅收中以社會救助的方式補貼，此可稱作「全額補貼」(full subsidy)，舉凡實施全民健保的國家，都有此種補貼。

　　2.對一般被保險人的補貼──即被保險人不分其收入的高低，因為考慮到健康保險的外部性與殊價性，政府均分擔部分保險費，此可稱作「部分補貼」(partial subsidy)。從表 6-15 中可以發現，像智利政府補助六分之一，保加利亞、立陶宛與挪威（職業）、拉塔維亞等國政府皆分擔保險費的三分之一，而挪威（區域）可從一般稅中補助保險費十分之一等。

　　以上國家對健康保險費是採「定率補貼」(fixed rate subsidy)，但像瑞典、瑞士係採「定額補貼」(fixed amount subsidy)，但瑞典又按所得的高低，作遞減式的「定額補貼」，例如 1898 年的補助金額為：

每參加政府認可的健康保險組織會員	100 克朗以下補貼 1.50 克朗
每增加一認可的健康保險組織會員	300 克朗以下補貼 1.00 克朗
每增加一認可的健康保險組織會員	2,600 克朗以下補貼 0.50 克朗
每增加一認可的健康保險組織會員	高於 2,600 克朗補貼 0.25 克朗

至於瑞士，尚區分成人與兒童，並區分男性與女性給予不同的定額補貼：

十四歲以下兒童每位補貼	3.5 法郎
男性成人每位補貼	3.5 法郎
女性成人每位補貼	4.5 法郎

　　而德國則依照社會政策對特定人給予補助，如礦工、退休農民、學生及殘障者，補助比例占全部保險費的 3%。

　　又如丹麥，在 1892 年則一律按收入的五分之一給予補助，不計人數的多寡。

　　另外，前文指出私人健康保險與全民健保非相互替代，而是相互輔

助，因此像比利時等國家，對人民參加私人健康保險亦給予補貼，金額占保險費 30% 至 40%。

(二)行政費用的補助

健康保險通常包括兩大部分費用，一為醫療費用，二為保險行政費用，倘若在全民健保的保險費用已涵蓋上述兩項費用，則如果政府給予保險費補貼，事實上已包括了行政費用補貼在內，在日本凡是參加健康保險、國民健康保險與老人保險之相關全部行政事務費用，均由政府負擔。而韓國的全民健保三項保險，即職場醫療保險、公教醫療保險與地域醫療保險，只有地域醫療保險的行政事務費用由政府補助[11]。

(三)醫療設備的補助

像德、奧等國的全民健保，是採取多元化的「疾病基金會」制度，財務幾乎完全獨立，原則上政府不加干預，唯對醫院的興建與醫療設備等資本性支出，政府（聯邦與各邦）從一般稅中支應，以總額或特定申請方式補助醫院的資本設備，韓國亦給予私人醫院資本設備融資與租稅減免等，以稅式支出方式補助。

(四)醫療收支虧絀之補助

全民健保既是一種保險，當發生收支不平衡有虧絀時，自應開源節流或撙節支出或調整保險費加以改善，政府不應給予補助填補虧絀，唯我們發現，希臘卻有以政府預算彌補其全民健保赤字的法律規定[12]。

---

[11]　劉榮芳（民國八十一年），第 12 頁，間接引自全民健康保險研究計畫專案小組，〈韓國醫療保險〉，《健康教育》，第六十四期，民國七十八年六月，第 23 頁。

[12]　Bengt Jönsson (1989), pp. 79–93.

三、全民健保財源取得之發展趨勢

世界衛生組織 (World Health Organization) 在 1985 年提出到 2000 年能達到「人人有健康」(Health for All) 的呼籲，健康已發展成為一種基本人權，為達成此項目標，各國政府乃責無旁貸。實行全民健保正是迎合此一世界潮流，唯財務上應如何妥善規劃，免於因為實施全民健保而拖累國家財政，影響其他建設，值得正視有關全民健保的財源取得的最新趨勢，茲分述於後：

(一)提高保險費率

隨著醫療技術的進步，人口結構的變遷，物價上升與舉辦全民健保醫療需求的增加等因素，凡是實行全民健保的國家，財務上莫不有捉襟見肘之感。雖則各國亦曾不斷設法改進醫療支付制度，利用總額預算制度，群體診療標準支付制度 (DRG)，醫生支付制度 (Physician Payment System)，以及實行醫療費用部分負擔制度，小額門診費自行負擔制等，企圖抑制醫療支出之膨脹，然而從實際的資料顯示，醫療保險的收入永遠不足支應支出。為彌補收支差額、平衡預算，所以各國自開辦全民健保以來，有一共同的趨向，即將保險費費率不斷提升[13]，例如：

1.瑞典支應全民健保的地方稅，已由 1970 年的 8% 上升至 1985 年的 13.5%。

2.美國儘管沒有全民健保，但對雇主與受雇者的住院保險費，其薪資稅率已由 1966 年的 0.35%，增加到 1987 年的 0.8%（見表 6-16）。

---

[13] *International Health Care: Pattern of Financing, Fee Negotiation and Spending* , 1989, National Leadership Confenence, Center for Health Policy Research, American Medical Association, Feb. 1989.

表 6-16　美國雇主與受雇者對住院保險的薪資稅

年　度	稅　率*
1966	0.35
1967 ~ 1972	0.50
1973 ~ 1975	0.55
1976 ~ 1979	0.60
1980 ~ 1986	0.70
1987	0.80

資料來源：British Medical Association, *Health Services Financing*, Fisher
　　　　 & Knight, Great Britain, 1967, p. 553.
＊凡賺取年所得在 US$6,000 以上，雇主與受雇者必須支付薪資稅。

3. 德國的全民健保，薪資稅平均已由 1970 年的 8.2% 上升至 1987
年的 12.6%。

4. 法國的保險費率已自 1976 年的 16.95% 提高至 1979 年的
18.95%。

5. 瑞士曾對薪資稅作過估計（見表 6–17），其稅率有逐漸升高的趨
勢（見表 6–18）。

表 6-17　瑞士薪資稅之估計

年　度	工資增加率	
	0%	2%
1980	8.4%	8.4%
1985	8.6%	8.2%
1990	9.1%	8.3%
1995	9.6%	8.4%
2000	11.4%	9.5%
2010	12.3%	9.3%
2020	14.7%	10.0%

資料來源：C. Janssen, Heinig H. Mueller,〈瑞士社會安全之財源〉,《基
　　　　 本計畫》, p. 127。

表 6-18　瑞士之薪資稅稅率

年　度	雇　主	自我雇用者
1948 ～ 1966	4.0%	4.0%
1967 ～ 1972	5.2%	4.6%
1973 ～ 1975	7.8%	6.8%
1976 ～ 1978	8.4%	7.3%
自 1979 ～	8.4%	7.8%

資料來源: 同上表，p. 127。

　　眾所周知，全民健保為社會保險的一項，而社會保險又是整個社會安全制度的一環，我們觀察到社會安全捐 (social security tax) 的演變有著普遍上升的趨勢（見表 6-19 與 6-20），其上升的幅度相當驚人。當然社會安全捐中不只包括醫療保險費，同時還隱含著老年退休年金與失業保險的負擔，但無論如何，健康保險費與社會安全捐的上升關聯重大。例如在奧地利、荷蘭、法國、波蘭、葡萄牙、羅馬尼亞、西班牙、土耳其、英國、美國、南斯拉夫薪資稅即占社會保險財源的四分之三。比利時、日本、瑞士、希臘、盧森堡、匈牙利、保加利亞則薪資稅占 60%。

㈡擴大徵收保險費之基礎❶

　　前面指出全民健保與整個社會運動發展息息相關，其起源本是保障勞工階級，而大多勞工階級除薪資所得之外，其他收入所占比例不大，故以薪資作為健康保險費的徵收基礎，其來有自，唯投保薪資與實際薪資頗有差距，故作為保險費徵收的基礎受到縮減。

　　投保薪資之所以低於真實薪資，除徵收技術上的原因之外，因為顧慮雇主與受僱者的負擔，尤其在申報制度之下，都有誘因抑低投保薪資

❶　*International Social Security Review*, No. 3, 1989, pp. 299–319.

表 6-19　選樣國家之社會安全捐

國　家	期　間	稅　率
西班牙	1958 1979	16.5% 33.8%
奧地利	1950 1979	21.2% 38.2%
比利時	1950 1980	21.0% 34.2%
德　國	1950 1979	20.0% 33–36.1%
希　臘	1950 1979	16.0% 26.5–27%
意大利	1950 1979	32.75% 51.2%
日　本	1950 1979	11.00% 18.55%

資料來源：Guy Perrin, *Rationalisation of Social Security Financing*, International Labour Office, Geneva, 1984.

表 6-20　社會安全捐（占政府總收入比例）[1]

國　家	1970	1974	1984	1974～1984
1.大幅增加：				
匈牙利	–	25.0	40.0	+15.0%
瑞典	–	18.3	30.8	+12.5%[2]
法國	35.4	–	47.0	+11.6%
不包括失業保險	35.0	35.2	41.0+1[3]	+6.8%
土耳其	20.0	22.0	32.7	+10.7%
阿根廷	35.8	36.3	45.3	+9.0%
奧地利	–	19.0[4]	27.1	+8.1%
加彭	12.0	15.6	22.6	+7.0%
2.顯著增加：				
葡萄牙	23.0	23.5	29.0	+5.5%
英國	–	14.0	19.5	+5.5%
德國	26.5	29.5	34.5	+5.0%

日本				
不包括職業意外險	13.2	15.3	19.1	+3.8%
尼日				
家庭津貼	14.0	14.0	17.0	+3.0%
荷蘭	–	32.3	34.7	+2.4%
美國				
不包括失業保險	9.6			
加拿大				
失業險	2.6	3.4	5.5	+2.1%
3.輕微增加：				
希臘	25.5	25.5	27.0	+1.5%
喀麥隆	8.5–12.0	15.5–19.0	15.5–19.0	+0.3%
4.穩定或減少：				
以色列				
總計	15.5	18.0	19.6	+1.6%[5]
保險部分	15.0	15.0	14.2	−0.8%[6]
象牙海岸[7]	10.5–13.5	10.5–13.5	10.5–13.5	0.0
捷克	20.0	20.0	20.0	0.0
摩洛哥	–	15.7	−15.7	0.0
盧安達 (Rwanda)	8.0	8.0	8.0	0.0
突尼西亞	22.5	22.5	22.5	0.0

資料來源：為國際勞工局之 CNESS 調查，見 *Social Security in the Recession*.

說明：1.受上限的限制；2.與 1970 年時比較；3.以所得 1% 徵收；4. 1976 年；5.與 1980 年 (21.7%) 比較 −1.9%；6.與 1976 年 (16.9%) 比較 −2.7%；7.於 1983 對失業者支付定額失業津貼而對工資加徵 1%，於 1985 老人年金計畫改革提高上限，並且提高保險者從 1.2% 到 1.6%（對工資賺取者，雇主由 1.8% 提高到 2.4%）。

的傾向。此外又涉及到醫療與現金給付，為了避免現金給付的負擔，也有抑低薪資稅的傾向。

　　唯隨著健康保險對象的擴大至全民，給付項目的增加，與醫療費用膨脹的壓力，投保薪資不得不加以擴大，乃改以真實薪資作為保險費計算的基礎❶。

　　㈢取消投保薪資之上限

　　各國訂定的薪資分級表，原來都訂定上限，以免被保險人與雇主負擔過重的薪資稅，也免除現金給付的負擔太大。唯自從保險範圍的擴大與保險對象的延伸擴充，兼顧所得重分配的效果，更重要的是為增加收入來源，歐洲國家像挪威、葡萄牙、瑞典等國都紛紛將薪資稅的上限取消，只有荷蘭至今還保留著健康保險費的上限。

　㈣*減輕受雇者之負擔*

　　自二次世界大戰後，有降低受雇者保險費負擔的趨勢，其中包括前共產國家之蘇聯、阿爾巴尼亞、保加利亞、捷克、羅馬尼亞、波蘭等，同時所有北歐國家都有此一趨向，只有少數國家，如德國、賽普勒斯、馬爾他、瑞士與美國（老年退休）不同。大多數國家受雇者的負擔均低於 50%，如芬蘭、法國、希臘、愛爾蘭、意大利、挪威、葡萄牙、西班牙與英國（1946 年以前），而瑞典則 100% 由雇主負擔。

　㈤*由全民健保改為國民健康服務* (National Health Service) ❻

　　北歐國家丹麥、挪威、瑞典、冰島、芬蘭傳統上傾向以國民健康服務的制度照顧人民健康，但地中海的國家，卻有從全民健康保險，改為國民健康服務之趨勢：

　　1.葡萄牙於 1976 年。

　　2.意大利於 1978 年。

　　3.西班牙於 1981 年。

　　4.希臘於 1982 年。

　㈥*改以所得作為保險費的基礎*

　　如前所示，傳統全民健保的財源，是以薪資稅作為主要收入，但全

---

❶ International Labour Office (1989).

❻ 同❷。

民健保發展至今，薪資稅作為全民健保的財源，已疲態畢露，不僅因為薪資稅有相當累退的效果，不符合量能負擔的公平原則，更嚴重的是其收入彈性較小，難以滿足日趨增加的醫療支出，故像瑞典、挪威、丹麥、紐西蘭、馬來西亞、澳洲、芬蘭、阿根廷都改以所得作為保險費徵收的基礎[17]。

　　最引人矚目的是，法國在 1991 年 12 月 29 日經國會通過的「普及社會捐」(Universal Social Contribution)，此項稅捐最大的特色是以所得取代只以薪資作為保險費徵收的基礎，此項新稅捐已自 1991 年 2 月開始徵收，此稅的基礎，亦即稅基為所得，其中不僅包括所有利潤，而且對所有財產所得、個人投資所得課徵。而所得的型態則涵蓋工資、薪水、非薪資所得、養老金、失業與提早的退休金、殘障福利金、保險機構給付年金所得、雇主給予的各種獎金、股票股利、中獎所得、現金或實物的補助，甚至政府給予家庭的津貼也均列入徵收的基礎，唯一的例外是儲蓄計畫的所得可以免除[18]。

　　Atkinson, A. B. 認為：「將薪資稅與所得稅分開是不可能之事」，故主張將國民保險費 (National Insurance Contribution) 與所得稅合併[19]。Feldstein, M. 也早已提出用所得作為基礎徵收健康保險費[20]，而Lawrence S. Seidman 支持 Feldstein 的看法，認為醫療成本分擔率和上限的訂定必須與所得相聯[21]。從國際的趨勢看，這些先知先覺的主張，已

---

[17]　*International Social Security Review*, No. 4, 1990, pp. 313–323.

[18]　同[17]，pp. 471–473。

[19]　Atkinson, A. B. (1984), pp. 107–118.

[20]　Feldstein, M. (1971), pp. 93–105.

[21]　Lawrence S. Seidman (1990), pp. 78–88，作者建議按家庭所得訂定成本分攤比例與上限：

經一一印證，成為事實。

■肆、投保薪資合理化問題

　　根據前面之討論，我們知道在選樣的國家內，日本、法國、羅馬尼亞、挪威、保加利亞、匈牙利、奧地利和南斯拉夫等國採用投保薪資分級表。如前所述，所謂投保薪資，係指由投保單位按被保險人之月（或日）薪資總額，依據投保薪資分級表的規定，向保險人申報之薪資，以作為計算保險費與保險給付的標準。日本健康保險投保薪資制度，跟我國勞保與公保體系等之辦法頗為類似，為了解國內制度之良窳，對日本有關措施有深入研究的必要。

一、日本健保投保薪資分級表

　　在理論上，保險費的課徵基礎，應為被保險人的全部薪資所得，包含經常性與非經常性的、現金與實物報酬等。然而，被保險人的實際報酬，因薪資型態不同而有日給薪資、月給薪資、計時薪資或計件薪資等之差異。因此，不僅彼此之間差異很大，而且個人每月收入亦迭有變動。再者，非經常性報酬的資料頗難掌握，或由於衡量與市場價格之缺乏，欲計算其價值實有困難。為簡化徵收手續起見，日本健康保險與厚生年金（簡稱厚生）保險等，皆訂定「投保薪資分級表」，將各級薪資列成整

家庭所得	上　限	成本分攤率
$ 20,000	$ 1,200 (6%)	10%
$ 60,000	$ 4,800 (8%)	30%
$100,000	$10,000 (10%)	50%

數，按表計算保險費及保險給付（陳雲中，民國八十年）。

表 6–21 為日本現行健康與厚生保險投保薪資分級表，由第⑴欄到第⑸欄的內容可知，日本健保投保薪資共分為三十九級，上限（710,000日圓）與下限（68,000日圓）倍數為十‧四倍。級距分為 4,000 日圓（第一至四級）、6,000 日圓（第五至九級）、8,000 日圓（第十至十四級）、10,000日圓（第十五至十九級）、20,000 日圓（第二十至二十八級）和 30,000 日圓（第二十九至三十九級）六種；且投保薪資等級愈高，級距愈大。此外，厚生保險投保薪資則分三十一級（自 68,000 日圓到 470,000 日圓），上下限倍數為六‧九倍，級距有 4,000 日圓（第一至四級）、6,000 日圓（第五至九級）、8,000 日圓（第十至十四級）、10,000 日圓（第十五至十九級）、20,000 日圓（第二十至二十八級）和 30,000 日圓（第二十九至三十一級）六種，且級距亦隨著等級之提高而增加。

表 6–21　日本健保投保薪資分級表

單位：日圓，%

投保等級 (1)	投保薪資月額 (2)	投保薪資日額 (3)	實際薪資月額 (4)	保險費 (5)=(2)×費率	有效費率 (6)=[(5)/(4)]×100
1	68,000	2,270	0- 70,000	5,712	大於 8.160
2	72,000	2,400	70,000- 74,000	6,048	8.640-8.173
3	76,000	2,530	74,000- 78,000	6,384	8.627-8.185
4	80,000	2,670	78,000- 83,000	6,720	8.615-8,096
5	86,000	2,870	83,000- 89,000	7,224	8.704-8.117
6	92,000	3,070	89,000- 95,000	7,728	8.683-8.135
7	98,000	3,270	95,000-101,000	8,232	8.665-8.150
8	104,000	3,470	101,000-107,000	8,736	8.650-8.164
9	110,000	3,670	107,000-114,000	9,240	8.636-8.105
10	118,000	3,930	114,000-122,000	9,912	8.695-8.125
11	126,000	4,200	122,000-130,000	10,584	8.675-8.142
12	134,000	4,470	130,000-138,000	11,256	8.658-8.157
13	142,000	4,730	138,000-146,000	11,928	8.643-8.170

14	150,000	5,000	146,000–155,000	12,600	8.630–8.129
15	160,000	5,330	155,000–165,000	13,440	8.671–8.145
16	170,000	5,670	165,000–175,000	14,280	8.655–8.160
17	180,000	6,000	175,000–185,000	15,120	8.640–8.173
18	190,000	6,330	185,000–195,000	15,960	8.627–8.185
19	200,000	6,670	195,000–210,000	16,800	8.615–8.000
20	222,000	7,330	210,000–230,000	18,648	8.880–8.108
21	240,000	8,000	230,000–250,000	20,160	8.765–8.064
22	260,000	8,670	250,000–270,000	21,840	8.736–8.089
23	280,000	9,330	270,000–290,000	23,520	8.711–8.110
24	300,000	10,000	290,000–310,000	25,200	8.690–8.129
25	320,000	10,670	310,000–330,000	26,880	8.671–8.145
26	340,000	11,330	330,000–350,000	28,560	8.655–8.160
27	360,000	12,000	350,000–370,000	30,240	8.640–8.173
28	380,000	12,670	370,000–395,000	31,920	8.627–8.081
29	410,000	13,670	395,000–425,000	34,440	8.719–8.104
30	440,000	14,670	425,000–455,000	36,960	8.696–8.123
31	470,000	15,670	455,000–485,000	39,480	8.677–8.140
32	500,000	16,670	485,000–515,000	42,000	8.660–8.155
33	530,000	17,670	515,000–545,000	44,520	8.645–8.169
34	560,000	18,670	545,000–575,000	47,040	8.631–8.181
35	590,000	19,670	575,000–605,000	49,560	8.619–8.192
36	620,000	20,670	605,000–635,000	52,080	8.608–8.202
37	650,000	21,670	635,000–665,000	54,600	8.598–8.211
38	680,000	22,670	665,000–695,000	57,120	8.589–8.219
39	710,000	23,670	695,000 以上	59,640	8.581 以下

資料來源：第(1)至(4)欄取自曾榮盛（民國七十五年）；第(5)與(6)欄的內容，為本書另行計算。

說明：1984 年 3 月起，保險費率為 8.4%。

　　根據日本健康保險法第三條之二規定:「三月三十一日適用於投保薪資分級表中之最高等級投保薪資的被保險人數超過被保險人總數的百分之三，並認為呈持續狀態時，得以政令自當年十月一日起加高等級調整投保薪資分級表。但經調整後，當年三月三十一日適用調整後之最高等級投保薪資之被保險人數占被保險人總數之比例，不得低於百分之一。厚生大臣依前項規定，以政令制訂或調整投保薪資分級表時，必須諮詢

社會保險審議會之意見。」以行政命令制訂或調整投保薪資分級表，毋須
經過冗長的立法程序，具彈性並適應實際需要。徵詢社會保險審議會的
意見，具有客觀與具體的依據，能發揮公信力，易為各方接受（陳雲中，
民國八十年）。

　　日本健保與厚生保險制訂投保薪資分級表，其原先之立法用意何在，
如今業已無法考查。如上所述，它確有徵收費用簡便之利，但其所附帶
的缺陷亦為數不少。首先，級數的上下限與級距的制訂，缺乏客觀與合
理的根據；級距隨等級上升而增加的用意何在？其理論基礎為何？再者，
分級表的調整條件為何是 3%（而非 5% 或 6%）的被保險人的投保薪資
適用最高的等級？其次，上限的制訂或有其必要，如蔡宏昭（民國八十
年）所稱：「薪資超過上限規定者的比例不高，可以上限規定加以整理。」㉒
然而，由於保險費率為一固定的比例，凡實際薪資超過此上限的被保險
人，其實際負擔的（有效）保險費率反而低於此名目費率，且薪資愈高
者，有效費率愈低，形成累退負擔的情形，有違垂直式的公平原則。

　　再者，每一等級內低薪資被保險人的保險費負擔反較高薪資被保險
人重，形成另一種垂直式不公平現象。表 6-21 第(5)欄記載各等級平均保
險費數額，在 1984 年 3 月，日本健康保險費率為 8.4%，將第(2)欄投保
薪資月額乘以此百分比，即得第(5)欄的數值。表面觀之，由於平均保險
費隨著投保薪資月額的增加而增加，符合公正的理念，然而，將第(5)欄

㉒　除此簡便徵收手續外，蔡宏昭所列舉的其他三點理由皆過於牽強。第一、所得稅也有上限之設，例如目
前臺灣綜合所得稅最高稅率為 40%。保險費率卻為固定比例，兩者根本不相同。第二、影響勞動意願
者為邊際費率而非保險費數額。當費率為固定比例，投保薪資縱使不設上限，其對勞動供給的影響亦不
致太大。第三、調高費率與廢除上限的財務效果孰大孰小？端視調整幅度而定。但重要問題是當時為何
設立上限？而不在於設立後加以廢除。

的平均保險費除以第(4)欄的薪資月額下限與上限，可得第(6)欄內之有效保險費率。由此欄的內容可看出在同一等級內，有效費率隨著薪資月額的增加而降低，例如第二級內薪資月額 70,000 日圓者，其有效費率為8.64%；薪資月額達上限 74,000 日圓者，其有效費率卻只有 8.17%。第三級的情形亦同，且其下限的有效費率較第二級下限的有效費率為低，而上限有效費率則較第一級上限之有效費率為高。到第四級時，由於級距從 4,000 日圓增加為 6,000 日圓，名目費率維持不變 (8.4%)，下限的有效費率因而降低。但亦因級距的調高，第五級下限的有效費率上升為 8.7%。此後在級距維持不變（5,000 日圓）時，各級下（上）限的有效費率隨著等級的提高而降低(上升)，同一級內的有效費率則隨月薪的增加而減少。級距調高時，該級上限與次級下限的有效費率分別上升。

圖 6-2 與 6-3 進一步說明日本健保有效費率變動的情形。第一級內，月薪等於平均投保薪資（68,000 日圓），有效費率等於名目費率(8.4%)，月薪超過此平均數額者，有效費率則呈線形下限。月薪接近70,000 日圓者，其有效費率則近似 8.16%。月薪等於 70,000 日圓時，則適用第二級的投保薪資，因此有效費率上跳為 8.64%。其總的有效費率則如上述和圖 6-2 所示，呈現不規則上下變動的情形，只有月薪剛好等於該級平均投保薪資時，有效費率才等於名目費率。當月薪超過投保薪資最高上限（710,000 日圓）時，有效費率則隨月薪的增加而直線降低。

第四、由表 6-21 或圖 6-3 很容易看出，被保險人的月薪若接近某一等級上限，有效費率達到最低；月薪一旦超過該上限而進入較高等級，則因適用較高的投保薪資，有效費率即作劇幅的增加。例如，實際薪資月額為 106,999 日圓者，有效費率為 8.16%；若為 107,001 日圓，此比率即為 8.64%。月薪僅增加 2 日圓，保險費每月卻增加 540 日圓(=9,240−8,736)，邊際有效費率高達 252 (=504÷2) ㉓，這不僅不合理，更

造成月薪接近某一等級下限的被保險人低報投保薪資的誘因。

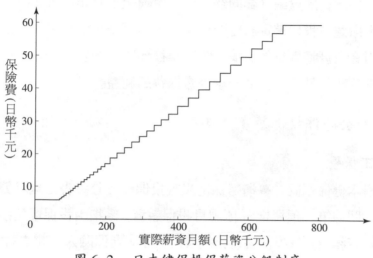

圖 6-2　日本健保投保薪資分級制度

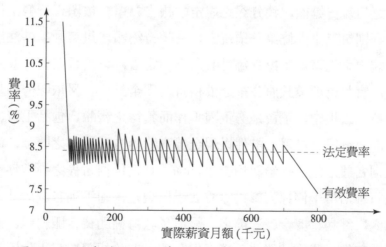

圖 6-3　日本健保投保薪資分級表之法定費率與有效費率

❷ 此例子雖然有些誇張，卻不至於言過其實。在表 6-21 內，任何等級的下限與次一較高等級的下限間，就普遍存在著這嚴重的問題。

許多文獻經常指責國內被保險人與（或）其雇主故意低報投保薪資，以圖減少保險費的繳納（參閱經建會，民國七十九年，第 58 頁）。事實上，如上所述，投保薪資制度即具有誘人低報少繳的缺陷。何況被保險人的雇用者為減輕本身的負擔，除答應被保險人的要求外，更會唆使被保險人低報投保薪資，彼此分享少繳保費的利益。

二、臺灣公勞保投保薪資分級表

(一)勞工保險

跟日本健保相同，臺灣勞保也設有投保薪資分級表。現行勞工保險條例第十四條第一項規定：「所謂月投保薪資，係指由投保單位按被保險人之月薪資總額，依投保薪資分級表之規定，向保險人申報之薪資。」被保險人薪資以件計算者，其月投保薪資，以由投保單位比照同一工作等級勞工之月薪資總額，按分級之規定申報者為準。依照現行勞工保險條例施行細則第三十六條第一項規定，月薪資總額，以勞動基準法第二條第三款規定之工資為準；其每月收入不固定者，以最近三個月收入之平均為準；實物給與按政府公布之價格折為現金計算。又依照勞動基準法第二條第三款規定，工資是勞工因工作而獲得之報酬，包括工資、薪金及按計時、計日、計月、計件以現金或實物等方式給付之獎金、津貼及其他任何名義之經常性給與均屬之。至於「其他任何名義之經常性給與」，該法施行細則第十條採列舉排除方式予以規定，即下列各款以外之實物均應納入：紅利、獎金、三節金、醫療及教育補助費、服務費、婚喪喜慶之賀禮奠儀、職災補償費、勞工保險費、差旅誤餐費、工作用品、及其他經主管機關指定者。

關於投保薪資之調整，依照勞工保險條例第十四條第二項規定，被保險人之薪資，如在當年二月至七月調整時，投保單位應於當年八月底

前將調整後之月投保薪資通知保險人。如在當年八月至次年一月調整時，應於次年二月底前通知保險人。其調整均自通知之次月一日起生效。此外，根據該條例施行細則第三十七條規定，投保單位申報被保險人投保薪資不實者，由保險人按照同一行業相當等級之投保薪資額逕行調整通知投保單位。調整後之投保薪資，均自調整之後次月一日起生效。

跟日本健保不同者，我國勞保月投保薪資，除作為保險費計徵標準外，尚作為保險事故發生時現金給付計算之依據。勞工保險現金給付計算所依據之平均投保薪資，係按被保險人發生保險事故之當月起前六個月平均月投保薪資計算；以日為給付單位者，以平均月投保薪資除以三十為準，老年給付按被保險人退休之當月起前三年之平均月投保薪資計算；參加保險未滿二年者，按其實際投保年資之平均月投保薪資計算。

表 6–22 ⑴至⑷欄為現行勞保薪資分級表的內容，全表分為十九級，最低月投保薪資為新臺幣 9,750 元，最高者為 22,800 元，上限為下限的二·三四倍。第一級與第二級的基礎級距為 450 元，第二級至第十一級間每級的級距為 600 元，第十一級到第十九級每級的級距為 900 元，級距呈現累進遞增情形。現行（名目）保險費率為 7%，將此百分比乘以第⑶欄的月投保薪資，即得第⑸欄內之每月保險費。由於費率固定，月投保薪資隨等級之增加而遞增，因此，保險費也呈遞增情形，例如第一級每月保險費為 683 元，第二級 714 元，第十九級則為 1,596 元。然而，和日本健保情況相同：⑴每級之內有效保險費率（＝月保險費÷月薪資總額）卻出現累退情形；或月薪資總額愈高者，有效保險費率愈低，例如第二級內有效費率自 7.32%（適用於月薪資 9,751 元者）減至 7%（適用於 10,200 元者）。⑵在級距調高前的所有等級內，任何一級下限的有效費率皆比其前各級下限的有效費率為低，例如第十一級下限（15,600 元）的有效費率為 7.28%，為第三級至第十一級此階段內（級距皆為 600

表 6-22　我國現行勞工保險投保薪資分級表

單位：新臺幣元，%

投保薪資等級 (1)	月薪資總額 (2)	月投保薪資 (3)	日投保薪資 (4)	保險費 (5)=(3)×7%	有效費率 (6)=[(5)/(2)]×100
1	0- 9,750	9,750	325	682.50	大於 7.000
2	9,751-10,200	10,200	340	714.00	7.322-7.000
3	10,201-10,800	10,800	360	756.00	7.411-7.000
4	10,801-11,400	11,400	380	798.00	7.388-7.000
5	11,401-12,000	12,000	400	840.00	7.368-7.000
6	12,001-12,600	12,600	420	882.00	7.349-7.000
7	12,601-13,200	13,200	440	924.00	7.333-7.000
8	13,201-13,800	13,800	460	966.00	7.318-7.000
9	13,801-14,400	14,400	480	1,008.00	7.304-7.000
10	14,401-15,000	15,000	500	1,050.00	7.291-7.000
11	15,001-15,600	15,600	520	1,092.00	7.280-7.000
12	15,601-16,500	16,500	550	1,155.00	7.403-7.000
13	16,501-17,400	17,400	580	1,218.00	7.381-7.000
14	17,401-18,300	18,300	610	1,281.00	7.362-7.000
15	18,301-19,200	19,200	640	1,344.00	7.344-7.000
16	19,201-20,100	20,100	670	1,407.00	7.328-7.000
17	20,101-21,000	21,000	700	1,470.00	7.313-7.000
18	21,001-21,900	21,900	730	1,533.00	7.300-7.000
19	21,901 以上	22,800	760	1,596.00	7.287 以下

資料來源：(1)-(4)欄取自陳雲中（民國八十年）；(5)與(6)欄係由本書作者自行計算而得。
說明：現行保險費率為 7%。

元）下限有效費率之最低者。反之，由於每級月投保薪資等於該級月薪資總額之上限，因此每級上限的有效費率均等於 7%。(3)級距調整之後，該級下限的有效費率即高於前級下限的有效費率，例如第十二級起級距從 600 元調高為 900 元，此級下限（15,601 元）的有效費率為 7.40%，高於前級下限（15,001 元）的費率 (7.28%)。(4)有效費率最高者 (7.41%)，竟然是每月薪資總額為 10,201 元（第三級的下限）。次高者 (7.40%) 發生

於第十二級的下限（月薪資總額 15,601 元）。最後，月薪資總額超過最高上限（22,800 元）者，有效費率低於 7%，且有效費率隨著月薪資總額之增加呈線形的降低。

　　圖 6-4 與 6-5 說明現行勞保有效費率等級及月薪資總額間的關係。跟圖 6-2 和 6-3 比較，可以發現我國勞保投保薪資分級表，除等級數目較少及有效費率最低點發生於每級上限外，其他均跟日本健保的情形非常相似。因此，前一小節內對日本健保投保薪資分級表所作的分析與批評，例如級距與級數如何制訂、級距為何需要累進、月投保薪資如何訂定、每級之內與各級之間保險費公平負擔問題，以及高、低薪資所得間費率公平問題等，在此依然適用，不再贅述。但有一點值得特別一提者，即最高的有效費率竟然出現於每月薪資總額為 10,201 元上下的低所得者，次高的費率則發生於中所得者（月薪 15,601 元）。反觀月薪超過上限（22,800 元）者，有效費率則低於 7%。保險費負擔的分配型態，竟然違反一般預期的公平原則，實在非常不合理與不公平。

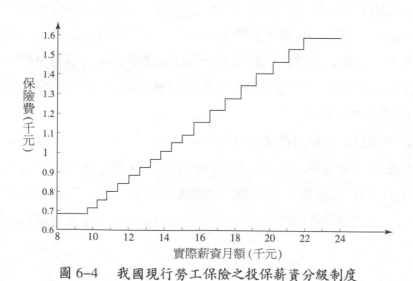

圖 6-4　我國現行勞工保險之投保薪資分級制度

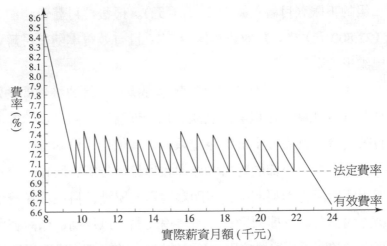

圖 6-5 我國現行勞工保險之投保薪資分級表之法定與有效費率

　　除上述者外，國內有關文獻對勞保投保薪資分級表的批評甚多，計有：⑴薪資界定問題：非經常性給與中的年終獎金、三節節金、服務費等，具有經常性的性質，跟職業災害補償費、婚喪喜慶的賀禮或奠儀等不同，似應劃分清楚（蔡宏昭，民國八十年）。⑵實物給與衡量問題：實物給與的內容是否包含雇主對勞工提供之住宅、膳食與衣物等、實物給與折為現金計算，究竟以何時何地哪個政府機關公布之價格為準（陳雲中，民國八十年），均缺乏具體與客觀的標準。⑶投保薪資分級表問題：現行投保薪資上下限倍數為二‧三四❷❹，全表只有十九級，而級距只有三種，皆較日本健保投保薪資分級表相關數目為少，是否合理公平，頗有商榷餘地（陳雲中，民國八十年；蔡宏昭，民國八十年；經建會，民國七十九年）。⑷級距訂定問題：基礎級距與第一級投保薪資的比率為4.62%，自第二級開始即將級距自450元調高為600元，雖能增加保費收

---

❷❹　現改為五‧五三倍。

入（因低投保薪資的被保險人數目較多），卻加重低所得者的保費負擔，是否合理公平（蔡宏昭，民國八十年）。(5)投保薪資調整問題：投保薪資調整之主權，操持於投保單位之手，保險人只能被動地調整其申報之投保薪資，缺乏主動、積極與彈性的調整制度（陳雲中，民國八十年）。再者，保險調整投保單位申報之投保薪資所根據的標準為何？是否客觀合理？亦不無令人懷疑之處。

㈡公務人員保險

勞保投保薪資分級表，以被保險人月薪之高低為衡量之標準；公保則以被保險人的職等薪級為準，制訂保險俸給分級表。公保涵蓋的範圍頗為廣泛，包含公務人員、交通事業機構人員、金融保險人員、經濟部所屬事業機構人員、海關關務人員等。各投保單位被保險人敘薪的方法不同，例如公務人員分為委任十五級至一級、薦任十二級至一級、簡任五級至一級（與年功俸三級至一級），計三十五級（參考表 6–23）。屬於公務人員內之雇員則由本薪一級至七級，與年功俸一級至十六級。其中年功俸八級至十六級的薪俸，相當於委任十九級至七級，因此，包含雇員在內的公務人員薪俸，共計為五十級。

由於實施同工同酬的結果，公務人員的薪資劃一。凡職級相同者，無論就業的機關為何，底薪同而每月的薪資皆相同，例如委任十五級的底薪為 90 元，薦任二十級為 245 元❷⑤。而職級愈高者，底薪與每月薪資則愈高；雇員年功俸一級底薪 50 元，至年功俸七級止，每升一級，底薪即提高 5 元。委任十五級（與雇員年功俸八級）底薪 90 元，其後每升一級，底薪增加 10 元。薦任十二級底薪 245 元，每升一級增加 15 元。簡任九級底薪 475 元，至二級止，每升一級，底薪增加 25 元。簡任一級底

---

❷⑤　雇員非屬年功俸者，為臨時雇用性質，因此沒有底薪。

表 6-23 公務人員及公家事業機構被保險人薪級與保險俸給比較表

單位：新臺幣元

	公務人員職等薪級[1]	底薪	比照俸點俸額	八十年七月保俸	交通事業機構薪級[1]	金融保險與經濟部國營事業機構薪級[2]	海關關務人員薪級[3]	臺省事業機構人員薪級[4]
年功俸	一級	770	800	35,600	1	十五(1-5), 十四(5), 十三(9)	十四	16(1-5), 15(5), 14(年4)
	二級	740	790	35,200	2	十四(4), 十三(8), 十三(10-15)	十三(2)	15(4), 14(年3)
	三級	710	780	34,700	3	十四(3), 十三(7), 十二(9), 十一(10-15)	十三(1)	15(3), 14(年2), 13(年4)
簡任	一級	680	750	33,400	4	十四(2), 十三(6), 十二(8), 十一(9)	十二(3)	15(2), 14(年1), 13(年3), 12(年4)
	二級	650	730	32,500	5	十四(1), 十三(5), 十二(7), 十一(8)	十二(2)	15(1), 14(5), 13(年2), 12(年3)
	三級	625	710	31,600	6	十三(4), 十二(6), 十一(7), 十(12-15)	十二(1)	14(4), 13(年1), 12(年2)
	四級	600	690	30,700	7	十三(3), 十二(5), 十一(6), 十(11)	十一(3)	14(3), 13(5), 12(年1)
	五級	575	670	29,800	8	十三(2), 十二(4), 十一(5), 十(10)	十一(2)	14(2), 13(4), 12(5)
	六級	550	650	28,900	9	十三(1), 十二(3), 十一(4), 十(9)	十一(1)	14(1), 13(3), 12(4), 11(年4)
	七級	525	630	28,000	10	十二(2), 十一(3), 十(8), 九(11-15)	十(3)	13(2), 12(3), 11(年3)
	八級	500	610	27,100	11	十二(1), 十一(2), 十(7), 九(10)	十(2)	13(1), 12(2), 11(年2)
	九級	475	590	26,200	12	十一(1), 十(6), 九(9), 八(11-15)	十(1)	12(1), 11(年1), 10(年4)
薦任	一級	450	550	24,300	13	十(5), 九(8), 八(10)	九(3)	11(5), 10(年3)
	二級	430	535	23,700	14	十(4), 九(7), 八(9), 七(11-15)	九(2)	11(4), 10(年2), 9(年4)
	三級	410	520	23,000	15	十(3), 九(6), 八(8), 七(10), 六(15)	九(1)	11(3), 10(年1), 9(年3)
	四級	390	505	22,300	16	十(2), 九(5), 八(7), 七(9), 六(14)	八(3)	11(2), 10(5), 9(年2), 8(年4)
	五級	370	490	21,600	17	十(1), 九(4), 八(6), 七(8), 六(13)	八(2)	11(1), 10(4), 9(年1), 8(年3)
	六級	350	475	21,000	18	九(3), 八(5), 七(7), 六(12)	八(1)	10(3), 9(5), 8(年2)
	七級	330	460	20,300	19	九(2), 八(4), 七(6), 六(11)	七(3)	10(2), 9(4), 8(年1)
	八級	310	445	19,600	20	九(1), 八(3), 七(5), 六(10), 五(13-15)	七(2)	10(1), 9(3), 8(5)
	九級	290	430	18,900	21	八(2), 七(4), 六(9), 五(12)	七(1)	9(2), 8(4), 7(年4)
	十級	275	415	18,200	22	八(1), 七(3), 六(8), 五(11), 四(13-15)	六(3)	9(1), 8(3), 7(年3)
	十一級	260	400	17,600	23	七(2), 六(7), 五(10), 四(12)	六(2)	8(2), 7(年2)
	十二級	245	385	16,900	24	七(1), 六(6), 五(9), 四(11)	六(1)	8(1), 7(年1), 6(年4)

表 6-23　公務人員及公家事業機構被保險人薪級與保險俸給比較表（續）

單位：新臺幣元

公務人員職等薪級[1]	底薪	比照俸點	八十年七月保俸	交通事業機構薪級	金融保險與經濟部所屬事業機構薪級[2]	海關關務人員薪級[3]	臺省事業機構人員薪級[4]
委任 一級	230	370	16,200	25	六(8), 四(10)	五(3)	7(5), 6(年3)
委任 二級	220	360	15,800	26	六(7), 四(9)	五(2)	7(4), 6(年2), 5(年4)
委任 三級	210	350	15,300	27	六(6), 四(8)	五(1)	7(3), 6(年1), 5(年3)
委任 四級	200	340	14,900	28	六(5), 四(7)	四(3)	7(2), 6(5), 5(年2)
委任 五級	190	330	14,400	29	六(4), 四(6)	四(2)	7(1), 6(4), 5(年1)
委任 六級	180	320	14,000	30	六(3), 三(10)	四(1)	6(3), 5(5)
任 七級	170	310	13,500	31	五(3), 三(9)	三(4)	6(2), 5(4), 4(年4)
任 八級	160	300	13,000	32	五(2), 三(8)	三(3)	6(1), 5(3), 4(年3)
任 九級	150	290	12,600	33	五(1), 三(7)	三(2)	5(2), 4(年2)
任 十級	140	280	12,100	34	四(2), 三(6)	三(1)	5(1), 4(年1)
任 十一級	130	270	11,700	35	四(1), 三(5)	二(5)	4(5)
任 十二級	120	260	11,200	36	三(5)	二(4)	4(4)
任 十三級	110	250	10,800	37	三(4)	二(3)	4(3)
任 十四級	100	240	10,300	38	三(3), 二(10-15)	二(2)	4(2), 3(年4)
任 十五級	90	230	10,000	39	三(2), 二(9)	二(1)	4(1), 3(年3)
年功俸 七級	80	220	9,700	40	三(1), 二(8)	一(7)	3(年2)
年功俸 六級	75	210	9,400	41	二(7)	一(6)	3(年1)
年功俸 五級	70	200	9,100	42	二(6)	一(5)	3(5)
年功俸 四級	65	190	8,800	43	二(5)	一(4)	3(4)
年功俸 三級	60	180	8,500	44	二(4)	一(3)	3(3)
年功俸 二級	55	170	8,200	45	二(3)	一(2)	3(2)
年功俸 一級	50	160	7,900	46	二(2), 二(1)	一(1)	3(1)
雇員 本薪 四級	155	155	7,800				
雇員 本薪 三級	150	150	7,600				
雇員 本薪 二級	145	145	7,300				
雇員 本薪 一級	140	140	7,100				

說明：
1. 特任官保俸 54,000 元。
2. 董事長、總經理按十五職等辦理，十五(1-5)代表十五職等一至五級，以下類同。
3. 十至十四職等為簡任，六至九職等為薦任，五職等以下為委任。
4. 董事長按十六職等辦理，14(年4)代表十四職等年功薪四階，10(4)代表十職等第四階。

薪 680 元，進入年功俸後，底薪則提高 30 元，最高為年功俸一級 770 元。

公務人員投保俸給，以比照俸點（表 6-23 第三欄）為計算基礎❷。比照俸點按照公務人員職級的高低，由雇員一級 140 元，累進增加至簡任年功俸一級 800 元為止。其中雇員一級至四級，每級增加 5 元；雇員年功俸一級到委任一級，每升一級，比照俸點增加 10 元；薦任十二級比照俸點 385 元，每升一級則增加 25 元；簡任九級為 590 元，每升一級則增加 20 元；簡任年功俸的比照俸點則由三級 780 元增至一級的 800 元為止。

現行公務人員保險俸給如何得來？跟比照俸點的關係如何？我們並不了解。由表 6-23 第四欄可看出，保俸雖隨著投保的公務人員職級的上升亦呈累進增加，但其累進的情況卻不像底薪與比照俸點那麼的有條理，雇員一級保俸 7,100 元；二級 7,300 元，增加 200 元；三級 7,600 元，增加 300 元；四級 7,800 元，增加 200 元；年功俸一級 7,900 元，僅增加 100元。年功俸一級至七級，大抵每升一級則增加 300 元。委任與雇員年功俸八級以上，各增加 500 元、400 元和 300 元。薦任十二級至一級，增加 600 元或 700 元，簡任九級至一級，增加 900 元，簡任年功俸則只增加 400 元或 500 元。最高保俸為 35,600 元，適用於簡任年功俸一級者。

保險俸給表如此制訂的理由，或許跟保險給付有關。我國勞保與公保制度跟日本健保制度不同，後者之投保薪資分級表（即表 6-21）只作為計算被保險人應繳納之保險費之用，跟保險事故發生時，被保險人應得之現金給付無關。被保險人就醫診療所享之實物（即醫療）給付，決定於其病況之輕重與所需診治的時間等，跟保險費支付的數額無關。因此，為求兼顧垂直式公平起見，被保險人的投保薪資自然隨著本人月薪

---

❷ 比照俸點跟底薪的關係頗為複雜，有興趣者可查詢考試院銓敘部或行政院人事行政局。

的高低而呈累進遞增的情況。然而，我國的勞保或公保之投保薪資或俸給分級表，除作為計算被保險人每月應納保險費外，在被保險人發生保險事故時，亦為保險單位計算其應求償現金給付的標準。投保薪資或俸給愈高，雖可增加高薪資被保險人的保費支出，但一旦發生保險事故時，其得求償的現金給付亦愈多。為減少所得的不公平及政府支出起見，公保俸給表才會有如此的設計，進入簡任年功俸後，保險俸給的累進反呈遞減情況。

　　如表 6–23 所示，交通事業、金融保險事業、經濟部所屬事業機構、臺省所屬事業機構及海關關務人員等被保險人的保險俸給，皆比照公務人員的規定。唯一不同之處，在於這些機構對其雇用員工採用不同的敘薪辦法。例如交通事業機構的被保險人的薪級，由最低的四十六級（相當於公務人員內雇員年功俸一級，保俸 7,900 元），上升到最高的一級（相當於簡任年功俸一級，保俸 35,600 元）。海關關務人員的保俸，由最低一職等一級的 7,900 元，增加到最高十四職等的 35,600 元。金融保險與經濟部所屬事業機構的職員敘薪等級較為複雜，某一較低職等、較高級數職員的保險俸給可能等於另一較高職等、較低級數職員的保俸，例如三等一級與二等八級的保俸皆為 10,000 元；又如九等一級、八等三級、七等五級、六等十級、及五等十三至十五級的被保險人之保俸，皆為 9,600 元。但基本上，保險俸給依然按照被保險人職等級位之高低，由 7,900 元（適用於二等一級）增至 35,600 元（適用於十五等一至五級、十四等五級和十三等九級）。最後，臺灣省所屬事業機構職員的敘薪辦法，跟經濟部所屬事業機構相似。其主要不同處有三：⑴由三等一級起薪；⑵每一職等內最多為九級（一至五級，加上年功俸四級）；⑶由於前兩點之差異，某一定保俸（例如 14,000 元）適用之職等，就跟經濟部所屬事業機構不同。

　　表面觀之，公保體系下的保險俸給，按照投保的公務人員、公營交通及金融保險事業人員、及國、省營事業機構員工等之職等的高低，由7,900元（或7,100元）增至35,600元。而由表6-23可以看出，某一員工職等雖然較高，職級卻較低，其底薪可能跟另一職等較低而職級較高的員工相同，因此，兩者的保險俸給也相同，這點可以兼顧被保險人擔任公職年資之長短。最後，此保險俸給共分五十級，最高保俸（35,600元）為最低保俸（7,100元）的五倍。除最高三級與最低四級外，級距由200元（或300元）增至400元（或500元）、600元（或700元）和900元。無論就級數、上下限倍數和級距等，似乎皆較勞保體系下之保險薪資表合理。

　　實際上，公保投保俸給表內有許多重大的缺點：第一、保俸界定問題：如前所述，被保險人的保險俸給係由底薪與比照俸點推算而得，底薪可能不含津貼、獎金與實物給與等部分，導致保險俸給的嚴重低估。第二、跟第一點有密切關係者，同一等級內，縱使底薪因保險俸給而相同，然而實際薪資水準可能相去甚遠，卻繳納相等數額的保險費，使有效費率發生極大的差異，有違水平式公平原則。第三、眾所皆知，金融保險與國營事業機構的職員跟一般公務人員比較，職等與保俸縱使相當，但前者的待遇（特別是年終獎金數額）遠超過後者甚多，卻繳納相同的保險費，這是另一種水平式的不公平現象（可稱為職業別的不公平）。第四，金融保險和國營事業機構內，某位職等較低級數較高（例如十三等九級）的被保險人，跟另一位職等較高級數較低（例如十五等一級）者，其保險俸給雖然相同，兩人的實際薪資（由於主管特支費與實物給與等之差異）可能相差甚多，卻繳納相等數額的保險費，形成一種嚴重的垂直式的不公平情況❷。此種不公平現象，在省營事業機構亦同樣發生。最後，最高三級（即簡任年功俸）的級距（500元與400元），反較較低

等級的級距為小，在名目保險費率固定之下，保險費呈現累退式（而非累進式）的遞增，或有效費率的遞減，此為另一種垂直式的不公平。

　　在此有兩點值得一提者：當然，公保體系下的保險俸給表，除用以決定被保險人應繳之保險費外，尚作為保險事故發生或被保險人退休時，計算現金給付的基礎。平常繳納較少保險費者，將來得以求償的現金給付也較少，這或許可稍微緩和上述幾種水平與垂直式不公平的情況，此其一。再者，很顯然地，上述幾種缺陷產生的根本原因，在於以被保險人的底薪或比照俸點為計算保險俸給的基礎，因而無法涵蓋被保險人的實際薪資，包含經常性與非經常性、現金與實物、有形與無形等項目。如果被保險人的投保薪資能夠等於或接近此定義下的水準，則保險費的徵收縱然以薪資（而非所得）為基礎，其形成的不公平現象與因此而產生的不良效果，可能較目前的情況大為減輕。

三、建議方案

　　本段的主要目的，在於針對未來全民健保投保薪資分級表，建議幾個改革方案，並比較它們的利弊得失與可行性。前述的分析指出，無論勞保或公保體系，對於投保薪資的界定過於狹窄，許多應納入之項目皆排除於外，導致保險費課徵的基礎受到嚴重侵蝕。再者，現行勞保或公保的投保薪資或俸給表，不但作為保險費徵收之基礎，而且是被保險人退休或保險事故發生時作為計算現金給付的標準。若提高高薪資所得者的投保薪資或俸給，雖可加重他們的保險費負擔，卻同時增加其未來現金給付的求償數額，反而加劇所得分配的不公平。最後，目前勞保、公

㉗　董事長跟另一位十三等九級的老職員繳納相同的保費，前者有公家提供的司機與豪華的座車和公家配給的宿舍等，後者卻要擠公車與租房子，這是何等的不公平。

保和農保體系各自獨立，不但適用不同的投保薪資分級表，各自規定費率和徵收保費，且各有自己的醫療體系，彼此互不相干。實施全民健保之後，基於「情況相同者，應該負擔相同的保費，並享受同等的醫療照護」之公平原則，自應將這些不同的保險體系統一化與齊一化，務使全國國民無論男女老幼，皆能享受全民健保的利益，並各就其能力貢獻部分薪資所得，以達利己利人的目標。

基於上述，我們擬訂下面幾個前提，作為提供改革方案的準繩。第一、建立廣義的投保薪資概念：在理論上，被保險人投保的「薪資」，係指受僱於事業單位，作為提供勞務相對報酬之所有收入，包含工資、薪金、津貼、服務費、獎金、加班費、交通費及其他相關的給與。但如採用此定義，何者應屬薪資與何者則否，勢必經常引起爭執，因此，實際上各國大多採用列舉辦法，明定哪些項目應納入「薪資」的範圍內。我國勞保雖採同樣的措施，但如前所述，薪資的界定過於狹窄，為矯正其缺陷，我們建議將現行勞動基準法施行細則第十條排除在「薪資」之外的一些項目，包含獎金、三節節金、醫療補助費、勞工及其子女教育補助費、勞工直接受自顧客之服務費、僱主以勞工為被保險人加入商業保險所支付之保險費等，明白地納入薪資範圍內，至於紅利、婚喪喜慶由僱主致送之賀禮、慰問金或奠儀等，勞工保險僱主所支付之保險費、差旅費、差旅津貼、交際費、夜點費及誤餐費、工作服、作業用品及其代金等，或非屬於勞務提供所作之相對報酬，或屬於廠商商業性之支出，則可排除於外。至於實物給與內，由僱主所提供之乘車定期票、餐券、膳食、工作服以外之衣服、公司自製之產品、員工住宅與宿舍等，皆應採當地時價（市場價格）折算為現金，並納入薪資之內。

第二、實施分類保險制度：仿照日本與他國作法，分開制訂健康保險與退休保險制度，各設投保薪資與費率，前者供作徵收健康保險保費

之用，後者除作為徵收退休年金保險外，並用以計算保險事故發生或退休時被保險人得求償的現金給付金額。

第三、統一勞、公與農保等成為一綜合健康保險制度：廢除現行各類健保制度的投保薪資分級表，建立一個適用於全國國民（無論是農漁民、勞工或公務人員）的投保薪資制度。廢除公保根據本俸計算投保俸給的不良措施，改按上述廣義的薪資所得概念作為徵收健康保險費的基礎，務期達到「薪資相同者，負擔相同的保險費；薪資不同者，負擔不同的保險費」。

根據以上三個前提，我們提出以下幾個「投保薪資制度」的改革方案：

方案一：比例保險費制度

此方案的主要特點，在於廢除目前勞（公）保之投保薪資（俸給）表，即無投保薪資上下限之設定，亦無級數與級距等的規定，而以上述廣義的薪資作為被保險人的投保薪資，按照固定的費率計算保險費。以數學公式表示之，$P = t \times W$；被保險人應納之保險費 (P)，等於費率 (t) 乘以被保險人的薪資所得 (W)。如圖 6-6 所示，保險費跟薪資所得之間，維持著固定比例（線形）關係。

顯然地，此方案之最大優點，在於簡易可行。投保單位只須按照被保險人的月薪，以法定的固定費率代扣保險費，並定期向保險單位繳納代扣（及其本身應分攤）之保險費。事實上，根據目前所得稅法之規定，雇主（即投保單位）須依員工（被保險人）的薪資所得之多寡，就源扣繳所得稅。投保薪資如採納我們建議的廣義之概念，實際上就等於所得稅法內界定的薪資所得，投保單位在每月支付員工薪資時，即可同時代扣稅款與保費，一送稽徵單位，一送保險單位。再者，由於保險費跟所得稅同以薪資為課徵基礎，保費與租稅產生自動勾稽作用，不虞投保單

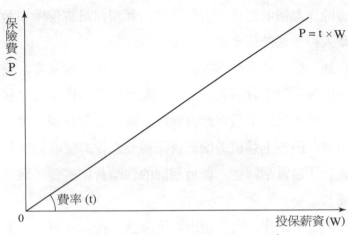

圖 6-6　方案一：比例保險費制度

位或被保險人有低報或漏報等情事。

　　此制度的另一重要優點，即為保險費之課徵，符合公平的原則。被保險人按照本人能力或薪資所得之多寡，繳納固定比例的保險費。能力相同者，負擔同額的保費；月薪資所得 100,000 元者所負擔的保險費，等於月薪資所得 50,000 元者所付保費的兩倍，滿足水平式與垂直式公平原則的要求。以經濟學術語來講，無論被保險人的職業、職等、身分地位、性別與年齡之差異，每人所負擔的有效保險費率皆相等。

　　再者，此制度對勞動供給與需要的不良影響最小。我們都知道，保險費的徵收，會影響勞動供給（如果保費全部或部分由被保險人負擔）或勞動需求（如果保費全部或部分由雇主負擔）。其影響的程度，跟費率之高低有密切的關係。採納廣義的薪資概念，以實際的薪資數額徵收保費，費率即使由目前的 7% 大幅降低（例如降為 5%），保險費總收入亦可望維持不變。費率之降低，有助於提高勞動供給與需求，進而增加就業和產出水準。再者，實施固定比例的費率，可以改善目前勞、公保有效費率呈現累進又累退的情況，此有助於緩和保費課徵對勞動與其他生

產因素之供需的干擾，進而提高資源配置的效率。

　　大體而言，在廣義概念下之「薪資所得」與國民所得帳中之「受雇人員報酬」相當。以民國七十九年為例，當年國民所得帳中之受雇人員報酬為新臺幣 2 兆 2,422 億 6,000 萬元。依據本方案之比例保險費的設計，在費率固定為 5% 的條件下，其總保險費收入約為新臺幣 1,121 億 1,300 萬元（＝ 2 兆 2,422 億 6,000 萬元 × 0.05）。而依據勞保局的統計，在勞保體系下，民國七十九年內來自各類受雇人員（被保險人）的勞保保費總收入為新臺幣 729 億 9,900 萬元；另依中央信託局之統計，在公保體系下，民國七十九年內來自各級公務人員（含公營事業機構員工）與私立學校教職員等受雇人員的公保保費總收入為新臺幣 96 億 6,700 萬元（公保體系內之公教人員眷屬保險、退休公務人員及其配偶之保險等之被保險人，因非屬現行體系下的受雇人員，而予排除在外）。兩者合計之總保險費收入約為新臺幣 826 億 6,600 萬元，將此與前述按國民所得帳中受雇人員報酬之 5% 所計算的保險費收入（新臺幣 1,121 億 1,300 萬元）相比較後可知，在本方案下，保險費率即使大幅降低，亦不致使保險費總收入減少。而縱使將公保體系內，公務人員眷屬保險、退休人員及其配偶疾病保險等被保險人納入（其保費收入在民國七十九年為新臺幣 64 億 4,500 萬元），對現行勞、公保體系內所有被保險人所課徵的保費總收入（約為新臺幣 891 億 1,100 萬元），仍然低於本方案下，費率設定於 5% 的總保費收入。

　　當然本方案在以健保財源之自足性原則為出發點的考慮下，仍須以前面所確立的三個基本前提為根本。實施初期，若費率設定為 5% 的固定比例，雖可能因薪資定義的擴大而使保費總收入增加，但此收入的增加可用於彌補目前部分健保體系（如公務人員保險）之財務虧絀。俟將來分類保險制度（即健康保險與退休保險分立）實施後，健保財源得以

免除退休保險給付之負擔時，可將保險費率再大幅降低（如由 5% 降為 3%），以求達到健保財源的自足性與進一步促進資源配置的效率。而此種分階段降低保險費率的作法，則是基於薪資定義擴大後，使現行健保的被保險人負擔他們以往享受健保利益所產生的健保財務虧絀，以求健保財務之健全為主。同時，對未來的所有被保險人（不論現有或新加入者），皆能在健全的健保財務下，負擔較低的費率（例如 5%），以免於因前人將健保財務之赤字負擔移轉給後人所產生的循環效果。

至於本方案實施後，將現行保險費率調降為 5% 或 3%，其對個別被保險人的保費負擔的影響可分二方面。第一、以現行投保薪資為計算基礎的有效費率將全面降低。以現行勞保投保薪資分級制度（參閱表 6-22）為例，在名目費率固定為 7% 的情況下，實施投保薪資分級表使得以現行定義較狹窄的薪資為計算基礎之有效費率，除第一級和最高一級（第十九級）者外，皆在 7% 至 7.41% 之間變動。而由於保費固定，第一級（第十九級）的有效費率是隨月薪資總額的減少（增加）而上升（下降），其變動的範圍可能在 7% 至 7.41% 的範圍之外。若實施本方案的比例保險費制，將費率固定為 5%，則現行勞保體系下，月薪資總額（以現行法規定義計算）在新臺幣 31,920 元 (= 1,596 ÷ 0.05) 以下者，其有效費率將全面降低為 5%。至於月薪高於 31,920 元者，因其有效費率原本就低於 5%，本方案之實施將使其有效費率不降反升。

第二、由於本方案係以較合理而廣義的薪資為前提，採行較低費率的固定比例保險費制（5% 或 3%）。若實施本方案，則對個別被保險人而言，其以廣義的薪資概念為計算依據的有效保險費率雖仍為 5%（或 3%），但以其在現制下所繳納之保費除以其在廣義定義下的薪資而得到的有效費率，可能大於、等於、或小於 5%（或 3%），此端視現行法規下其被排除於定義之外的薪資之多寡而定（如年終獎金、實物給與等）。基

本上，目前領取較多現行法定外薪資的被保險人，即使保險費率降低，本方案實施後，其面臨以廣義薪資為計算基礎的有效費率上升機會愈大，這是因為現行法規低估實際薪資所致。而從經濟學的觀點而言，這種以廣義薪資為衡量基礎的有效費率之變動才是真正影響被保險人及其雇主之勞動供需決策因素。因此，本方案之實施，對經濟行為（如勞動供需）的影響，端賴薪資定義擴大的程度及法定保險費率的降低幅度而定。但不可諱言地，本方案之實施確有其簡便可行與促進保費負擔公平性等優點。

方案二：線形保險費制度

　　比例保險費制度，雖有許多的優點，卻不能照顧低薪資所得者，因為他們也需就薪資的一定比例繳付保險費。如果在比例保費制加設一最低徵收點，對超過此起徵水準的薪資按照既定的費率徵收保險費，並對於薪資低於此起徵水準的被保險人，按照其投保薪資與起徵水準的差額，給予既定比例的負保險費（即津貼），則此比例保險費制就成為線形保險費制度。以公式表示之，$P = t(W - G_0)$，式內 $G_0 (> 0)$ 為保險費的最低起徵水準。由此式很容易看出，若 $W > G_0$，P 則為正數；若 $W = G_0$，$P = 0$；若 $W < G_0$，那麼，$P < 0$。將上式稍加改變後可得：

$$P = -G + tW$$
$$G = \frac{G_0}{t} > 0$$

此即為一線形保險費制度（參閱圖 6-7）。G 代表保證薪資所得，即被保險人的薪資若等於零 $(W = 0)$，政府會給他一筆等於 G 的津貼 $(P = -G)$，使其薪資所得最少等於 G 的數額[28]。

---

[28]　當然，若基於財政負擔的考慮，政府對薪資低於 G_0 者，可能僅免徵保險費，而不給予津貼。如此，該式即成為：$P = t(W - G_0)$，若 $W \geq G_0$；$P = 0$ 若 $W < G_0$。

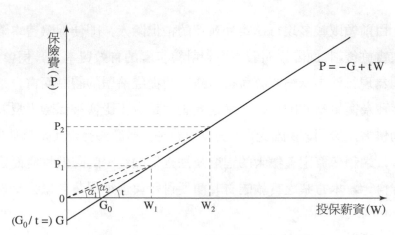

圖 6-7　方案二：線形保險費制度

　　線形保費制之最主要優點，在於符合社會正義原則。凡薪資低於起
徵水準者，免納保費或甚至可獲得政府之津貼；薪資超過起徵水準者，
則按超額部分之固定比例繳納保費。在圖 6-7 內，薪資若等於 OW_1，保
費為 P_1W_1；薪資若為 OW_2，保費等於 P_2W_2。邊際費率（保險費增加額
÷薪資增加額）的既定為 t，但平均費率（保險費÷薪資額）卻隨著薪資
的增加而提高。例如薪資等於 OW_1 時，平均費率等於 α_1 (= P_1W_1 ÷
OW_1)；薪資若為 OW_2，平均費率等於 α_2 (= P_2W_2 ÷ OW_2)，且 $\alpha_2 > \alpha_1$。
由圖 6-7 中很容易看出，薪資愈高（低）的被保險人所負擔的平均（有
效）費率愈高（低）[29]，這比上面比例保費制下平均費率固定的情形，
更符合社會（垂直式）公平的要求。

　　此制度另一優點，在於對經濟誘因的不良作用非常小。引申經濟學
內一眾所熟知的道理，即影響勞動供給或其他經濟行為者，為邊際費率

[29]　這很容易證明：由公式可得，平均費率 $\dfrac{P}{W} = t - \dfrac{G}{W}$。因 G 和 t 值固定，故平均費率必隨著 W 之增
　　加而減少。

的高低與變化❸。邊際費率愈低，對經濟行為的干擾（因而引起的福利損失）愈小。再者，固定之邊際費率對經濟行為的不良作用，比累進或累退之邊際費率小❸。在線形保險費制度下，由於對低薪資所得之被保險人免除保費或給予津貼，假設被保險人人數既定，此制下課徵之邊際費率必然高於比例保費制下之水準，始能徵收到相等數額的總保險費收入。因此，此制對勞動供需與其他經濟行為的影響亦較大。但由於以實際薪資為保險費課徵之基礎，費源廣大，費率不至於過高，且邊際費率固定不變，對經濟行為的不良作用非常之小。

　　同樣地，執行此制十分簡易可行，投保單位每月可就源扣繳被保險人的保險費與所得稅。保險機關與稽徵單位互相合作，能夠使低報與漏報薪資所得的情況達到極小。

　　本方案之設計的關鍵，在於如何制訂一個合適起徵水準（即圖 6–7 中的 G_0 點）。在保險費率既定下，起徵點的高低，不僅影響平均（有效）費率之累進性所能達到之社會公平性的功能，同時也影響政府因給予低於起徵薪資水準之被保險人津貼而形成的政府社會福利支出。在此，我們提出設定保險費起徵水準的兩個選擇方向，以供參考。第一、與現行所得稅法中所規定之薪資特別扣除額（新臺幣 60,000 元）相配合，凡月實際薪資在新臺幣 5,000 元（等於年薪資所得新臺幣 60,000 元）以內的

---

❸　在線形保費制下，被保險人的費後薪資所得 (Y) 等於 $Y = W - P = (1-t)W + G_0$，以 L 代表勞動供給和 ω 代表每小時薪資率，則此式變成 $Y = (1-t)\omega L + G_0$。根據傳統勞動供給模式，勞動供給函數為 $L = L((1-t)W, G_0)$；因此，影響勞動供給量者，為邊際（而非平均）費率 t。有關傳統勞動供給模式，參閱張慶輝（民國八十一年）。

❸　參閱任何財政學教科書，例如 Musgrave and Musgrave (1989)，以了解固定、累進與累退邊際稅率對經濟行為之影響。

部分，得自保險費的計徵基礎中扣除，免繳保費；而超過 5,000 元的部分，則按固定比例費率繳納保險費。同時，該扣除額也依稅法所規定之隨物價指數自動調整方式，逐年依物價累積上漲幅度檢討調整與否及其調整幅度。此方法之優點，一則是與稅法配合，可簡化投保單位代扣被保險人之稅款及保費之手續，凡免於就源扣繳所得稅之被保險人，就可免繳保費，無需因投保薪資扣除額與稅法之薪資特別扣除額不同，而使得投保單位的扣繳手續繁複；二則是扣除額依物價累積上漲率加以指數化，可反映實質起徵水準在經濟成長過程中的變化，而使扣除額能與被保險人之最低基本生活需要一致，並使低薪資者皆能獲得津貼。至於此方法之缺失，則是物價波動的不確定性，使投保薪資扣除額及平均（有效）費率的變動也連帶地具有不確定性。就雇主與被保險人而言，前者所面對的是因分攤保險費金額的變動所產生的利潤不確定性，後者則面對著扣繳後薪資所得之不確定性，這些不確定性可能加劇勞動市場供需的景氣循環波動幅度。

第二、則是與基本工資的訂定相配合，以現行基本工資（新臺幣 11,040 元）的半數新臺幣 5,520 元（相當於年薪新臺幣 66,240 元）作為投保薪資扣除額。凡月薪資在此金額以內者免繳保費，超過此金額的部分，則按固定比例費率繳納保險費。而此扣除金額的調整則是隨著基本工資的調整而為之。其優點在於基本薪資的調整具有相當的穩定性，不致使扣除金額與平均（有效）費率的變動過於頻繁，對維持勞動市場供需的穩定較為有益。其缺失則是不能與稅法中的薪資特別扣除額相配合，使投保單位必須將免扣繳稅款者與免扣繳保費者分列，而增加課徵手續上的麻煩。

依據行政院主計處公布之民國七十九年「個人所得分配按全國家計單位戶數十等分區分」之資料[32]可知，當年在第一等分（第一個 10%）

內之家計單位(502,645 戶)的總受雇人員報酬為新臺幣 193 億 900 萬元。而其平均每戶之就業人數為 0.71 人，假定每戶就業人數中有 90% 為受雇人員，則平均每戶之受雇人員約為 0.64 人。依此推算，在第一等分內之家計單位平均每位受雇人員的月薪資總額約為新臺幣 5,000 元 (=〔193 億 900 萬元 ÷(502,645 × 0.64)〕÷12)，此金額與上述所建議的二種投保薪資扣除額相當接近。加以該等分內所有家計單位之受雇人員報酬雖占全國受雇人員報酬（新臺幣 1 兆 9,071 億 800 萬元）的 10.12%，但其已分配要素所得(新臺幣 4,020 億 5,200 萬元)則僅占全國已分配要素所得(新臺幣 2 兆 7,472 億 4,200 萬元）的 1.46%。因此，無論採取何種投保薪資扣除方式，均將使所得分配中第一等分內的所有家庭豁免課徵保險費，而達到照顧低薪資所得者以符合社會正義的目的。至於如何對薪資低於投保薪資扣除額的被保險人給予津貼，則屬於政府之社會救助政策的一部分，本文不擬加以探究。不過，值得注意者，薪資可能僅是被保險人之所得的一部分，無法衡量被保險人的真正經濟能力。若僅以薪資之高低作為獲得津貼與否的依據，而忽略其他所得，則不但很容易使津貼失去其維護社會公平的意義，更將加劇所得分配之不均。

　　若將民國七十九年個人所得分配中第一個十等分內之所有家計單位的受雇人員報酬自全國受雇人員報酬中減除，則可得新臺幣 1 兆 8,877 億 9,900 萬元。在保險費率固定為 5% 的情況下，依據本方案之線形保費制所課徵的總保險費收入約在新臺幣 943 億 9,000 萬元，此一金額仍然高於當年勞、公保體系下之總保險費收入（新臺幣 891 億 1,100 萬元）。因此，與方案一的情形相同，即使費率降低，保費總收入也可能因計費

❸ 此資料取自行政院主計處編印之 *Yearbook of Republic of China* (1991), pp. 122–123, Table 61.

基礎的擴大而維持不變或略有增加。

由於有保險費起徵水準（即投保薪資扣除額）的設計，使得在本方案下，所有被保險人的保費負擔皆要比方案一下的保費負擔為輕。而即使課費基礎擴大後，可能使部分被保險人的保費負擔反而較現制之下為重，但其情況將比方案一的情形較為輕微。與現行制度比較，這種保費負擔大幅減輕的情況，將有利於增進勞動供給之誘因與減輕勞動雇用成本，因而對總體產出與就業水準的提升也較有助益。

方案三：統一化投保薪資分級表㈠

本方案（參閱表 6–24 及圖 6–8、6–9）基本上仍沿襲現行勞保與公保之投保薪資（俸給）分級表的作法❸，但將兩者合併為一，並擴大級數、級距與最高投保薪資上限。同時，為兼顧被保險人在經濟成長過程中，其實質的保險費負擔能力（即實質工資），可能因物價與貨幣工資上漲幅度的差異而產生變化，本方案建議在新表實施後，對於各級薪資上下限及投保薪資的調整，採平均薪資累積上漲率自動調整法，務使新投保薪資分級表的實施，能較舊制為合理與公平。

合併公保與勞保投保俸給薪資分級表，並非一件易事，蓋因其適用對象、投保薪資之界定方法，以及級距和級數等之設定，皆大為不同。而且，在此一新的分級表下，前述有關分級表的種種缺失，例如同一級內有效費率呈遞減情況，級與級之間的不公平現象，級數過少與級距太小，最高投保薪資上限過低等，都希望能加以減少。鑑於這些與其他困難，我們在下面所提出之分級表，絕不敢自詡業已達到盡善盡美的地步，

❸ 在前面評述日本與我國公勞保制度時，我們雖曾指出投保薪資分級表之種種缺失，但在本研究小組召開的座談會上，多數與會者皆認為有保留分級表之必要，道理十分簡單：「舊制難廢」。因此，在方案三與四內我們依然提出新的分級表，供當局參考之用。

表6-24　方案三：全民健保投保薪資分級表（投保薪資上、下限與累進程度較低）

單位：新臺幣元，%

級距組別 (1)	投保薪資等級 (2)	投保薪資月額 (3)	實際薪資月額 (4)	費率為7%時之保費 (5)=(3)×7%	費率為5%時之保費 (6)=(3)×5%	費率為3%時之保費 (7)=(3)×3%	費率為7%時之有效費率 (8)=[(5)/(4)]×100	費率為5%時之有效費率 (9)=[(6)/(4)]×100	費率為3%時之有效費率 (10)=[(7)/(4)]×100
第一組 級距 300元	1	7,900	0– 8,050	553	395	237	大於6.870	大於4.907	大於2.944
	2	8,200	8,050– 8,350	574	410	246	7.130–6.874	5.093–4.910	3.056–2.946
	3	8,500	8,350– 8,650	595	425	255	7.126–6.879	5.090–4.913	3.054–2.948
	4	8,800	8,650– 8,950	616	440	264	7.121–6.883	5.087–4.916	3.052–2.950
	5	9,100	8,950– 9,250	637	455	273	7.117–6.886	5.084–4.919	3.050–2.951
	6	9,400	9,250– 9,550	658	470	282	7.114–6.890	5.081–4.921	3.049–2.953
	7	9,700	9,550– 9,850	679	485	291	7.110–6.893	5.079–4.924	3.047–2.954
第二組 級距 500元	8	10,200	9,850–10,450	714	510	306	7.249–6.833	5.178–4.880	3.107–2.928
	9	10,700	10,450–10,950	749	535	321	7.167–6.840	5.120–4.886	3.072–2.932
	10	11,200	10,950–11,450	784	560	336	7.160–6.847	5.114–4.891	3.068–2.934
	11	11,700	11,450–11,950	819	585	351	7.153–6.854	5.109–4.895	3.066–2.937
	12	12,200	11,950–12,450	854	610	366	7.146–6.859	5.105–4.900	3.063–2.940
	13	12,700	12,450–12,950	889	635	381	7.141–6.865	5.100–4.903	3.060–2.942
	14	13,200	12,950–13,450	924	660	396	7.135–6.870	5.097–4.907	3.058–2.944
	15	13,700	13,450–13,950	959	685	411	7.130–6.875	5.093–4.910	3.056–2.946
第三組 級距 700元	16	14,400	13,950–14,750	1,008	720	432	7.226–6.834	5.161–4.881	3.097–2.929
	17	15,100	14,750–15,450	1,057	755	453	7.166–6.841	5.119–4.887	3.071–2.932
	18	15,800	15,450–16,150	1,106	790	474	7.159–6.848	5.113–4.892	3.068–2.935
	19	16,500	16,150–16,850	1,155	825	495	7.152–6.855	5.108–4.896	3.065–2.938
	20	17,200	16,850–17,550	1,204	860	516	7.145–6.860	5.104–4.900	3.062–2.940
	21	17,900	17,550–18,250	1,253	895	537	7.140–6.866	5.100–4.904	3.060–2.942
	22	18,600	18,250–18,950	1,302	930	558	7.134–6.871	5.096–4.908	3.058–2.945

表6-24 方案三：全民健保投保薪資分級表（投保薪資上、下限與累進程度較低）（續）

單位：新臺幣元，%

級距組別 (1)	投保薪資等級 (2)	投保薪資月額 (3)	實際薪資月額 (4)	費率為7%時之保費 (5)=(3)×7%	費率為5%時之保費 (6)=(3)×5%	費率為3%時之保費 (7)=(3)×3%	費率為7%時之有效費率 (8)=[(5)/(4)]×100	費率為5%時之有效費率 (9)=[(6)/(4)]×100	費率為3%時之有效費率 (10)=[(7)/(4)]×100
第四組 級距 1,000 元	23	19,600	18,950–20,100	1,372	980	588	7.240–6.826	5.172–4.876	3.103–2.925
	24	20,600	20,100–21,100	1,442	1,030	618	7.174–6.834	5.124–4.882	3.075–2.929
	25	21,600	21,100–22,100	1,512	1,080	648	7.166–6.842	5.118–4.887	3.071–2.932
	26	22,600	22,100–23,100	1,582	1,130	678	7.158–6.848	5.113–4.892	3.068–2.935
	27	23,600	23,100–24,100	1,652	1,180	708	7.152–6.855	5.108–4.896	3.065–2.938
	28	24,600	24,100–25,100	1,722	1,230	738	7.145–6.861	5.104–4.900	3.062–2.940
第五組 級距 1,300 元	29	25,900	25,100–26,550	1,813	1,295	777	7.223–6.829	5.159–4.878	3.096–2.927
	30	27,200	26,550–27,850	1,904	1,360	816	7.171–6.837	5.122–4.883	3.073–2.930
	31	28,500	27,850–29,150	1,995	1,425	855	7.163–6.844	5.117–4.889	3.070–2.933
	32	29,800	29,150–30,450	2,086	1,490	894	7.156–6.851	5.111–4.893	3.067–2.936
	33	31,100	30,450–31,750	2,177	1,555	933	7.149–6.857	5.107–4.898	3.064–2.939
	34	32,400	31,750–33,050	2,268	1,620	972	7.143–6.862	5.102–4.902	3.061–2.941
第六組 級距 1,700 元	35	34,100	33,050–34,950	2,387	1,705	1,023	7.222–6.830	5.159–4.878	3.095–2.927
	36	35,800	34,950–36,650	2,506	1,790	1,074	7.170–6.838	5.122–4.884	3.073–2.930
	37	37,500	36,650–38,350	2,625	1,875	1,125	7.162–6.845	5.116–4.889	3.070–2.934
	38	39,200	38,350–40,050	2,744	1,960	1,176	7.155–6.851	5.111–4.894	3.066–2.936
	39	40,900	40,050–41,750	2,863	2,045	1,227	7.149–6.857	5.106–4.898	3.064–2.939
	40	42,600	41,750–43,450	2,982	2,130	1,278	7.143–6.863	5.102–4.902	3.061–2.941
第七組 級距 2,200 元	41	44,800	43,450–45,900	3,136	2,240	1,344	7.217–6.832	5.155–4.880	3.093–2.928
	42	47,000	45,900–48,100	3,290	2,350	1,410	7.168–6.840	5.120–4.886	3.072–2.931
	43	49,200	48,100–50,300	3,444	2,460	1,476	7.160–6.847	5.114–4.891	3.069–2.934
	44	51,400	50,300–52,500	3,598	2,570	1,542	7.153–6.853	5.109–4.895	3.066–2.937
	45	53,600	52,500–54,700	3,752	2,680	1,608	7.147–6.859	5.105–4.899	3.063–2.940
	46	55,800	54,700以上	3,906	2,790	1,674	7.141以下	5.101以下	3.060以下

資料來源：作者自行設計。

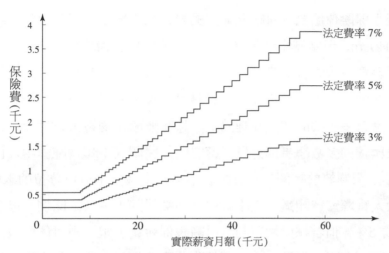

圖 6-8　方案三：統一化投保薪資分級制度（投保薪資下、上限及級距累進程度較低）

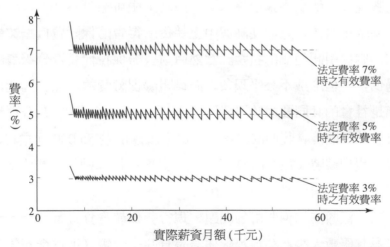

圖 6-9　方案三：統一化投保薪資分級表之法定與有效費率

而是要提供一個較合理而可行的方案，以為有關當局決策之參考。

　　首先，有幾個重要的問題須一一解決。第一、最低投保薪資水準應等於多少的問題。現行勞保之最低投保薪資為 9,750 元，公保雇員年功

俸一級之保險俸給為 7,900 元❸。雖然，二者皆低於目前之法定基本工
資 11,040 元，但為減少低薪資被保險人的保費負擔起見，同時為免因最
低投保薪資下限大幅調高使級距與級數亦隨之大幅變動，而造成保費負
擔劇增的情形，本方案以 7,900 元為最低投保薪資。第二、最高投保薪
資上限應為多少的問題。在理論上，這雖無確定的答案，然而依據日本
的作法與國內多數學者的意見（蔡宏昭，民國八十年；陳雲中，民國八
十年），上限應等於實際薪資分配表中第九十或九十五百分位的水準，即
被保險人實際薪資超過此上限者占全體被保險人總數的比例，最多僅為
10% 或 5%。但若採此原則制訂最高投保薪資上限，則可能面臨兩項困
難。一者，有關被保險人之實際薪資分配的情形，其資料之取得並不容
易；二者，鑑於國內企業界平均月薪（包含獎金與津貼等）超過 100,000
元者為數甚多，如果根據上述原則，最高上限可能訂為 100,000 元或為
最低下限的十幾倍，這將使高與中上薪資所得者的保險費負擔突然增加
十幾倍，容易引起他們的抗拒。當然目前公勞保投保薪資分級表的最高
上限過低，不但形成不公平現象，而且阻礙保險費的增加。因此，提高
上限應是社會的共同要求（《健保報告》，民國七十九年）。為合理地提高
高薪資者的保險費，我們認為投保薪資上限應訂在 55,000 元左右，這約
等於最低投保薪資（7,900 元）的七倍，雖低於日本健保所訂定的十倍，
但卻遠大於目前勞保薪資分級表的二‧三倍。

　　第三、級數應如何制訂的問題。現行勞保薪資分級表只有十九級，
一般以為其級數太少；公保投保俸給表有四十六級（不包含非年功俸之
雇員在內），數目尚稱允當。如果跟目前按公務人員職等高低設立分級表
的作法相互配合，則可依級數之高低，將四十六級的分級表劃分為七組。

---

❸　雇員非屬年功俸者，為臨時員工性質，應另制訂分級表，故不包含在此之內。

例如，第一至七級為第一組，包含現制僱員年功俸一至七級；第八至十五級（共八級）為第二組，包含委任十五至八級及僱員年功俸八至十五級；第十六至二十二級（共七級）為第三組，包含委任七至一級和僱員年功俸一級；第二十三至二十八級（共六級）為第四組，含薦任十二至七級；第二十九至三十四級（共六級）為第五組，含薦任六至一級；第三十五至四十級（共六級）為第六組，含簡任九級至四級；第四十一至四十六級（共六級）為第七組，含簡任第三級至年功俸一級（參閱表6-24）。

　　最後，各組內級距應為多少？應以各級之中位數（如日本健保）或以各級上限（如我國勞保）為投保薪資？由某一組到次一（較高）組時，級距應呈遞增、遞減或不變？在理論上並無任何客觀的標準可供遵循。為避免級距之制訂有所偏頗，我們根據以下幾個或可被接受的原則來制訂級距：⑴就某一級而言，在投保薪資與法定費率固定下，該級內的高薪資與低薪資被保險人所負擔的有效費率，雖難免發生累退現象，但累退程度應儘量達到最小，以期符合水平公平原則。⑵在級與級之間，被保險人之有效費率的分配情形，應力求相似，以達垂直公平的原則。⑶為避免保險費負擔劇烈的增加，低薪資所得（即第一、二組內）的被保險人所繳納的保險費應儘量等於目前的負擔數額，中與高薪資所得者之保險費應酌量提高。

　　基於上述三原則，我們認為級距可分為 300 元、500 元、700 元、1,000元、1,300 元、1,700 元及 2,200 元七種，分別適用於七組。而為縮小每一級內最低（下限）薪資所得者與該級內中薪資所得者之有效費率的差距，我們認為每一級內之投保薪資應等於該組內之中位所得（即該級內薪資上下限的平均值）而非如現行勞保體系下以各級薪資上限為投保薪資。

　　新的投保薪資分級表之設定，固然在以解決或緩和現行制度所產生的不公平或不合理現象為目的，但其實施後，可能因客觀經濟情況的變化而產生另一些不合理的情況。例如經濟成長過程中，物價與工資上漲幅度的差異，會使被保險人的實質工資（即其實質負擔保費的能力）產生變化，若投保薪資分級表不能隨之加以調整，則很容易造成被保險人之實質負擔能力下降但保費反而增加的不合理現象。通常，為因應經濟成長的趨勢而對投保薪資分級表加以調整的方式有二：一為人為的調整，即日本健保的作法，當工資水準隨經濟成長而上升時，主管當局（衛生署）可視經濟情況，依照未來成立之費率調整委員會的建議，調整薪資分級表之級數、級距及上下限等。二為自動調整，在通貨膨脹期間，如貨幣工資上漲幅度等於物價上漲幅度，則理論上，薪資分級表（整個）應全面向上調整，如此實質工資不變，實質保費負擔也不變。但如貨幣工資上漲速度與幅度較遲與較小，使實質工資降低，則此時似宜以平均工資（而非物價）上漲率為根據，對分級表加以調整，以維持實質保險費跟實質工資的比例不變。

　　為避免人為調整方式在行政與立法兩部門的政策協議下產生不客觀或不合理的結果，從而影響投保薪資分級表所應維持的原則。因此，我們建議採用自動調整方式，以平均工資上漲率為基準，對分級表加以調整。而為減少每年調整之麻煩，宜採所得稅法中之累積調整法，即工資上漲率累積至一定百分比時再加以調整。在此，值得一提者，本方案以平均工資累積上漲幅度為投保薪資分級表自動調整的基準，與方案二採用物價累積上漲幅度為投保薪資扣除額（即起徵水準）自動調整的依據，兩者的目的並不相同。前者因無投保薪資扣除額與對低薪者加以津貼等之設立，以平均工資累積上漲率為調整分級表的根據，純粹是要反映被保險人的實質保費負擔能力，以免造成實質薪資減少，而實質保費反而

　　增加的不合理現象。後者以物價累積上漲率對投保薪資扣除額加以調整，目的在有效反映被保險人在賺取薪資所得時所應有之基本生活需要的變化，從而對低實質薪資者加以津貼，以達到津貼政策所追求的社會正義之目的。

　　表6-24及圖6-8列舉說明方案三的詳細內容，將其與表6-23之公保投保俸給分級表內容比較可知，此新分級表的主要特徵為：第一、投保薪資的基礎，是被保險人的實際薪資，而非按本俸或比照俸點設算而得的投保俸給，因此較能衡量被保險人的負擔能力。第二、第一組內七級的投保薪資水準與變化完全跟現制相同，如果費率相等，這些薪資較低的被保險人之保費負擔亦不變，第二組（第八級）起投保薪資月額隨著級數之增加（即實際薪資之增加）而累進地提高（即級距由500元逐漸增加到2,200元），最高上限之投保薪資為55,800元（為下限7,900元的七‧〇六倍），低薪資所得者之保費增加較少，中所得者之保費增加適度，高薪資者之保費大幅地調高，符合公平的原則。第三、高薪資者之投保薪資大幅調高，若費率維持不變，保險費總收入可望大幅增加；而即使保險費率大幅降低（如降為5%），以實際（或廣義）薪資為本之保費課徵基礎的擴大，也可望使保險費總收入有所增加，二者皆有助於改善目前公保體系嚴重虧絀的情形。第四、無論名目費率設為7%、5%或3%，每級內之有效費率皆呈累退情形，這是採用分級表所不可避免的缺失。同時就每一級距組內各級下、上限的有效費率觀察可知，每組內各級下限的有效費率是隨級數的上升（即實際薪資的增加）而下降，下限的有效費率則隨級數的上升而上升。此一趨勢，可從表6-24第(8)、(9)或(10)欄及圖6-9中的有效費率變化情形看出。

　　第五、基本上，每當級距改變（增加）時，新級距組內最低一級下限的有效費率就比前組最高一級下限的有效費率跳升許多，然後逐漸隨

級數上升而累退到接近前組最高一級下限之有效費率水準。相反地，當級距增加時，新級距組內最低一級上限的有效費率就比前一組最高一級上限有效費率大幅降低，而後再漸漸地逐級累進到前組最高一級下限的有效費率水準。顯然地，各級、組間被保險人之有效費率分配情形存在顯著差異，這符合前述我們所指的原則，而有益於促進保費負擔之垂直式公平。

與現行勞保投保薪資分級表比較，新表中第七級的投保薪資（9,700元）約等於勞保第一級之金額（9,750元），其次之十八級（第八級除外）的金額皆低於勞保薪資分級表第二至十九級之投保薪資金額。若費率維持在7%，則勞保被保險人每月之保費負擔將可稍微降低；而若費率降低至5%或3%，則其每月之保費負擔將大幅減輕。但因新表係採用廣義的薪資概念為課費基礎，加以其將現行勞保投保薪資超過23,000元者，再增加二十級（自二十七至四十六級）課徵不同的保費，投保薪資由23,600元累進增加到上限55,800元，使得高薪資所得者每月之保費負擔較現制為重。若暫不考慮薪資定義的變動，在費率為7%的情形下，原先投保薪資為22,800元以上者，每月僅需繳納1,596元的保費，在新制下則由1,652元增加到3,906元，增加率為3%至13.8%；而若費率降為5%（或3%），則原先投保薪資在22,800元以上者，其能享受因費率降低而減輕保費負擔之利益，將隨薪資上升而減少。在5%的費率下，月薪在31,750元以上者，其保費負擔將比現制為重；在3%的費率時，月薪在52,500元以上者，其保費負擔將比現制為高。當然，若考慮到薪資定義的擴大，則不論費率定為7%、5%或3%，各投保等級內被保險人保費負擔的變動，將視其在新定義下的法定薪資月額大小而定。但基本上，在現制下薪資愈高者，於本方案實施後，其保費負擔加重的機率愈大。

依據行政院主計處所公布民國七十九年各業受僱人員月平均薪資，

以及當年勞保體系內各業勞工投保人數和公保體系的公務人員投保人數等統計數值估算，在本方案下，若法定費率設為 7%，則當年之保險費總收入約為新臺幣 1,463 億 6,200 萬元，此金額遠大於現制勞公保體系下之保費總收入金額（新臺幣 891 億 1,100 萬元）；若法定費率定為 5%，則其保險費總收入約為新臺幣 1,045 億 4,500 萬元，此仍大於現制下之勞公保保費總收入金額；而若法定費率設為 3%，則其保險費總收入大幅降為新臺幣 627 億 2,700 萬元，遠低於現制下的總收入。基本上，本方案對保險費總收入的影響，與方案一、二相同，收入的增加主要依賴課費基礎的擴大，收入的減少，則是費率大幅降低所致。而比較在 5% 的法定費率下，三方案的保費總收入可知，方案一的收入金額（新臺幣 1,121 億 1,300 萬元）為最大，其次為本方案（新臺幣 1,045 億 4,500 萬元），方案二最小（新臺幣 943 億 9,000 萬元）。

方案四：統一化投保薪資分級表(二)

本方案（參閱表 6-25 及圖 6-10、6-11）之制訂所依循的原則，與方案三大致相同。同時，本方案也建議對投保薪資分級表採平均工資累積上漲率加以自動調整。其與方案三之不同者在於：(1)基於目前法定基本工資為新臺幣 11,040 元，以及現行實際工資水準等實情的考慮，本方案以現行法定基本工資（11,040 元）為其投保薪資下限，並把投保薪資最高上限提高為基本工資的十倍左右（本方案最高投保薪資上限為 110,240 元），使其比方案三之上限為下限之七‧○六倍為大；(2)級距組數雖仍維持方案三的七組四十六級，但其由 400 元遞增累進到 5,200 元的增加幅度要比方案三為大；(3)由於級距的擴大及其遞增幅度的增加，使得各級內和各級距組內之有效費率之變化情形要比方案三為大。不論法定費率為 7%、5% 或 3%，此皆可由表 6-24 與 6-25 的第(8)至(10)欄或圖 6-8 與 6-9 的比較得知；(4)將方案三各級的實際薪資月額以本方案之

表6-25　方案四：全民健保投保薪資分級表（投保薪資上、下限與累進程度較高）

單位：新臺幣元，%

級距組別 (1)	投保等級 (2)	投保薪資月額 (3)	實際薪資月額 (4)	費率為7%時之保費 (5)=(3)×7%	費率為5%時之保費 (6)=(3)×5%	費率為3%時之保費 (7)=(3)×3%	費率為7%時之有效費率 (8)=[(5)/(4)]×100	費率為5%時之有效費率 (9)=[(6)/(4)]×100	費率為3%時之有效費率 (10)=[(7)/(4)]×100
第一組 級距 400元	1	11,040	0～11,240	773	552	331	大於6.875	大於4.911	大於2.947
	2	11,440	11,240～11,640	801	572	343	7.125～6.880	5.089～4.914	3.053～2.948
	3	11,840	11,640～12,040	829	592	355	7.120～6.884	5.086～4.917	3.052～2.950
	4	12,240	12,040～12,440	857	612	367	7.116～6.887	5.083～4.920	3.050～2.952
	5	12,640	12,440～12,840	885	632	379	7.113～6.891	5.080～4.922	3.048～2.953
	6	13,040	12,840～13,240	913	652	391	7.109～6.894	5.078～4.924	3.047～2.955
	7	13,440	13,240～13,640	941	672	403	7.106～6.897	5.076～4.927	3.045～2.956
第二組 級距 700元	8	14,140	13,640～14,490	990	707	424	7.257～6.831	5.183～4.879	3.110～2.928
	9	14,840	14,490～15,190	1,039	742	445	7.169～6.839	5.121～4.885	3.072～2.931
	10	15,540	15,190～15,890	1,088	777	466	7.161～6.846	5.115～4.890	3.069～2.934
	11	16,240	15,890～16,590	1,137	812	487	7.154～6.852	5.110～4.895	3.066～2.937
	12	16,940	16,590～17,290	1,186	847	508	7.148～6.858	5.105～4.899	3.063～2.939
	13	17,640	17,290～17,990	1,235	882	529	7.142～6.864	5.101～4.903	3.061～2.942
	14	18,340	17,990～18,690	1,284	917	550	7.136～6.869	5.097～4.906	3.058～2.944
	15	19,040	18,690～19,390	1,333	952	571	7.131～6.874	5.094～4.910	3.056～2.946
第三組 級距 1,200元	16	20,240	19,390～20,840	1,417	1,012	607	7.307～6.798	5.219～4.856	3.132～2.914
	17	21,440	20,840～22,040	1,501	1,072	643	7.202～6.809	5.144～4.864	3.086～2.918
	18	22,640	22,040～23,240	1,585	1,132	679	7.191～6.819	5.136～4.871	3.082～2.923
	19	23,840	23,240～24,440	1,669	1,192	715	7.181～6.828	5.129～4.877	3.077～2.926
	20	25,040	24,440～25,640	1,753	1,252	751	7.172～6.836	5.123～4.883	3.074～2.930
	21	26,240	25,640～26,840	1,837	1,312	787	7.164～6.844	5.117～4.888	3.070～2.933
	22	27,440	26,840～28,040	1,921	1,372	823	7.156～6.850	5.112～4.893	3.067～2.936

表6-25 方案四：全民健保投保薪資分級表（投保薪資上、下限與累進程度較高）（續）

單位：新臺幣元，%

級距組別 (1)	投保等級 (2)	投保薪資月額 (3)	實際薪資月額 (4)	費率為7%時之保費 (5)=(3)×7%	費率為5%時之保費 (6)=(3)×5%	費率為3%時之保費 (7)=(3)×3%	費率為7%時之有效費率 (8)=[(5)/(4)]×100	費率為5%時之有效費率 (9)=[(6)/(4)]×100	費率為3%時之有效費率 (10)=[(7)/(4)]×100
第四組 級距 1,900元	23	29,340	28,040–30,290	2,054	1,467	880	7.325–6.780	5.232–4.843	3.139–2.906
	24	31,240	30,290–32,190	2,187	1,562	937	7.220–6.793	5.157–4.852	3.094–2.911
	25	33,140	32,190–34,090	2,320	1,657	994	7.207–6.805	5.148–4.861	3.089–2.916
	26	35,040	34,090–35,990	2,453	1,752	1,051	7.195–6.815	5.139–4.868	3.084–2.921
	27	36,940	35,990–37,890	2,586	1,847	1,108	7.185–6.824	5.132–4.875	3.079–2.925
	28	38,840	37,890–39,790	2,719	1,942	1,165	7.176–6.833	5.125–4.881	3.075–2.928
第五組 級距 2,800元	29	41,640	39,790–43,040	2,915	2,082	1,249	7.325–6.772	5.232–4.837	3.139–2.902
	30	44,440	43,040–45,840	3,111	2,222	1,333	7.228–6.786	5.163–4.847	3.098–2.908
	31	47,240	45,840–48,640	3,307	2,362	1,417	7.214–6.799	5.153–4.856	3.092–2.914
	32	50,040	48,640–51,440	3,503	2,502	1,501	7.201–6.809	5.144–4.864	3.086–2.918
	33	52,840	51,440–54,240	3,699	2,642	1,585	7.191–6.819	5.136–4.871	3.082–2.923
	34	55,640	54,240–57,040	3,895	2,782	1,669	7.181–6.828	5.129–4.877	3.077–2.926
第六組 級距 3,900元	35	59,540	57,040–61,490	4,168	2,977	1,786	7.307–6.778	5.219–4.841	3.131–2.905
	36	63,440	61,490–65,390	4,441	3,172	1,903	7.222–6.791	5.159–4.851	3.095–2.911
	37	67,340	65,390–69,290	4,714	3,367	2,020	7.209–6.803	5.149–4.859	3.089–2.916
	38	71,240	69,290–73,190	4,987	3,562	2,137	7.197–6.813	5.141–4.867	3.084–2.920
	39	75,140	73,190–77,090	5,260	3,757	2,254	7.187–6.823	5.133–4.874	3.080–2.924
	40	79,040	77,090–80,990	5,533	3,952	2,371	7.177–6.831	5.126–4.880	3.076–2.928
第七組 級距 5,200元	41	84,240	80,990–86,840	5,897	4,212	2,527	7.281–6.790	5.201–4.850	3.120–2.910
	42	89,440	86,840–92,040	6,261	4,472	2,683	7.210–6.802	5.150–4.859	3.090–2.915
	43	94,640	92,040–97,240	6,625	4,732	2,839	7.198–6.813	5.141–4.866	3.085–2.920
	44	99,840	97,240–102,440	6,989	4,992	2,995	7.187–6.822	5.134–4.873	3.080–2.924
	45	105,040	102,440–107,640	7,353	5,252	3,151	7.178–6.831	5.127–4.879	3.076–2.928
	46	110,240 以上	107,640 以上	7,717	5,512	3,307	7.169 以下	5.121 以下	3.072 以下

資料來源：作者自行設計。

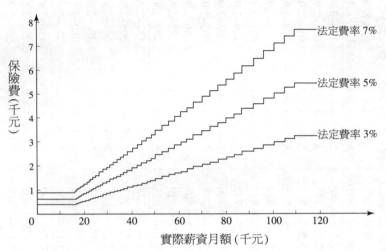

圖 6-10　方案四：統一化投保薪資分級制度（投保薪資下上限及級距累進程
度較高）

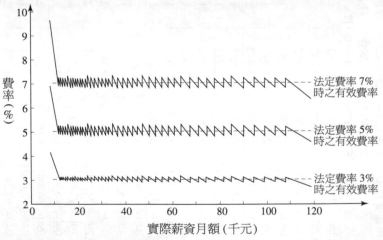

圖 6-11　方案四：統一化投保薪資分級表之法定與有效費率

分級表計算其保險費後可知，凡實際薪資月額在 10,450 元（方案三第九
級的下限）至 57,040 元（方案四第三十四級的上限）之間者，其在本方
案下所應繳之保費皆比在方案三時為低。而實際薪資小於 10,450 元或大

於 57,040 元者，其依本方案所應繳保費皆大於在方案三之下的應繳保費。顯見本方案實施結果對高薪資所得者及低薪資所得者之保費負擔的增加要比方案三大。但若考慮被保險人之實際薪資不可能低於法定基本工資的實情，則本方案僅使高薪資者之保費負擔較方案三為大，至於中低薪資者，其保費負擔要比方案三小。

　　比較本方案與原有公保投保俸給表可知，第一、同方案三，本方案採實際薪資為課徵基礎，較現制更能衡量被保險人之保費負擔能力。第二、公保俸給表中，委任十三級或雇員年功俸十級（含）以內之各級（投保俸給在 10,800 元以下者）皆納入新表的第一級，在允許較低的法定費率（如 5%）下，低薪資的公務人員之保費負擔可望減輕。而即使考慮公務人員每年加發一個月年終獎金的事實，低薪資之公務員按其平均實際月薪所納之保費，仍可因費率之降低而減少。第三、原表中委任十二級（含）以上、薦任及簡任各級，與新第二級至二十六級相當，雖然新表級距累進程度較大，但若能兼顧課費基礎的擴大與費率降低，則中薪資之公務人員的保費負擔將不致有太大變化，而高薪者之保費負擔可適度增加，此有助於增加保費收入，符合健保財務自主性原則及公平性原則。

　　將此方案與現有勞保投保薪資分級表比較，原勞保的第一至三級皆納入新表的第一級內，配合費率之降低與課費基礎之擴大，低薪資勞工的保費負擔可能不增反減。而由於新表的級數增加與級距累進遞增程度較大，在法定費率為 5% 時，凡投保薪資在 33,140 元（含）（新表第二十五級）以上者，其保費負擔皆要比在現制下為重。此有助於保險費收入之增加與公平原則之促進。此外，值得注意者，在新表中投保薪資上下限相差十倍左右，比勞保現制之相差二‧三四倍為大，這相對地使級距累進程度與級數必須配合增加，而使各級組內之有效費率的變化幅度要比勞保現制為大，這對勞動供給誘因可能有不利影響。若費率不能配合

課費基礎之擴大而適度降低，則將因其對勞動市場的負面效果而阻礙經濟之成長。

如前所述，凡實際薪資月額在 10,450 元至 57,040 元之間者，其適用本方案所應繳保費要比方案三時為少，而超過 57,040 元者，其應繳保費則比方案三時多。因此，估計在本方案下之保險費總收入與方案三時的水準大致相當。而為兼顧健保財務之自足性與減輕課費基礎擴大對被保險人保費負擔增加幅度，以 5% 為法定費率是較合宜的水準。同時，在本方案下，若費率設為 5%，則各級、組內之有效費率變動情形將比費率為 7% 時為小，此可緩和前述有效費率變化太大對勞動市場所產生的負面效果。至於比 5% 為低的費率 (3%)，理論上其對減輕保險費課徵所造成之資源配置的扭曲有所助益，但在健保財務未臻健全之前似乎不宜貿然採行，否則，其不僅無法符合健保財務自足性的原則，更將形成政府財政的一大負擔，而導致支出面分配的不公平與無效率。

四、改革方案之綜合評估與結論

全民健康保險計畫的推行,是我國在民國八十年代的一大社會政策，也象徵著我國在邁向已開發國家之林的一大步。在目前紛歧的健保體系下，如何將其整合而為全民一體適用的單一健康保險體系，乃是全民健保計畫推行成功與否的關鍵所在。投保薪資之合理化，雖只是該整合計畫中的一環，但因為涉及當前我國最主要的兩大健康保險體系——勞工保險與公務人員保險之整合，其對未來全民健保財務之健全、整體經濟之成長、政府預算之規劃及社會公平之維持等之重要性，自不容我們輕忽。

本部分以行政院經建會之健保報告所規劃的全民健保財源籌措方針為藍本，依循健保財源籌措之自足性、公平性、效率性及可行性等四大

原則，並參考外國之經驗，提出比例保險費制、線形保險費制、上下限與級距累進程度較低的統一化投保薪資分級表，以及上下限與級距累進程度較高的統一化投保薪資分級表等四個健保財源籌措方案，以供決策當局參考。綜合而言，首先，在健保財源自足性的原則上，配合課費基礎的擴大與法定費率的適度調低（如由 7% 降為 5%），四個方案大致皆能符合此一原則的要求（參閱表 6-26 與圖 6-12）。所有方案中以方案一的比例保費制所能課徵的保險費總收入最大，方案二因有投保薪資扣除額之設定，在相同的法定費率下，其保費總收入自當小於方案一之金額。而方案三與四則因採薪資分級制，使有效費率在各級、組內隨薪資的高低而有大於、等於、或小於與方案一相同之固定比例費率，從而兩者之保險費總收入亦隨各級組間實際薪資分配狀況而不同於方案一的總保費收入。然而，在此值得一提者，即使再完美的財源籌措方案，若在保險給付的支付方式上不能加以配合改善或合理化，亦必因支出面的不合理而難以達成自足性的要求。

　　其次，在公平性的原則上，四個方案中，以方案二最能符合該原則，此乃因投保薪資扣除額的設置，使低薪資者不僅豁免保險費之課徵，更可從政府手中獲得適當的津貼，從而使低薪資者受到應有之照顧，而薪資較高者負擔其應繳之保費，符合社會正義及垂直式公平原則。方案一雖無扣除額之設立，但在固定比例費率下，被保險人全按本人薪資之多寡（即負擔能力之大小）繳納固定比例的保險費，而不分地位、職等與職業之差異，故其亦能符合公平性原則。至於方案三或方案四，則因各級內之有效費率產生累退現象，尤其薪資超過最高投保上限之被保險人的有效費率更是如此，因而二者較不符公平性原則。

　　再次，在效率性原則上，以方案一最能符合此原則的要求，然後才是方案二，方案三與四則較不符合效率原則。其理由相當明顯，在固定

表6-26 各方案與現制下被保險人之保險費負擔及其變化之比較——以勞保為例

單位：新臺幣元，%

月薪資總額 (1)	現制之全年平均薪資月額 (2)=[(1)×13]/12	現制之下的保險費金額 (3)	方案一下的保險費金額 (4)=(2)×5%	方案二下的保險費金額 (5)=[(2)-5,000]×5%	方案三下的保險費金額 (6)	方案四下的保險費金額 (7)	現制與方案一之保險費增減率 (8)={[(3)-(4)]/(3)}×100	現制與方案二之保險費增減率 (9)={[(3)-(5)]/(3)}×100	現制與方案三之保險費增減率 (10)={[(3)-(6)]/(3)}×100	現制與方案四之保險費增減率 (11)={[(3)-(7)]/(3)}×100
5,000	5,417	683	271	21	395	552	-60.32	-96.95	-42.12	-19.12
10,000	10,833	714	542	292	535	552	-24.14	-59.15	-25.07	-22.69
15,000	16,250	1,092	813	563	825	812	-25.60	-48.49	-24.45	-25.64
20,000	21,667	1,407	1,083	833	1,080	1,072	-23.00	-40.77	-23.24	-23.81
25,000	27,083	1,596	1,354	1,104	1,360	1,372	-15.15	-30.82	-14.79	-14.04
30,000	32,500	1,596	1,625	1,375	1,620	1,657	1.82	-13.85	1.50	3.82
35,000	37,917	1,596	1,896	1,646	1,875	1,942	18.79	3.12	17.48	21.68
40,000	43,333	1,596	2,167	1,917	2,130	2,222	35.76	20.09	33.46	39.22
45,000	48,750	1,596	2,438	2,188	2,460	2,502	52.73	37.06	54.14	56.77
50,000	54,167	1,596	2,708	2,458	2,680	2,642	69.70	54.03	67.92	65.54
55,000	59,583	1,596	2,979	2,729	2,790	2,977	86.66	71.00	74.81	86.53
60,000	65,000	1,596	3,250	3,000	2,790	3,172	103.63	87.97	74.81	98.75
65,000	70,417	1,596	3,521	3,271	2,790	3,562	120.60	104.94	74.81	123.18
70,000	75,833	1,596	3,792	3,542	2,790	3,757	137.57	121.91	74.81	135.40
75,000	81,250	1,596	4,063	3,813	2,790	4,212	154.54	138.88	74.81	163.91
80,000	86,667	1,596	4,333	4,083	2,790	4,212	171.51	155.85	74.81	163.91
85,000	92,083	1,596	4,604	4,354	2,790	4,732	188.48	172.82	74.81	196.49
90,000	97,500	1,596	4,875	4,625	2,790	4,992	205.45	189.79	74.81	212.78
95,000	102,917	1,596	5,146	4,896	2,790	5,252	222.42	206.76	74.81	229.07
100,000	108,333	1,596	5,417	5,167	2,790	5,512	239.39	223.73	74.81	245.36
105,000	113,750	1,596	5,688	5,438	2,790	5,512	256.36	240.70	74.81	245.36
110,000	119,167	1,596	5,958	5,708	2,790	5,512	273.33	257.66	74.81	245.36
115,000	124,583	1,596	6,229	5,979	2,790	5,512	290.30	274.63	74.81	245.36
120,000	130,000	1,596	6,500	6,250	2,790	5,512	307.27	291.60	74.81	245.36

資料來源：依作者之假設數據計算而得。

說明：本表之計算係基於兩項假設：(1)各新方案之法定費率皆為5%；(2)被保險人除全年十二個月的薪資外，並領有一個月的年終獎金。

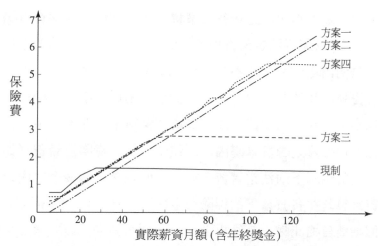

圖 6-12　各方案與現制下被保險人之保險費負擔（假定費率為 5%）──以勞保為例

比例費率下，法定費率等於有效費率，亦等於邊際費率，其因保費課徵而引起的資源配置扭曲或福利損失相當小，此在線形保險費制下亦同。但方案三與四，則因級與級之間或組與組之間有效費率的變化，而使邊際費率亦隨之改變，且對經濟行為的干擾自然要大於固定邊際費率的情形，因而較不符效率原則。

　　再次之，在可行性原則上，方案一與二皆較簡易可行，且可與現行所得稅之就源扣繳制度相結合，而產生勾稽作用，一則防止投保單位或被保險人低報或漏報投保薪資，二則亦可防堵逃漏稅情事發生。方案三與四，因有分級表對照使用，同時與現制之保費課徵方式相同，而亦容易實施，但其日後隨經濟發展狀況及社會之需要所應作的分級表調整，可能因調整方式之不同（人為調整或自動按平均工資累積上漲率調整）而多所顧慮。

　　最後，在各方案對被保險人之保費負擔所產生的變化方面，我們以

現行勞保之分級表為例，比較各方案實施後，被保險人保費負擔之變化情形。表 6-26 以現行法定薪資自 5,000 元到 120,000 元的勞工保險各類被保險人為例，假定各方案之法定費率皆為 5%，且被保險人除全年十二個月的薪資外，並領有一個月的年終獎金。則以表中第(1)欄月薪資總額為計算基礎之現制下的保費金額，如第(3)欄所示。在新方案下，因年終獎金亦納入保險費之課徵基礎內，而使全年平均實際月薪資（如第(2)欄所示）要高於現制下的法定薪資金額。以此包含年終獎金在內之平均實際月薪資計算其在各方案下的保險費金額（如第(4)至(7)欄所示），並與現制下的保險費負擔比較，其結果顯示，四個方案中，以方案二之線形保費制對低薪資者的保費負擔減輕程度最大，其次為方案一與方案三。方案四因投保薪資下限大幅提高且級距累進程度亦增加，使其對低薪資者之保費減輕程度較前三個方案為小。大致而言，在方案一、三、及四下，凡平均月薪資在新臺幣 30,000 元左右以上者，其保費負擔將比現制下的保費負擔為重。而方案二因有扣除額之設，使得平均月薪資在新臺幣 35,000 元左右以上者之保費負擔才會比現制為重。

　　就各方案對高薪者的保費負擔影響而言，方案一因採比例保險費制，保費隨平均薪資之增加而成等比例增加，使得高薪資之被保險人之保費負擔增加的幅度亦隨平均薪資的上升而成等比例增加。方案二雖有扣除額，但因採固定比例費率，使高薪資者之保費負擔增幅，亦隨平均薪資而上升。方案三因其最高投保薪資上限僅為 55,800 元，使得薪資超過此一金額之被保險人的保費負擔增加幅度固定在一個百分比。方案四亦有相同的情形，但因其投保薪資上限較高（110,240 元），而使高薪資被保險人的保費負擔增幅要比方案三為大。上述情形可以從圖 6-13 中明顯比較出來。

　　誠如前面所提，無論任何一個方案，皆需以下列三個基本前提作為

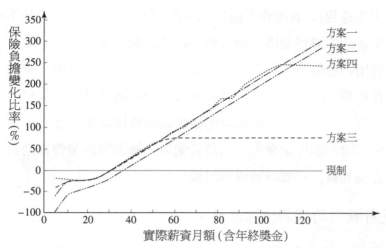

圖 6-13　各方案下被保險人保費負擔與現制比較後之變化——以勞保為例

基準，即第一、建立廣義的投保薪資概念；第二、實施分類保險制度；第三、統一各類健康保險而為一綜合的健康保險制度。基本上，此三者乃全民健保計畫有效推行所需具備的條件。若缺其一，則不僅無法達到健全健保財務之目的，更將使本研究所提之改革方案無法符合我們所確立的四大原則，而致難以推行。這是我們在末了必須提醒決策當局去加以審慎評估與規劃的地方。

▍伍、保險費補助問題

　　規劃中的我國全民健保是以保險費收入為主要財源。根據前文探討的全民健保財源規劃原則，如著重財務自給自足原則，健保的收支應與政府一般預算分開，且政府所負財務責任應僅限於以雇主身分分擔的保險費及對低所得者的補助。但是，揆諸事實，如前文指出，各國健康保險制度的財源並非取自單一財源，而是搭配各項收入（包括部分負擔及

其他指定用途稅），我國亦不例外。再者，政府補助的項目，並不僅限於
對低所得者的保險費補助，也有對一般被保險人的保險費補助，甚至於
對行政費用、醫院資本支出、或醫療收支虧損等給予補助。本部分的主
要目的在於探討政府提供保險費補助的理論依據及其性質為何，並進而
檢討我國現行各項健保補助制度的缺失，最後則提出改進方案，以供規
劃全民健保財務制度之參考。由於其他項目補助與保險費補助具有補充
性，為完整起見，必要時將併同討論。

一、政府補助的理論依據及性質

㈠政府補助的理論依據

政府為何提供全民健保保險費或其他項目補助，可以分別從醫療財
貨的性質以及全民健保的功能兩方面來探討。

如前文指出，醫療照護具有外部性，尤其某些疾病的防治，往往無
法透過市場機能，使其利益與成本內部化，所以政府運用補助方式是不
可避免的。此外，醫療具有「殊價財」(merit good) 的性質，不是一項「純
公共財」(pure public good)，雖可利用價格排除若干需求，但因具有特殊
意義與價值，不應排除任何人於共享之列，以免因醫療照護不足，影響
國民健康（陳聽安，民國八十一年；Barr, 1987）。實際上，許多國家也
因而將國民健康保障視為基本人權看待。

其次就全民健保的功能分析，其主要在於透過風險分攤原理，利用
有限醫療資源，使得全體國民的健康得以維持安適狀態。因此，全民健
保具有三項不可分割特性，除適用保險原則外，也具相當強制性與適當
重分配功能（黃世鑫，民國八十一年）。雖然全民健保應發揮多少福利性
功能並無定論，但既由政府辦理，就具有「社會性」考慮，不再適用私
人保險「依風險計費，依收費提供給付」的原則。通常醫療給付不因繳

費高低而異，而保費計算則依薪資或所得，與風險無關，因而不可避免會產生所得重分配效果❸❺。就此觀點而論，政府應否補助保險費或其他項目應視政策目標而定。

㈡政府補助的性質

一般民眾往往會將全民健保視為應由政府免費或低價提供的「福利」，所以繳納的保險費愈少愈好，享受的給付愈多愈好。實際上，政府補助的財源仍來自一般稅收，也是由社會大眾共同負擔。因此，政府補助的財源對於被保險人而言，其實是間接的保險費，只是每個人負擔多少，不為其所知，因而往往誤以為保險費負擔愈低愈好。就全體國民而言，全民健保財源多少應取自保險費收入？多少應由一般稅收支應？應該考慮兩方面因素：一方面須比較一般稅收與保險費的累進或累退程度，並考慮所欲達成的重分配目標；另方面則考慮政府的財政負擔問題，即全民健保財源籌措究竟由增加保險費收入，抑或經由提高一般稅收或調整支出結構，何者較為可行而定。

上述兩項問題雖然無精確的答案可言，但是就我國現行狀況，仍可略加分析。先就財源籌措方式的比較而言，由於以薪資為計算基礎的保費收入通常採固定比例費率制，但投保薪資又有上限，所以會形成累退現象❸❻。相對地，一般稅收的重分配效果，就 OECD 國家或我國的實證資料來看，通常認為較接近比例特質（徐偉初，民國七十八年；OECD,

---

❸❺　由於規劃中的我國全民健保未包含現金給付，因此本篇對此項問題未予討論。

❸❻　薪資稅或以薪資為計算基礎的保險費會形成累退現象的討論，參見本篇相關內容。但如考慮醫療給付通常無論繳費高低均為同額給付，則淨重分配效果仍可能為正。實際上，贊同以保險費為主要財源者的一項看法，即是主張社會保險應重保險性質，而不宜過分強調福利性質，如前所言，此問題為規範性問題，應視當時環境及社會多數人偏好而定。

1985)。因而，如部分財源取自一般稅收，將可減少保險費收入的累退性，發揮較大的重分配效果。另方面，就我國目前財務狀況而言，自民國八十年以來即呈現預算赤字逐漸擴大現象。尤其，隨著六年國建工程逐漸展開，預計赤字將更為增加。在此情況下，可預見由保險費收入取得全民健保財源可能比增加稅收或減少支出較具政治可行性。不過，我們也不能忽略全民健保的實施，將使得保險費大幅提高，所以被保險人也可能難以完全接受。再者，我國公共支出結構的內容也亟需調整，目前社會福利支出偏低且絕大多數由軍、公、教人員受益的現象，也常被詬病（鄭文輝，民國七十九年）。因而，部分全民健保經費由政府補助也有其必要。至於政府補助的項目，如前文所述，因國情而異，也有隨時間演變的趨勢。政府對保險費及可能的其他支出項目的補助在整個財務結構上的定位，可以圖 6–14 表示。

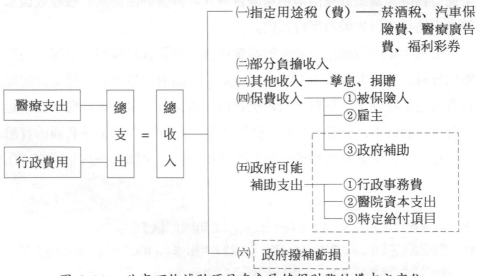

圖 6–14　政府可能補助項目在全民健保財務結構中之定位

二、我國現行健保補助制度

　　我國現行有關健康保險共有十三種類別，除低收入戶健保為醫療補助性質外，其餘均需繳納保險費，依其實施日期，將保費分攤及財務短絀處理方式之比較列於表 6-27，並略加分析如下：

　　首先就現行保險費率比較，五種公教及私立教職退休人員及其配偶的疾病保險費率較高，均在 8-9% 之間，顯然是因醫療成本較高所致。再者公教、私立教職人員與勞工保險，以及農民與民意代表村里鄉長健保等五種保險均採綜合費率，約在 7-9% 之間，其中健保實際費率約在 3-4.5% 間。此外，公教及私立教職人員之眷屬疾病保險是採按口計費，費率為 5%，並不符合社會保險之精神❸⓻。

　　其次就保費分攤比率來看，各保險類別亦有很大差異。本人負擔部分除公保退休人員保險為 100%（民國七十四年起停止受理加保）外，各類退休人員或眷屬以 50% 為常見。對有工作能力的本人負擔反而較輕，勞保產業工人為 20%，公保（公教與私立教職）為 35%。農保較為例外，本人只負擔 30%，又無雇主分攤，由於雇主部分之保費實際上大部分也是由被保險人負擔（江豐富，民國七十九年），所以兩者合計，其實質負擔最輕。勞保之無一定雇主者本人負擔 60%，也無雇主分攤，所以實質上享受 40% 政府補助，近年來其參加人數超過 210 萬人，占勞保投保人數的 30%，似有其誘因。資遣勞工本人須負擔 80%，由政府補助 20%，也是將其視為准予繼續投保的福利措施看待。

　　再就政府對保費的補助加以比較。公教人員及其眷屬部分兼有政府

---

❸⓻　社會保險保費的計算通常以家庭為單位，而依其有工作能力者的所得或薪資為計算基礎。因此我國現行依眷口加計保費方式是依據商業保險「風險計費」原則，並不符合社會保險的精神。

表 6-27　我國現行健康保險制度之保費分擔及財務短絀處理方式比較

保險類別	實施日期	法令依據	現行保險費率(%)	保費負擔% 本人	保費負擔% 雇主	保費負擔% 政府	財務短絀法定處理方式	財務短絀實際處理方式	備註
勞工保險	39年3月	勞工保險條例(47.7公布,57.7公布,62.4、68.2及77.26修正)	7	產20 職60 漁80	產80 職- 漁-	產0 職40 漁20	設置勞工保險局之省(市)政府撥補	勞保基金撥補	採綜合費率,健康保險實際費率約4.5%
公務人員保險	47年9月	公務人員保險法(47.1公布,63.1修正)	9	35	65(政府)	-	財政部審核撥補	國庫撥補	採綜合費率,健康保險實際費率約4.1%
退休人員保險	54年8月	退休人員保險辦法(53.3發布,64.2修正)	8	100	0	0	財政部審核撥補	國庫撥補	採綜合費率,於七十四年七月停辦,健康保險費止受理加保實際費率約3.0%
私立學校教職員保險	69年10月	私立學校教職員保險條例(69.8公布)	9	35	32.1(學校)	32.5	財政部審核撥補	目前仍結餘	採綜合費率,健康保險實際費率約3.0%
公務人員眷屬疾病保險	71年7月	公務人員眷屬疾病保險條例(71.1公布)	5(每口)	50	50(政府)	-	財政部審核撥補	目前仍結餘	
退休公務人員疾病保險	74年7月	退休公務人員疾病保險辦法(74.5發布)	9	50	0	50	費率調整前由財政部撥補	國庫撥補	
退休公務人員配偶疾病保險	74年7月	退休公務人員配偶疾病保險辦法(74.5發布)	9	50	0	50	費率調整前由財政部撥補	國庫撥補	
私立學校退休教職員疾病保險	74年7月	銓敘部函(74.12)	9	50	25(學校)	25	調整費率	由公保其他保險盈餘支援,若仍不足,銀行融資	
私立學校退休教職員配偶疾病保險	74年7月	銓敘部函(74.12)	9	50	25(學校)	25	調整費率	由公保其他保險盈餘支援,若仍不足,銀行融資	
農民健康保險	74年10月	農民健康保險條例(78.6公布)	6.8	30	-	70 中央40 省40 縣市10	設置勞工保險局之省(市)政府撥補	由國庫撥補之臺灣省政府各撥補一半	採綜合費率
臺省各級民意代表村里鄰長健康保險	78年9月	臺灣省各級地方民意代表村里鄰長健康保險暫行要點(78.8)	6.8	50	0	50 省40 縣市10	設置勞工保險局之省(市)政府撥補	臺灣省政府撥補	採綜合費率
私立學校教職員眷屬疾病保險	79年1月	私立學校教職員眷屬疾病保險辦法(78.11)	5(每口)	50	25(學校)	25	調整費率	目前仍結餘	
低收入戶健康保險	79年7月	低收入戶健康保險暫行要點(79.6)	按被保險人實際醫療費用負擔	0	0	100	-	-	中央不補助由直轄市經費

以雇主身分負擔及補助性質。其餘類別中，除勞保產業工人無補助外，政府皆補助保費，共有 20%、25%、32.5%、40%、50%、70% 等六種。這種補助率的差異很難根據前述的外部性或殊價性予以解釋。實際上，可能只是由於個別制度漸進發展，考慮不同情況政治因素所致。因為缺乏全盤性規劃，造成各類別被保險人各自爭食福利大餅的現象，也因而影響財務的健全。

　　我國目前政府負擔的健保經費，並不以上述以雇主身分分擔的保費及保費補助為限，實際上政府也負擔勞保及農保之行政費用❸。更重要的是，各類別保險財務短絀的處理方式也有很大差異。就法定處理方式來看，明定應調整費率的有四類眷屬保險，另有二類退休人員疾病保險規定在費率調整前仍由財政部撥補，至於其餘六種保險則明定虧絀由各級政府撥補。就目前實際情況而言，有三類保險尚有結餘，二類以融資方式暫時處理，但是其餘七類有虧絀的健保，除勞保由基金撥補外，餘皆由各級政府撥補❸。

　　根據上述分析，可以看出，我國現行十二類（不含低收入戶）健保在未有完善規劃下各自發展，存在兩項很大的缺失：一方面政府保費補助政策不明確，除政府以雇主身分負擔的保費以外，政府給予保費補助的比率，由 0 到 70%，並不符合外部性的效率原則，也不合公平原則。另方面政府的財務責任也不明確。主要的公、勞、農保皆採綜合保險，使醫療及老年給付二者財務責任無法明確區分，延宕費率調整，且明定

❸　公保之行政費用不再由政府撥付，而是與其他保險支出合併計算。

❸　勞保雖然尚有年度結餘，但因未將醫療及老年保險基金分類處理，實際上醫療給付占用老年給付支出，存在極嚴重「寅吃卯糧」現象。隨著未來老年給付的增加，潛在財務危機一旦實現，每年必須由政府預算撥補虧損的數字遠大於公保。

虧絀由政府撥補,基於政治性考量,無異於使得費率調整更加不易,因而形成財務危機。以公、農保為例,公保收支差額由七十八年度的 32.4 億元增為 39.1 億元,約占當年度保險費收入的 46.7%;而農保的收支差額增加更快,七十八年度僅為 5.4 億元,七十九年度增為 37.5 億元,八十年度更增加為 64.7 億元,占當年度保險費收入的 49.7%❹。由此可見得,彌補虧損的規定實為造成財務不健全及破壞原設計之公平面和效率面考慮的主要原因。

表 6–28 估算我國七十九年度公保體系(含九類保險)、勞保及農保之政府醫療補助金額共約 23.6 億元,約占當年度醫療給付的 38.99%。這些補助項目包含政府以雇主身分負擔的保險費、政府補助保險費與行政費用(勞、農保),以及政府撥補虧損。就類別比較,補助金額和比率最高的均為農保,金額將近百億元,而比率則約 90%,換言之,農保被保險人只自行負擔約 10%。其次為公保體系,平均補助比率為 59.19%,其中最高的為退休公務人員退休保險,雖然政府並不給予保費補助,完全由被保險人自付保險費,但實際上由於老人醫療支出很高,所以 96% 以上醫療支出是由政府以撥補虧損方式負擔。幸好此項制度七十四年起停止受理,改為新制的退休人員疾病保險,由被保險人自付 50%,政府補助保費 50%,而實際上政府總負擔也僅為 51.44%,較舊制為輕,可見採保費補助並非造成政府財務負擔加重的主要原因,反而彌補虧損才是更大的財務負擔。最後就勞保來看,雖然政府對一般勞工並未給予保費補助,且目前尚有年度結餘,也未撥補虧損。但是現行對於無一定雇主勞工補助 40% 保費的規定,卻也造成很大漏洞,而政府財務負擔也大為增

❹ 有關公、農保財務資料係根據吳凱勳(民國八十一年),表 3–19 與表 3–20。

表 6–28　七十九年度我國公、勞、農保政府醫療補助支出之估算

單位：新臺幣百萬元

保險類別	保險總給付 (1)	醫療給付 (2)	醫療比重 (3) = (2)/(1)	政府補助 (4)	政府醫療補助 (5) = (4)×(3)	政府醫療補助比重 (6) = (5)/(2)
一、公保體系合計	–	10,153	–	–	6,009	0.5919
(一)公務人員保險	12,737	3,582	0.2812	9,735	2,738	0.7643
(二)公務人員眷屬疾病保險	4,351	4,230	0.9722	2,026	1,970	0.4656
(三)退休公務人員保險	119	118	0.9971	114	114	0.9614
(四)退休公務人員疾病保險	1,338	1,299	0.9709	688	669	0.5144
(五)退休公務人員配偶疾病保險	756	729	0.9641	458	441	0.6048
(六)私立教職人員保險	468	158	0.3379	188	63	0.4011
(七)私立退休教職人員疾病保險	16	16	0.9781	8	8	0.4803
(八)私立退休教職人員配偶疾病保險	5	5	0.9719	1	1	0.2320
(九)私立教職人員眷屬疾病保險	15	14	0.9467	7	6	0.4481
二、勞　保	60,229	39,366	0.6536	11,819	7,725	0.1962
三、農　保	14,392	11,032	0.7665	12,880	9,873	0.8950
四、總計及平均	60,551		–	–	23,607	0.3899

資料來源：《七十九年公務人員保險統計年報》與《勞工保險統計年報》。

說明：政府補助包含政府以雇主身分負擔之保險費，政府補助保險費與行政費用，以及政府撥補虧損。

加，實際上目前政府負擔勞保醫療支出的比重已約為 19.62%❹。

三、建議方案

　　前面的分析指出，由於醫療財貨具有外部性與殊價財性質，所以由政府提供補助有其必要。實際上實施健保的國家也未曾完全以保險費收入為唯一財源，且政府補助的財源來自一般稅收，仍由被保險人共同負擔，所以其性質為間接保險費。因而政府究應補助多少，一方面應視所欲達成的所得重分配目標與比較一般稅收和保險費的重分配效果，另方面應考慮政府取得財源的方法，即調整現有支出結構、增加一般稅收，以及提高保費的可行性。再根據本文進一步分析，我國現行主要保險均存在重大財務危機，最重要的原因是撥補虧損的規定，使得政府財政負擔隨著投保範圍擴大逐年加重，目前約占醫療支出的 38.99%。再者各類保險之保費補助率分歧太大，也造成各類保險人爭相角逐福利大餅的現象，既不符效率也不合公平原則。因此未來必須把握民國八十三年實施全民健保的整合契機，重新從事完善的財源規劃。我們僅就保費補助與相關支出的補助提出改進建議，以下先探討考慮因素，然後提出改進方案，再略為評估其影響。

　　首先就我國未來全民健保的政策定位來看，在我國目前社會福利制度尚未完備的情況下，宜介乎採行醫療保健服務（如英、美）的福利型與採行醫療保險制度（如德、法、日）的保險型之間，即應著重同舟共

---

❹　就政府補助勞保保費及行政費用金額分析,七十九年度約 118.19 億元,其中 19.19 億元為行政費用,占 16.24%, 以雇主身分負擔工友等保費之 80%, 只約 19.76 億元, 占 16.72%; 而其他 79.24 億元為各類勞工保費補助, 且以無一定雇主的 72.51 億元為大宗, 占全部政府勞保補助支出的 61.35%。

濟精神，除採納保險付費原則外，並兼考慮適度重分配功能❷。因而現行眷屬按口計費方式，並不符合社會保險精神，應改依按戶依薪資或所得課徵保費，且在單一健保體系下，不妨提供齊一保費補助，以減緩依薪資計算保費且設定上限的累退現象。

其次就財源規劃原則來考量。依公平性而言，應對負擔能力愈低者提供較高補助率。再就效率原則言，則對一般被保險人不宜採取不同補助率，以避免投保單位的選擇扭曲造成醫療資源的浪費。近年來勞保之無一定雇主勞工與農民投保人數躍增，反映此一現象。再就財源自主性與財務健全觀點來看，未來全民健保不應再由政府撥補虧絀，而應依保費調整來反映給付的變動。換言之，如採取保險費補助的方式，是將政府的財務責任明確界定為與被保險人共同負擔某一固定比例，而非現行無底洞式的補助方式。最後考慮可行性問題，由於目前十三類健保已存在由 0 到 100% 的補助率，如完全取消保險費補助，將使得被保險人自繳的保險費大幅提高，因此就改制的可行性而言，仍宜兼顧上述幾項原則下，提供適當的保險費補助。

根據上述考慮，對於未來健保的保險費補助問題，我們提出下列二項改進建議：

（一）政府應負責哪些財務責任

　　1.基於外部性與殊價財的考慮，以及為改善我國近年來所得分配惡化趨勢，政府宜適當分擔全民健保財務責任，但為求財務健全，不宜撥補虧絀。

---

❷　有人擔心如果未來繼續辦理年金或其他社會保險，則政府財務分擔將繼續加重，以致不堪負荷。但實際上，年金保險性質較近儲蓄，且給付會隨保費較高而增加，因而重分配效果較醫療保險為小，所以原則上政府不必予以補助，政府的財務責任不重。

2.立法明訂政府的財務責任，可以考慮的項目包括下列幾項：

⑴保險費補助。

⑵行政事務費。

⑶部分醫院資本支出。

⑷特定項目給付。

就與全體被保險人共同負擔以及抑制醫療資源浪費的觀點來看，應以保險費補助的政府責任最為明確。至於上述其他項目應否及應給予多大補助，也均應事先加以評估，作成政策性決定。

㈡政府宜如何補助保費

1.對於所得能力較低者應給予較高補助率，因而對低收入戶補助100%，對殘障、無依老人、原住民（無職業者）補助60–65%。

2.改善目前政府對一般人民不同類別的差異補助現象，一方面齊一政府的補助比率 (15–30%)，另方面齊一被保險人繳納的保費比率 (35–40%)。

根據上述二項原則，提出五項改進方案，在這些方案下，各類人口的保費分擔率列於表 6–29。

表 6–29 的五項改進方案大同小異，主要考慮因素是政府負擔比率的高低，以及被保險人與雇主間負擔之調整。表 6–30 將建議方案一與現制下各類被保險人的保費計算基礎及保費分攤比率作一比較。在保費計算基礎方面是根據本篇第肆部分的建議，將投保薪資改依薪資總額計算為原則。而保費分攤比率方面，如前所述，除對低收入戶 (100%)、弱勢團體 (60%) 以外，政府一律補助 20%，消除目前各項不同補助率。另方面被保險人負擔的比率，由於將來眷屬由按口計算改為依家庭薪資而不計口方式，除低收入戶以外，一律調整為 40%（受雇者）或 80%（雇主、自雇者）。與現制相比較，大部分類別變動不大。差異較大者為一般勞工，

表6-29　五項政府保險保費補助改進方案下之保費分擔率比較

單位：%

項目	一般人民					弱勢團體[3]		低收入戶	
	受雇者			雇主、自雇者[2]					
	政府	雇主[1]	被保險人	政府	被保險人	政府	被保險人	政府	被保險人
方案一	20	40	40	20	80	60	40	100	0
方案二	30	35	35	30	70	65	35	100	0
方案三	20	45	35	20	80	65	35	100	0
方案四	25	40	35	25	75	65	35	100	0
方案五	15	50	35	15	85	65	35	100	0

說明：
1. 政府除以雇主身分分擔之保費。此外，基於產業結構調整產業政策，也負擔農民之雇主部分保費，又如將來建立年金保險制度，則退休金或自雇主或雇主負擔者負擔。外，也應擔退休公教、榮民、軍人主負擔公教員工及其眷屬的保費，也負擔退休人員之雇主及本人負擔之雇主負擔。如有困難者，仍由年金基金支付。
2. 包括地區投保人也比照老人（無退休金者）及原住民（無職業者），但不包括已參加職業或其他地區保險者。
3. 包括殘障者、無依老人（無退休金者）及原住民（無職業者），如有困難者，仍由社會福利單位再予協助繳納保費，但不包括已參加職業或其他地區保險者。

表 6-30　各類被保險人之保費計算基礎及保費分攤比率建議方案一與現制對照表

類別	保費計算基礎（現制）	建議	政府 現制	政府 方案一	雇主 現制	雇主 方案一	被保險人 現制	被保險人 方案一
(1)公教人員 本人	本俸（約為平均薪資60%）	依薪資總額	0	20	65	40（政府）	35	40
眷屬	本俸		50		-		50	
(2)無依退休公教人員 本人	退休當月保俸(9%)	依退休當月薪資總額	50	20	-	40（政府）	50	40
眷屬	退休當月保俸(9%)		50		-		50	
(3)私立教職人員 本人	比照公立學校教職員投保薪資	依薪資總額	32.5	20	32.5	40	35	40
眷屬	教職員投保俸		25		25		50	
(4)無依退休私立教職人員 本人	保險俸(9%)	依退休當月薪資總額	25	20	25	40（政府）	50	40
眷屬	保險俸(9%)		25		25		50	
(5)勞工 本人	投保薪資（約為平均薪資50%）	依薪資總額	0	20	80	40	20	40
眷屬			-		-		-	

由原先 20% 提高為 40%，這是由於目前勞工眷屬尚未納入保險，所以將來提高其負擔率應是合理的；相對地，雇主負擔率由 80% 降為 40%，也是因為將勞工眷屬納入保險，隨著保險費提高，雇主負擔金額也必須增加，因而調整其負擔率❹。

如與全民健保第一期規劃的財務分擔率相比較，由表 6–31 可以看出，依第一期規劃，政府對有一定雇主由 0 到 50% 的差異，而被保險人繳納保費比率也有由 20 到 50% 的差異性存在，因而並未能解決公平性以及由於被保險人選擇不同投保團體，進而影響政府財政負擔的問題。

表 6–31　第一期規劃財務分擔比率

單位：%

年　別	七十九年			八十三年		
負擔對象	政府	雇主	被保險人	政府	雇主	被保險人
公保體系						
公務人員本人	65		35	65		35
眷屬						
配偶	50		50	50		50
父母	50		50	50		50
子女等				50		50
退休人員	0		100	0		100
退休公務人員	50		50	50		50
退休公務人員配偶	50		50	50		50
私校教職員	32.5	32.5	35	32.5	32.5	35
眷屬						
配偶	25	25	50	25	25	50

❹ 目前勞保雇主負擔保費 80% 是否過高問題，常常引起爭議，由於雇主繳納保費部分轉嫁方向及程度如何，難有定論，而許多國家是採雇主及被保險人相同負擔，雖無學理依據，但較合乎常理。因而，在全民健保改制過程中，可以併同保險範圍的擴大，解決此項爭議性問題。本方案建議 20（政府）、40（雇主）、40（被保險人）的負擔率，是根據：(1)平均一位勞工負擔一位眷屬；且(2)眷屬的保費依 40% 由政府負擔，60% 由本人負擔等兩項假設計算得到的結果。

父母				25	25	50
子女等				25	25	50
私校退休教職員	25	25	50	25	25	50
私校退休教職員配偶	25	25	50	25	25	50
勞保體系						
勞工本人						
無一定雇主	40		60	50		50
眷屬						
配偶				50		50
父母				50		50
子女等				50		50
有一定雇主（政府）	80		20	80		20
眷屬						
配偶				50		50
父母				50		50
子女等				50		50
有一定雇主（民間）		80	20		80	20
眷屬						
配偶					50	50
父母					50	50
子女等					50	50
農保體系						
農民	70		30	70		30
農眷				50		50
低收入戶	100		0	100		0
榮民團體						
榮民本人				100		0
眷屬				50		50
軍保體系						
軍人						
職業軍人	100		0	100		0
義務役軍人	100		0	100		0
眷屬						
配偶				50		50

父母				50	50
子女等				50	50
其他人口				50	50

資料來源：全民健保小組，《全民健康保險制度規劃技術報告》，民國七十九年十二月，表 7-11。

　　最後評估不同建議方案下，對政府及相關團體負擔全民健保經費的影響。先就表 6-32 所列五項方案下估算經費分配情形來看，如不考慮政府以雇主身分負擔的保費，但考慮行政事務費及保險費補助，則政府負擔率最低為 15.73%（方案五，保費補助 15%），約 487.5 億元，最高為 27.95%（方案二，保費補助 30%），約 866.5 億元。另方面被保險人的負擔，如包括保險費及部分負擔，則約為 43.51%（方案二至五），或 47.60%（方案一）。雇主的負擔（含政府）介於 28.53%（方案二）與 40.75%（方案五）之間。如將政府的負擔加上以雇主身分負擔的保費，則合計政府的財政負擔應介於 27.34%（方案五），約 847.5 億元，與 36.08%（方案二），約 1,118.5 億元之間。不同方案下之此項分擔率差異不大，且均比現行政府負擔的 38.99%（表 6-28）為低。如與第一期規劃估算的 34.9%（見表 6-33）比較，也相差不大。尤其在方案一（政府補助保費之 20% 與行政事務費）之下，政府負擔 19.79%（不含雇主身分）或 29.09%（含雇主身分），兼顧政府財政負擔以及與被保險人現行負擔率差異較少，應值得參考。

▌陸、所得為保險費計算基礎之可行性問題

　　自從德國於 1883 年首創聞名於世的「社會保險制度」以來，此一制度遂逐漸成為今日世界各國之社會安全制度中的骨幹與倣效的藍本。由

表 6-32　不同保費分擔率方案情形下, 各相關保險團體負擔全民健保醫療經費之
　　　　估算

單位: 新臺幣億元, %

不同保費分擔率方案	政府 (保費補助及事務費)(含雇主身分)*	雇 主(民間雇主)**	被保險人	使用者(部分負擔)	總 計
方案一(20–40–40)	613.8 (19.79)901.8 (29.09)*└ 中央 700.2　地方 201.6	1,010.6 (32.60)722.6 (23.31)**	1,010.6(32.60)同上	465 (15)同上	3,100(100)3,100(100)
方案二(30–35–35)	866.5 (27.95)1,118.5(36.08)*└ 中央 942.1　地方 176.4	884.3 (28.53)632.3 (20.40)**	884.3(28.51)同上	465 (15)同上	3,100(100)3,100(100)
方案三(20–45–35)	613.8 (19.79)937.8 (30.25)*└ 中央 711　地方 226.8	1,136.9 (36.68)812.9 (26.22)**	884.3(28.51)同上	465 (15)同上	3,100(100)3,100(100)
方案四(25–40–35)	740.1 (23.88)1,028.1 (33.17)*└ 中央 826.5　地方 201.6	1,010.6 (32.60)722.6 (23.31)**	884.3(28.51)同上	465 (15)同上	3,100(100)3,100(100)
方案五(15–50–35)	487.5 (15.73)847.5 (27.34)*└ 中央 711　地方 226.8	1,263.3 (40.75)903.26 (29.14)**	884.3(28.51)同上	465 (15)同上	3,100(100)3,100(100)

* 政府含雇主身分。
** 民間雇主。
說明: 1.八十三年醫療支出假設為 3,100 億元, 扣除下列 2、3 項估計之事務費及部分負擔收入, 則由保費取得之收入應為 2,526.5 億元。
　　　2.行政事務費假設為 3.5%, 即 108.5 億元, 由政府負擔。
　　　3.部分負擔收入假設為 15%, 即 465 億元。
　　　4.政府以雇主身分負擔部分, 包括軍公教員工、榮民、農民, 估計約占全部工作人口之 28.36% (306.4 萬 / 1,080.4 萬)。
　　　5.暫不考慮低收入戶、弱勢團體。
　　　6.假設政府補助保費及行政事務費完全由中央政府負擔。
　　　7.政府以雇主身分負擔之保費, 假設農民由地方政府負擔, 榮民及軍眷由國防部負擔, 公教人員則依編制分由中央及地方政府負擔 (約為 35:65), 上述中央與地方負擔比例估計約為 30:70。

表 6-33　全民健保相關團體之保費負擔概估

單位：新臺幣億元，%

年　別 (民國)	政　府*		雇　主		被保險人		總保險費	GDP	總保險費占 GDP 比率	人口投保比率
	金額	百分比	金額	百分比	金額	百分比				
79	395.3	38.2	310.0	29.9	330.0	31.9	1,035.3	42,927	2.41	49
80	451.9	37.0	367.9	30.1	400.6	32.8	1,220.5	47,220	2.58	55
81	581.6	33.5	530.1	30.5	625.0	36.0	1,736.7	51,942	3.34	67
82	822.3	33.2	708.7	28.6	943.2	38.1	2,474.3	57,136	4.33	83
83	1,104.6	34.9	856.1	27.1	1,200.4	38.0	3,161.2	62,850	5.03	100

資料來源：同表 6-31 資料來源之表 7-14。
*包括政府以雇主身分為公務人員及公營事業員工負擔的保險費。

於在該制度中係以「薪資所得」作為計算保險費的基礎，以致在多元化
經濟體系的今日，世界上依然有許多國家沿襲此一計算方法作為計算社
會保險費的基本法則，我國現行的各種社會保險就是依據此一精神加以
規劃而成，甚至在全民健保第一期規劃中也是沿襲此一精神。然而，由
於各國國情的不同，致使非受雇者所占之比率大小不一，而且，即使同
是受雇者，每人的所得收入中屬於非薪資所得的比例亦因人而異。因此，
若是一成不變地以薪資所得作為徵收保險費的基礎，勢必無法因應經濟
多元化的現實狀況。基於此一考慮，再加上因醫療成本逐年大幅高漲所
帶來的財源壓力❹，使得目前世界各國已逐漸地考慮將社會保險費的計
算基礎加以擴大，換言之，亦即將非薪資所得的部分納入計算基礎之中。
在本部分，首先將從公平原則、所得重分配效果、計算基礎之擴大與行
政效率等四方面，分別探討以薪資所得與總所得作為保險費之計算基礎
的優缺點；其次則分別對我國現行社會保險中有關計算基礎的規定以及
我國現行所得稅法中對於所得的定義加以整理介紹；接著將比較日本、
美國、英國以及法國現行的社會保險制度；最後，將提出可行的建議方
案與結論。

一、計算基礎之原則與現況檢討

　　究竟應該以薪資所得抑或總所得作為計算社會保險費的基礎，眾說
紛紜，莫衷一是，我們將從公平原則、所得重分配效果、擴大計算基礎
與行政效率等四方面，分別探討現況之缺失以及以薪資所得與總所得作
為保險費之計算基礎的優缺點。

---

❹　以我國為例，從民國六十年到七十七年間，勞保的每人平均門診費用與每人平均住院費用分別成長五倍
　　與四‧二倍，參閱《全民健康保險制度規劃報告》，民國七十九年，表 6–6。

(一)公平原則

　　依據壽險精算的理論，一般而言，健康保險在計算保險費時所需考慮的因素應包括事故發生率（如死亡率、殘疾率以及平均住院天數等）、預定利率、預定利潤率與附加費用率等。換言之，保險人即依照被保險人的危險程度高低而收取不同的保險費，以符合精算上的公平。惟社會保險乃是一種政策性的強制健康保險，通常無法對同一團體中的每一位被保險人，分別依照其危險程度高低而收取不同的保險費。相反的，社會保險乃是先根據每個被保團體過去整體的實際經驗以計算出平均費率，再依據每一位被保險人的經濟負擔能力以決定其所需負擔的保險費。易言之，無論經濟負擔能力的定義為何，都應該使經濟能力相同的被保險人負擔相同的社會保險費，以期實現社會公平的原則。

　　如前所述，由於薪資所得僅僅是全部所得來源中的一項而已，而且，薪資所得占總所得的比例亦因人而異，因此，即使兩位被保險人的薪資所得相等，並不意謂著此二人具有相同的經濟負擔能力。此外，由於現行勞工保險中投保薪資低報的情形十分嚴重，造成誠實申報單位之員工與不誠實申報單位之員工之間的不公平❹。尤有甚者，勞保制度對於一百多萬自雇者與無一定雇主而參加工會之勞工的低報情形更是一籌莫展，這乃是造成不公平的另一個重要因素。由此可知，若僅依薪資所得的某一固定比率當做社會保險費的話，則必然無法依據被保險人的真實經濟能力使其負擔同一比例的保險費。在現行以受雇者為主體的勞工保險中都已發生如此嚴重的弊端，若將此一制度應用在全民健保制度中，其後果實在令人擔憂。公務人員保險雖沒有發生低報的情形，但由於在

---

❹　依據行政院主計處與勞保局公布的資料顯示，在現行的勞工保險制度下，投保薪資約僅占月平均薪資所得的 50% 左右。

投保俸給的定義中並沒有將工作津貼、專業加給與主管職務加給等項報酬納入，再加上這些津貼與加給因職務、職等的不同而異，以致不僅扭曲了被保險人的實際經濟能力，而且嚴重的侵蝕保險費的計算基礎❹。再者，由於農保的保險費計算基礎是以勞工保險前一年度之平均投保薪資計算，因此，隨著勞工保險投保薪資的嚴重低報，也同時導致農保的累計財務虧損十分的嚴重❹。

　　然而，倘若以總所得作為保險費的計算基礎，再與綜合所得稅的申報制度配合，是否就能改善上述的缺失呢？反對者認為，由於我國目前的稅務稽徵成效依然不佳，以致非薪資所得部分的漏稅情形十分嚴重。因此，若在這種條件下貿然以總所得作為全民健康保險之保險費的計算基礎，只會徒然加重受雇者的負擔，並且徒增不公平的程度罷了。

　　然而，此一論點係導源自「淨所得」的觀念。倘若我們從「毛所得」（稅前所得）的基礎來看，要求所有的被保險人無論是否需要繳稅都要申報個人綜合所得稅，並且將所有的所得來源均納入總所得之中，以作為保險費的計算基礎，或許能夠消弭上述的不合理現象。

(二)所得重分配效果

　　藉由強制性的社會政策以縮小社會的貧富差距與平衡國民所得，乃是目前許多國家的基本施政原則。由於被保險人發生事故的機率與其經濟能力的高低，亦即所得的多寡，並無絕對的關聯性，因此，為了使經濟能力富裕者能夠補貼經濟能力薄弱者，以達國民所得再重新分配與縮小社會貧富差距的社會政策效果，因而社會保險費乃依據被保險人的負

---

❹　從公務人員的俸給表中可以得知，現行公務人員保險之保險俸額約僅占被保險人之俸給總額的 60% 左右，參閱吳凱勳等（民國八十一年），表 5-2。

❹　根據勞保局的最新統計結果，截至民國八十一年四月底止，農民保險的累計虧損已超過 150 億元。

擔能力強弱而非依其事故發生率（即精算原理）的高低計算而得。換言之，這將使得高所得者負擔較多的保險費用以補貼低所得者，以達社會保險的所得重分配目的。倘若全民保險之保險費係以薪資所得為衡量基礎，則唯有當全體國民均為受雇者而且均誠實申報的情況下，方能真正達到所得重分配的效果。然而此一情況是不可能存在的。因此，以薪資所得計算全民健康保險之保險費，不僅對於無薪資所得之高所得企業家與小店戶等自雇者在計算保險費時必將產生所得認定的困擾，而且在另一方面，對於同時具有薪資所得與非薪資所得的受雇者而言，將無法依其真實的經濟能力決定其應負擔的保險費。如同前面所述，現行勞工保險的低報情形已經使所得重分配的社會效果大打折扣，甚至產生負面的效果。

　　如前所述，為了以社會保險的方式，而使經濟能力較佳者能夠分配部分的所得給經濟能力薄弱者，因此必須依據被保險人的真實經濟能力作為保險費計算基礎。若要達到所得重分配的社會政策效果，此一真實經濟能力的衡量基礎應該是被保險人的總所得而非僅是薪資所得而已。

㈢擴大計算基礎

　　如前所述，為了因應日益高漲的醫療成本所帶來的財源壓力，以及為了依被保險人的真實經濟能力作為保險費計算基礎，以達成所得重分配的效果，近年來各國已逐漸的考慮如何擴大此一保險費計算基礎。一般而言，如果保險費計算基礎愈能掌握被保險人的真實經濟能力，則不僅愈能達成水平公平與垂直公平，而且更能夠有效的降低保險費率。就我國現行勞工保險的情形而論，由於勞基法中所定義的「工資」未能真實的反映受雇者的薪資所得，再加上以多報少的情形相當嚴重，使得月投保薪資約僅占主計處所估計之月平均薪資所得的 50% 左右。農民保險則因其月投保金額係按勞工保險前一年實際投保薪資之加權平均金額擬

訂，連帶的使其保險費計算基礎遭受嚴重的侵蝕。同樣的，在公保的計算基礎中，由於沒有將專業加給等項報酬納入，以致其計算基礎僅占被保險人之實際薪資所得的 60% 左右❹。

在表 6–34 中，根據民國七十八年的資料顯示，現行公、勞保之每人平均保費計算基礎僅占平均申報薪資的 63%，並且僅占平均受雇人員薪資的 58%❹。由此可知，現行公、勞保之投保薪資大約低報 40%。此外，由於申報薪資僅占綜合所得總額的 75% 左右，因此，若將保險費之計算基礎由現行的「投保薪資」擴大至所得稅法所定義之「綜合所得總額」，應可使全民健康保險之保險費計算基礎擴大二倍左右。隨著保險費計算基礎的擴大，費率也將隨之降低。

(四)行政效率

雇主得經由就源扣繳制度直接從受雇者的薪資所得扣繳應納之保險費，乃是以薪資所得作為保險費之計算基礎的便利之所在。但是這項優點卻受到相當的限制，換言之，唯有當所有被保險人皆為受薪階級時，方能真正的達成此一行政效率。如果被保險人中尚包括自雇者時，則以薪資所得作為保險費之計算基礎必將造成認定上的困擾，這不僅使行政效率的優點大打折扣，而且必將損及上述的公平原則與重分配效果。如同現行勞工保險中的自雇者與無一定雇主之勞工一般，不僅薪資所得難以認定而且查核困難，而且由於非薪資所得無法採就源扣繳的制度，以致此類所得的資料難以掌握，因而造成低報投保薪資的情形十分嚴重，更有違公平原則與所得重分配效果。

---

❹　同❹。(在全民健保實施後，公務人員屢次被要求以全薪納保，今已將其約 80% 之薪資納入計算，至於勞工薪資低報的情形，改進有限。)

❹　參閱主計處《中華民國臺灣地區個人所得分配調查報告》以及財政部《財稅資料中心年報》之統計資料。

單位：%

表6-34　現行公勞保農保計算基礎與綜合所得總額及已分配要素所得比較表

項目　　　　　　　　　年別	75	76	77	78	說　　明
(一)綜合所得總額／已分配要素所得	54.66	56.41	55.30	57.97	綜合所得總額約低估40%
(二)1. 申報薪資／受僱人員薪資	69.80	74.91	75.54	73.28	申報薪資約低估25%，含免稅
2. 申報薪資／綜合所得總額	77.04	77.99	78.25	74.44	未申報（合法及逃漏）及低報
3. 受僱人員薪資／已分配要素所得	60.33	58.72	58.05	58.88	綜合所得總額中薪資和利息除外之所得約低估60%
(三)1. 申報利息／利息收入	424.00	353.00	269.00	363.00	利息收入約低估72%
2. 申報利息／綜合所得總額	10.22	8.84	8.70	10.96	
3. 利息收入／已分配要素所得	1.32	1.41	1.79	1.75	
(四)1. 平均公勞保保費計算基礎／平均受僱人員薪資	50.87	52.44	55.89	57.59	現行投保薪資約低估40%
2. 平均公勞農保保費計算基礎／平均申報薪資	63.50	55.52	58.90	62.52	如現行投保薪資合理化，約可
3. 現行公勞農保保費計算基礎／申報薪資	68.65	71.42	83.73	97.54	占綜合所得之140%及已分配
4. 現行公勞農保保費計算基礎／受僱人員薪資	47.92	53.50	63.52	71.48	要素所得之80%
5. 現行公勞農保保費計算基礎／綜合所得總額	52.89	55.70	66.40	72.62	
6. 現行公勞農保保費計算基礎／已分配要素所得	28.91	31.42	36.72	42.10	

說明：1. 已分配要素所得、受僱人員薪資、利息收入為《中華民國臺灣地區個人所得分配報告》之調查資料。

2. 綜合所得總額、申報薪資、申報利息為財政部《財稅資料中心年報》統計資料。

3. 平均公勞保保費計算基礎 $= \dfrac{公保投保人數}{公保+勞保投保人數} \times \dfrac{公保保俸總額}{A} + \dfrac{勞保投保人數}{公保+勞保投保人數} \times \dfrac{實付勞保保費}{勞保投保人數 \times 勞保費率}$

其中 A=公務人員+公務人員退休+公務人員退休疾病+私立學校教職員+私立學校退休教職員總投保人數

平均受僱人員薪資 $=$ 受僱人員薪資 $\div$（家庭總戶數 $\times$ 平均每戶所得收入者人數）

平均申報薪資 $=$（申報薪資所得總額 $\div$ 總申報戶數）

4. 現行公勞農保保費計算基礎計算方式同上，加計農保部分。

如果以總所得作為保險費之計算基礎，可能會導致在保險費的徵收上產生更多的問題。諸如，為了使社會保險的現金流入與現金流出相配合，如何方能使被保險人按月繳納保險費？依非薪資所得部分所應負擔的保險費必將產生時效落後的現象，如何解決？這些問題乃是反對以總所得作為保險費計算基礎的人士所時常提到的技術性問題。然而，就現金流量的問題而言，從表 6–35 中可以發現由於在我國目前的綜合所得稅制度中，薪資與利息所得均採就源扣繳制度，其所掌握的所得已占綜合所得總額的 85% 左右❺⓪，除此以外，其餘各類所得來源在資料的掌握與稅務稽徵上均發生相當大的困難。另有部分學者認為，若以總所得作為保險費之計算基礎，將使雇主所需負擔之保險費的繳納方式發生困難。然而，雇主所需負擔之保險費應該只是其員工為雇主之利益而提供勞務所獲得之報酬的部分，對於非薪資所得部分的保險費應由員工自行負擔，雇主不須負擔這部分的保險費。因此，在現行的稅務稽徵效率下，若要以總所得作為保險費之計算基礎，尚有賴於稽徵技術上的加強以及多方面的配合方能為之，諸如免稅所得與資本增益的處理問題❺①、前一年度的非薪資所得發生虧損時又將如何處理、非薪資與利息所得之資料能否確實掌握以及對於低報所得案件能否有效查核等。

綜合以上所述可以得知，以總所得作為保險費之計算基礎，較能符合公平原則並達到所得重分配的效果；而若以薪資所得作為保險費之計算基礎，則相對較有利於保險費的徵收，但仍存有一些技術性問題有待

---

❺⓪ 如果郵政儲金之利息所得能採行就源扣繳制度，將能進一步提高此一比例。

❺① 依據我國現行的稅制，土地增值收益必須課徵土地增值稅；證券交易所得已於七十九年停徵，並將證券交易所得稅與證券交易稅合併，而以證券交易稅的名義徵收之。這些資本增益應否納入「所得」中，仍有待探討。

表 6-35　各項所得占申報綜合所得毛額之比重：民國六十七至七十八年

單位：%

年別	綜合營利所得 (1)	營利所得 (2)	執行業務所得 (3)	薪資所得 (4)	利息所得 (5)	租賃所得 (6)	自力耕作所得 (7)	財產交易所得 (8)	機會中獎所得 (9)	其他所得 (10)	稿費所得 (11)
67	100.00	5.05	1.14	76.17	3.50	0.90	0.33	1.11	0.24	11.55	0.00
68	100.00	5.56	1.25	80.18	4.29	0.97	0.20	0.99	0.03	6.38	0.00
69	100.00	5.15	1.64	81.14	4.99	1.00	0.10	1.15	0.02	4.56	0.00
70	100.00	4.57	1.17	80.51	5.92	0.99	0.09	0.77	0.02	5.95	0.00
71	100.00	4.51	1.19	78.16	8.33	0.99	0.29	0.89	0.02	5.83	0.00
72	100.00	4.55	0.82	76.55	10.34	1.10	0.06	0.84	0.02	5.70	0.00
73	100.00	4.24	1.21	76.50	10.51	1.37	0.05	0.81	0.03	5.28	0.00
74	100.00	4.45	1.11	76.22	10.63	1.71	0.05	0.80	0.02	5.01	0.00
75	100.00	4.08	1.06	77.04	10.22	1.62	0.05	0.94	0.03	5.38	0.00
76	100.00	5.03	0.90	77.99	8.84	1.70	0.04	0.86	0.03	4.61	0.00
77	100.00	4.55	0.95	78.25	8.70	1.74	0.03	1.23	0.03	4.52	0.00
78	100.00	4.99	0.91	74.44	10.96	1.88	0.00	1.68	0.04	4.78	0.01

資料來源：財政部統計處，《賦稅統計年報》。

說明：其他所得大部分為申報大來歸戶之所得（如財產交易所得、小規模營利所得、租賃所得及執行業務所得），僅一小部分為其他無法歸類之所得。

克服。

二、我國現行社會保險與所得稅法之規定

(一)我國現行社會保險之規定

我國現行的社會保險中對於保險費之計算基礎的規定，分述如下：

1. 勞工保險

依勞工保險條例第十三條第一項之規定：「勞工保險之普通事故保險費率係按被保險人當月之投保薪資百分之六至百分之八擬訂。」第二項則規定：「職業災害保險費率亦按被保險人當月之投保薪資，依職業災害保險適用行業別及費率表之規定辦理。」該條例第十四條第一項則規定：「前條所稱月投保薪資係指由投保單位按被保險人之月薪資總額，依投保薪資分級表之規定，向保險人申報之薪資；被保險人薪資以件計算者，其月投保薪資以由投保單位比照同一工作等級勞工之月投保薪資，按分級表之規定申報者為準。」勞工保險條例施行細則第三十六條第一項規定：「……月薪資總額，以勞動基準法第二條第三款規定之工資為準；其每月收入不固定者，以最近三個月收入之平均為準；實物給與按政府公布之價格折現為現金計算。」

勞動基準法第二條第三款將工資定義為：「勞工因工作而獲得之報酬：包括工資、薪金及計時、計日、計月、計件以現金或實物等方式給付之獎金、津貼及其他任何名義之經常性給與均屬之。」此外，在勞動基準法施行細則第十條中則對「經常性給與」的定義以除外的方式加以規範：「……經常性給與係指左列各款以外之給與。一、紅利。二、獎金：指年終獎金、競賽獎金、研究發明獎金、特殊功績獎金、久任獎金、節約燃料物獎金及其他非經常性獎金。三、春節、端午節、中秋節給與之節金。四、醫療補助費、勞工及其子女教育補助費。五、勞工直接受自

顧客之服務費。六、婚喪喜慶由雇主致送之賀禮、慰問金或奠儀等。七、職業災害補償費。八、勞工保險及雇主以勞工為被保險人加入商業保險支付之保險費。九、差旅費、交際費、夜點費及誤餐費。十、工作服、作業用品及其代金。十一、其他經中央主管機關會同中央目的事業主管機關指定者。」

　2.公務人員保險

依公務人員保險法第八條第一項之規定：「公務人員之保險費率為被保險人每月俸給百分之七至百分之九。」公務人員保險法施行細則第十五條中則規定：「本法……所稱被保險人每月俸給或當月俸給，暫以全國公教人員待遇標準支給月俸額為準。……」唯在保險俸給的計算時，各項加給與工作津貼一律不列入保險俸給中。諸如在臺加給、離島加給、山地獎勵金、工作補助費或專業津貼、主管職務加給、學術研究費及導師費等均毋需列入計算。由此可知，此一定義亦未真實的反映出被保險人的實際經濟能力。

此外，從公務人員保險所延伸出來的另外三項保險──公務人員眷屬疾病保險、退休公務人員保險以及退休公務人員配偶疾病保險，保險費的計算基礎均與公務人員保險相同。

　3.私立學校教職員保險

依私立學校教職員保險條例的規定：「私立學校教、職員保險之保險俸給，由教育部、銓敘部會同定之。」目前係比照公立同級同類學校教職員各職稱之中位數辦理。私立學校退休教職員疾病保險係比照退休公務人員疾病保險；私立學校退休教職員配偶疾病保險則比照退休公務人員配偶疾病保險。

　4.軍人保險

依軍人保險條例第十條之規定：「保險費率，以被保險人保險基數金

額為計算標準。」

5.農民保險

依農民健康保險條例第十一條第二項之規定:「前項月投保金額由保險人按勞工保險前一年度實際投保薪資之加權平均金額擬訂。」

6.臺灣省各級地方民代村里長及鄉長健康保險

依臺灣省各級地方民代村里長及鄉長健康保險暫行要點之規定:「前項月投保金額由保險人按勞工保險前一年實際投保薪資之加權平均金額擬訂。」此項規定與農民保險完全相同。

綜觀我國現行的社會保險中,保險費的計算基礎都是採用被保險人的薪資所得。雖然此一基礎適於應用在公務人員保險、私校教職員保險與軍人保險中,但是在勞工保險與農民保險中則由於計算基礎偏低以及低報投保薪資的情形嚴重,因而導致這兩項保險的財務狀況虧損相當嚴重❺❷。因此,如何選定一個正確的保險費計算基礎,將是決定未來全民健康保險成敗的重要關鍵之一。

(二)我國現行所得稅制中之所得定義

1.薪資所得

依所得稅法之規定,薪資所得係指公、教、軍、警、公私事業職工在職務上或工作上取得之各種薪資或提供勞務者之所得屬之,其內容包括薪金、俸給、工資、津貼、歲費、獎金、紅利、各種補助費,按月或按年分期給付之退休金或養老金,按定額給付之交通費及膳宿費以及其他給與,如車馬費等。

---

❷ 計算基礎偏低以及低報投保薪資固然是導致這兩項保險財務虧損嚴重的主要因素,然而,除此以外,在現行制度下,費率調整易受到政治因素的影響,以致保險費無法隨著醫療成本的高漲而提高,這也是導致這兩項社會保險財務虧損的重要原因之一。

上述所稱之「獎金」包括不休假獎金、考績獎金、年終獎金、業績獎金以及以現金或實物分配給員工之獎金。在「補助費」方面，包括公教人員子女教育補助費、司法人員之補助費、工作及專案補助費、員工取得營利事業所給付之醫療補助費、休假旅遊補助費以及住院救濟金等，但災害救濟金不屬之。在「定期給付」部分，則包括警員所領之勤務津貼、外事員警之外事加給、教職員所領之山地加給、大專院校專任副教授以上之研究費以及營利事業給付之生活津貼等❸。

但是下列各項薪資所得依法免稅：

⑴現役軍人的薪餉。

⑵托兒所、幼稚園、國民中小學以及私立小學、初中教職員的薪餉。

⑶公、教、軍、警人員、勞工、殘廢，和無謀生能力的人，所領的撫卹金、養老金、退休金、資遣費和贍養費。

⑷公、教、軍、警人員及勞工所領政府發給的公費、特支費、實物配給或其代金和房租津貼。

⑸自本國或外國政府、國際機構、教育、文化、科學研究機關、團體，或其他公私立組織為獎勵進修、研究或參加科學、職業訓練所發給之獎學金及研究考察補助費等。

⑹不超過財政部規定標準之加班費。

此外，我國現行稅法對於福利性所得的規定，或免稅或課稅，茲就現行規定分述如下：

⑴營利事業代員工投保與業務有關之保險（如忠誠險、意外醫療險等）所支付之保險費，不視為員工之薪資所得。但是營利事

❸　參閱《實用稅務法令彙編》(民國七十四年)。

業為員工投保之團體壽險，其由營利事業負擔之保險費，以營利事業或被保險員工及其家屬為受益人者，其每人每月保險費在新臺幣 2,000 元以內部分，不視為員工之薪資所得；超過部分則視為對員工之補助費，屬於員工之薪資所得。

(2)營利事業對員工醫藥費之補助係屬補助費性質，為員工之薪資所得。

(3)營利事業按月發給員工伙食代金以代替供應伙食者，其每一職工伙食津貼（包括加班誤餐費）每月在新臺幣 1,800 元以內者，免視為員工之薪資所得。其實際供應伙食者，如未超過上述限額，亦不視為員工之薪資所得。

(4)員工為雇主之目的，外出執行職務而支領費用，未超過規定標準者，不視為員工之薪資所得。

(5)公教人員所領水電費津貼如係檢據報銷者，不視為員工之薪資所得。若係按月定額給付者，則視為員工之薪資所得。

(6)公教人員子女教育補助費為員工之薪資所得，但其按學生在校成績為一定條件，發給之子女教育獎學金，不視為員工之薪資所得。

(7)公、教、軍、警人員及勞工自政府所領的服裝費為實物配給之一種，依法可以免稅。

(8)職工福利委員會以其收入分配予員工，為員工之薪資所得。

(9)逢年過節所發福利金，如中秋節福利金，為員工之薪資所得。

(10)職工福利委員會為員工舉辦旅遊、慶生會、敬老會及其他康樂活動之費用，如未以現金或實物分配者，不視為員工之薪資所得。

從我國現行所得稅法及其相關規定中對於「薪資所得」的定義，與

勞工保險中對於「工資」的定義做一比較可以發現，勞工保險中對於「工資」的定義能否完全包羅勞工實際上所獲得的報酬，不無疑問。首先，所謂的「津貼」意指哪些項目，語焉不詳。此外，對於「經常性給與」的定義係以除外的方式規定，能否完全而且明確的包括所有的非經常性給與，仍存有疑問。再者，所謂的「實物給付」並未做詳細的說明。然而，這些問題在所得稅法及其相關規定中均有詳細的規定。因此，若能將社會保險與所得稅制度相結合，再配合財稅資料中心的申報資料，彼此相互勾稽，應該是個相當可行的改善途徑。

　　2.非薪資所得

　　依據所得稅法第十四條的規定，綜合所得稅之所得除上述的薪資所得外，尚有八類所得來源，分述如下：

　　⑴營利所得：包括公司股東分配之股利、合作社社員分配之盈餘、合夥組織營利事業之合夥人每年應分配之盈餘、獨資資本主每年自其獨資經營事業所得之盈餘以及個人一時貿易之盈餘等。

　　⑵執行業務所得：凡執行業務者之業務或演技收入，減除業務所必要之成本及費用後之餘額為執行業務所得。所謂執行業務者，係指律師、會計師、建築師、技師、醫師、助產士、著作人、經紀人、代書、工匠、表演人及其他以技藝自力營生者而言。

　　⑶利息所得：凡公債、公司債、金融債券、短期票券、存款及其他貸出款項利息之所得。

　　　①公債包括各級政府發行之債票、庫券、證券、憑券。

　　　②有獎儲蓄之中獎獎金，超過儲蓄額部分，視為存款之利息所得。

　　　③短期票券指一年以內到期之國庫券、可轉讓之銀行定期存單、銀行承兌匯票、商業本票、及其他經財政部核准之短期債務

憑證。

④短期票券到期兌償金額超過首次發售價格部分為利息所得，除依法扣繳稅款外，不併計綜合所得總額課稅。

(4)租賃所得及權利金所得：凡以有形財產出租之租金所得、財產出典典價經運用之所得為租賃所得；其以專利權、商標權、著作權、祕密方法及各種特許權利，供他人使用而取得之所得為權利金所得。

(5)自力耕作、漁、牧、林、礦之所得。

(6)財產交易所得：凡非經常性買賣之營利活動而持有之各種財產及權利，因買賣或交換而發生之增益。

(7)競技、競賽及機會中獎之獎金或給與：凡參加各種競技比賽及各種機會中獎之獎金或給與之所得。

(8)其他所得。

三、各國保費計算基礎之比較

以下，我們將就日本、美國、英國以及法國目前所實施的社會保險，對於保險費之計算基礎的相關規定做一扼要的比較分析。雖然美國的社會安全制度與英國的國民保險制度的性質均不同於我國即將實施的全民健康保險，但由於前者對於保險費計算基礎的定義與後者對於被保險人的分類方法均足資我國作為借鏡，故特在此提出加以介紹。

㈠日　本

日本現行的社會保險制度依其保障功能可分為醫療保險、年金保險、雇用保險以及職業災害保險四大部分。若依保險對象區分，則可分為以一般受雇者及特殊受雇者為被保險人的職域保險體制，以及以一般居民（非受雇者）為對象的地域保險體制❸。在此將僅就職域醫療保險體制

中的「健康保險」與地域醫療保險體制中的「國民健康保險」加以介紹。

　　1. 健康保險

　　日本現行的健康保險制度乃是以各行業事業單位之受雇者為被保險人。除部分的農林漁牧業外，大部分民間企業雇用的勞工均涵蓋在內。此一制度係以薪資所得作為保險費的計算基礎。根據日本健康保險法第二條的規定，被保險人的薪資所得係指受雇於事業，作為勞務之相對報酬所受之工資、薪金、俸給、津貼、獎金及其相當之給與，但臨時受給及超過三個月以上之期付者不在此限。實物給付之價額由都道府縣政府按當地時價定之。

　　日本健康保險法施行令中則規定，所謂的「標準報酬」包括本俸、服務地津貼、家屬津貼、物價津貼、負責人津貼、職務津貼、特別服務津貼、薪炭津貼、宿舍津貼、能力獎金、交通費、加班費、值班費等。然而，慰問金、結婚賀禮、預告解雇津貼、退職津貼、紅利、恩給年金、勞災保險法之療養補償費及休業補償費等項目則不屬之。此外，對於實物給付，如住宅、膳食、衣物之價額則由都道府縣知事與健康保險組合按當地時價，折算其價格以併算報酬月額❺❺。

　　2. 國民健康保險

　　國民健康保險係以未加入受雇者健康保險的農漁村民，以及都市工商業自營作業者為被保險人。保險人向被保險人的戶長或組合成員徵收保險費，市廳村則徵收國民健康保險稅以代替保險費。有關國民健康保險稅之稅額計算，依據市廳村稅法第七百零三條之四的規定，可分為下列兩個步驟❺❻：

---

❺❹　參閱曾榮盛 (民國八十一年)，第4、8頁。

❺❺　參閱陳雲中 (民國七十七年)，第91–92頁。

⑴市廳村課稅總額之決定：市廳村應以下列㈲與㈡兩式計算所求得之合計額作為當年度應課徵國民健康保險稅之總額。

㈲(醫療給付費用總額之預估值－自負額之預估值)×65%。

㈡依老人保健法規定繳交配合款所需之費用－國庫負擔金之預估值。

⑵將上述決定之課稅總額按下列各種比例，計算各納稅義務人應繳之稅額：

A	所得部分之總額	40%
	資產部分之總額	10%
	被保險人均等部分之總額	35%
	各戶平等部分之總額	15%
B	所得部分之總額	50%
	被保險人均等部分之總額	35%
	各戶平等部分之總額	15%
C	所得部分之總額	50%
	被保險人均等部分之總額	50%

依據上述計算比例，各納稅義務人之所得部分之總額、資產部分之總額、各戶平等部分之總額，以及被保險人均等部分之總額，應依下列規定計算：

⑴各納稅義務人之所得部分總額，原則上應等於：

[(戶內被保險人市廳村民稅之總所得金額、山林所得金額、土地等事業所得金額、長短期讓與所得金額之合計額)－基本扣除額+(藍色從業家屬薪資額或事業從業家屬扣除額)]× 稅率。

⑵各納稅義務人之資產部分總額，原則上應等於：

56 參閱廖義明譯(民國七十五年)，第 173–175 頁。

戶內被保險人之固定資產稅額（或固定資產稅額中土地或房屋
之稅額)× 稅率。

⑶被保險人均等部分之總額等於：被保險人總數 × 稅率。

⑷各戶平等部分之總額係按每一戶之稅額計算，其算法與上述第
⑶項相同。

　　從上述的說明中我們可以得知，日本的健康保險制度在保險費的徵
收上具有下列兩項特點：

⑴依被保險人的性質分為職域保險體制與地域保險體制兩大類。

⑵在職域保險體制中，係依被保險人薪資所得徵收保險費。在地
域保險體制中則以徵收國民健康保險稅代替保險費，而此稅的
計算基礎包括所得部分之總額、資產部分之總額、各戶平等部
分之總額，以及被保險人均等部分之總額，換言之，國民健康
保險係以總所得作為保費計算基礎。

㈡美　國

　　雖然美國至今尚未實施全民健康保險，但是美國於 1935 年所通過的
「老年、遺族及殘廢保險法案」，以及在 1965 年的修正案中所納入的「老
年醫療保險」(Medicare)，統稱為「老年、遺族、殘廢及健康保險」(Old-age,
Survivors, Disability and Health Insurance, OASDHI)，亦即通稱之社會安
全法案，這乃是美國目前最重要的所得維持法案，其所提供的給付項目
包括老年年金、遺族年金、殘廢年金、強制性的醫院保險以及自願性的
補充醫療保險。雖然 OASDHI 的性質與我國即將實施的全民健康保險不
同，但由於該保險在計算基礎的規定上仍有可供我國參考之處，因此，
在本文中我們將就美國 OASDHI 制度中的相關規定加以介紹。

　　OASDHI 保險費的來源完全來自雇主及被保險人（包括受雇者與自
雇者）所繳的保險費，雙方各負擔 50%，政府並不給予補助。受雇者所

應繳納的保險費（即為社會安全捐）係由雇主從受雇者的薪資所得中直接扣除並連同雇主應負擔之保險費，一併繳交給聯邦政府。自雇者應繳納的保險費則於申報所得稅時一併繳納。倘若受雇者同時兼任自雇職業時，其受雇者身分按薪資所得繳納，但若兩者合計之總所得超過最高限額時，其自雇所得等於最高限額與受雇薪資所得間之差額。超過最高限額之所得不用課徵社會安全捐。

　　社會安全制度對於所得的定義與聯邦所得稅法的定義間存在著部分的差異，以下將就社會安全制度的規定逐一說明[57]：

　　1.在社會安全制度中所稱之所得 (earnings) 泛指受雇者的薪資所得 (wages) 與自雇者的自雇所得 (self-employment income)。然而，唯有當被保險人從事於社會安全法案所涵蓋的工作所賺取的收入方屬之。

　　2.薪資所得包括現金報酬與非現金報酬。關於非現金報酬的規定分述如下：

　　　(1)實物給付。一般而言，實物給付包括雇主所提供之物品、服務與膳宿，視為員工之薪資所得，唯農場之勞工、家中僕人與臨時工人之薪資除外。此外，以實物給付之服務費不屬於員工之薪資所得。基於雇主之所提供之實物給付亦不屬之，如雇主為服務於偏遠地區之員工之所提供之膳宿。

　　　(2)某些員工之營業費用。在銷售業中，某些類別的勞工在不成文法下並不合於受雇者的定義，然而在 OASDHI 中卻屬之，如壽險業的專職代理人即為其中的例子。由於這些員工的 OASDHI 保險費與利益給付是依據其雇主所支付的總所得而非按照其自雇淨所得計算，換言之，此一代理人的營業費用視同其薪資

---

[57]　參閱 *Social Security Manual* (1988), pp. 37–48.

所得。

(3)疾病或意外殘廢給付。若員工在六個月內即恢復正常工作時，則其在這段期間所支領的疾病或意外殘廢給付，視為員工之薪資所得。

(4)其他福利性利益給付。雇主所支付的其他福利性利益給付，如團體壽險或健康險，無論是雇主為其員工所代繳的保險費或由上述保險中支付給員工的利益給付部分，均不屬於員工之薪資所得。

(5)雇主為其員工所繳納的社會安全捐屬於員工的薪資所得。

3.員工於工作時，無論直接從雇主或從雇主以外之人所取得之「現金」服務費視為員工之薪資所得。唯每個月總計從一位雇主中所取得之現金服務費如果少於 20 美元者，則不需申報。

4.若銷售人員係為企業之員工，則其佣金收入視為員工之薪資所得。

5.若保險代理人係為壽險公司之員工，則壽險公司付給代理人的初年度與續年度佣金均視為代理人的薪資所得。

6.何謂自雇所得？

(1)自雇者因自行經營所取得之淨盈餘，除非他們所從事的交易、業務或專業技能未涵蓋在社會安全法案中。

(2)假如在課稅年度中，自雇所得低於 400 美元時，即不視為自雇所得。

(3)不動產租金收入不包括在自雇所得中，除非：

①不動產經紀人在其交易時或業務中所取得之租金收入。

②為了居住者之便利所提供之服務的租金收入，如旅館等，唯出租不動產作為商業用途（商店、廠房或辦公室）所取得之租金收入則不屬之。

③農地租金，但以地主對於出租之農地的生產與管理均有參與者為限。

⑷除股票或證券經紀人從其業務中所取得之股票股利與債券利息外，其餘之股票股利與債券利息均不屬於自雇所得。合夥事業的處理方式與個人相同。合夥事業因投資於證券所取得的股利與利息，不屬於合夥人的自雇所得。若合夥事業為證券經紀人，則合夥事業因轉售其持有的證券所取得的股利與利息視為合夥人的自雇所得。所謂的「債券」包括公債、公司債、金融債券、票券、存單以及其他生息之債權。

⑸凡出售或交換存貨以外之財產所產生之資本損益不屬於自雇所得。

從上述的說明中我們可以得知，美國的社會安全制度在保險費的徵收上具有下列兩項特點：

⑴與所得稅申報制度相輔相成。社會安全制度對於受雇者的薪資所得採就源扣繳的方式徵收，這與其他大部分國家的社會保險制度相同，但對於自雇者的自雇所得則是在被保險人申報個人所得稅時一同繳納❺❽。

⑵保險費計算基礎同時包括薪資所得與自雇所得，但與所得稅中的所得定義略有差異。

㈢英　國

英國現行的社會保險主要係由以提供年金給付為主的「國民保險利益給付」(National Insurance Benefits) 以及以提供醫療服務為主的「國民

---

❺❽ 依美國聯邦所得稅法的規定，對於無法採用就源扣繳的非薪資所得係採預估暫繳制度，一年分四次繳納，適用對象包括農民、商人以及賺取財產所得者。參閱 Pechman (1987), p. 71.

保健服務」(National Health Service) 所構成。在此一保險制度中將被保險人分成四大類，彼此之間費率的計算方法互不相同，分述如下 ❺⁹：

1.第一類被保險人為受雇者，指凡有服務契約為雇主工作者以及支領報酬的學徒均屬之。此類被保險人所需繳納的保險費係採用薪資比例費率制，亦即被保險人從雇主所支領之毛薪資所得按某一百分比計算之，而且此一費率隨被保險人的薪資所得的增加而呈遞增之勢。所謂的「毛薪資所得」包括加班費、獎金、佣金與紅利等。此一定義雖與所得稅法的定義相同，但所得稅係按毛薪資所得扣除保險費後之餘額計算並繳納之，而保險費則是按一週全部的毛薪資所得計算。此外，這類被保險人復按雇主是否簽約退出國民保險體系中的薪資比例年金，另行提供私人企業年金而區分成兩種繳費的制度。

2.凡每年之營業利潤低於最低標準（例如 1993 年為每年 5,050 英鎊）之自雇者屬於第二類被保險人。此類保險費係採定額制（為每週 4.25 英鎊），唯自雇收入過低者（為每年低於 2,350 英鎊）免繳保險費。另外，繳納第二類保險費者不得享領失業給付、職災給付、退休金中按薪資所得多寡計算之附加年金、寡婦給付以及殘廢給付。

3.第三類被保險人為不從事工作的無職業者。此類被保險人所繳納的保險費如同第二類被保險人亦為定額保險費，1993 年為每週 4.15 英鎊。由於此類被保險人所繳納的保險費較其他三類被保險人為低，故其所能享領之給付僅限於退休年金、寡婦給付、兒童特別津貼以及喪葬給付等。

4.凡每年之營業利潤超過最低標準之自雇者屬於第四類被保險人。此類保險費之費率為超過最低利潤標準的 6.3%。唯每年之營業利潤超過

---

❺⁹　參閱 *Reform of Social Security* (1985), p. 4.

16,900 英鎊的部分免繳保險費。

被保險人同時具有受雇者與自雇者身分時，應分別繳納保險費。每年超繳的保險費於年終結算時退還。如被保險人同時合於第一類、第二類及第四類被保險人資格時，可請求按最低標準繳納，以免至年終結算時尚需辦理退費手續。第一類被保險人應繳納的保險費由雇主先行在薪資所得中扣除，再與雇主應繳之數額一併繳交至稅捐稽徵機關。第二類與第三類被保險人應繳納的保險費由被保險人向郵局購買印花黏貼於地方社會安全辦事處所發給的卡片上，或直接繳交銀行信託帳戶，或者由地方社會安全辦事處辦理。第四類被保險人應繳納的保險費係由稅捐稽徵機關依所得稅率表課徵之。

從上述的說明中我們可以得知，英國的國民保險制度在保險費的徵收上具有下列兩項特點：

1. 依被保險人的性質、薪資所得或營業利潤的高低將被保險人分為四大類。

2. 與所得稅申報制度相輔相成。薪資所得的定義與所得稅法的規定相同，而且採就源扣繳的方式徵收，這與其他大部分國家的社會保險制度相同。但對於自雇者的營業利潤則依金額的多寡，或以貼印花的方式為之，或是在申報個人所得稅時一同繳納。

㈣法　國

法國在經過激烈的辯論之後，終於在 1990 年底通過創設一項新的「普及社會捐」(Universal Social Contribution)，以作為社會安全制度的經費來源。1991 年的費率設定為 1.1%，並將此項財源納入該年的總預算中。此一「全民社會捐」最大的特點在於，其保費的計算基礎係包括除儲蓄以外的所有所得來源，換言之，此一計算基礎不僅包括因從事具有獲利性活動所賺取之所得，也同時包括來自資產與投資的所得❻。

四、建議方案

綜合以上的分析可知，以薪資所得作為保險費的計算基礎不僅違反公平原則，而且將減低社會保險的所得重分配效果。雖然此一基礎在理論上有助於提高行政稽徵上的效率，但在實務上依然是問題重重。然而，若是以個人總所得作為保險費計算基礎，雖然較能符合公平原則而且有助於所得重分配效果的達成，但仍有賴於諸多措施與技術上的配合方能達成。此外，假如保險費徵收的基礎擴大，不限於勞動所得，同時也包括非勞動所得，則可避免扭曲資源的利用，亦即保持中性原則，不影響要素的相對價格，亦不影響勞動的供需[61]。尤有甚者，由於日益高漲的醫療成本所帶來的財源壓力，已使得越來越多的國家考慮或已經在其社會保險中將薪資以外的所得納入保險費的計算基礎中，並且特別加以處理。其中最常被採用的方法就是將保險費的繳納制度與所得稅申報制度相結合，以收簡化稽徵手續與促進相互勾稽之效。因此，未來全民健保的最適保險費計算基礎應能同時兼顧水平公平原則、所得重分配效果以及簡化稽徵手續等三方面。以下將就此一認識提出較為可行的建議方案及其配合措施，並分析其可能產生之影響。

(一)保險費計算基礎

依據被保險人於每年申報綜合所得稅時所計算的綜合所得總額（稅前所得）作為保險費的計算基礎。所謂的「綜合所得總額」依據所得稅法及其相關法令定之。

(二)徵收方法

---

[60]　參閱 *International Social Security Review* (1991), pp. 471–473.

[61]　參閱陳聽安 (民國八十一年)，第 35 頁。

1.薪資所得按目前勞工保險或公務人員保險的繳納方式，亦即採就源扣繳的方式辦理。僱主每月先行將受僱者應繳的保險費扣繳，併同僱主本身應負擔的部分繳交至承保單位。對於僱用員工三人以上之僱主而言，其薪資所得依上年度營利事業所得稅申報或查定課徵之薪資費用，按月扣繳並於年終再作調整，但此一薪資費用不得低於其員工之平均薪資。

2.非薪資所得參照美國聯邦所得稅法之規定採預估暫繳的方式，受僱者於每年分四次繳納保險費，再於申報綜合所得稅時就其實際發生之非薪資所得（稅前所得）調整其應繳的保險費，但超過最高投保限額的部分不用納入計算。但由於這部分所得來源與其工作無關，因此僱主對員工之非薪資所得不需負擔任何保險費。

3.低收入戶、殘障者、無依老人（無退休金者）以及原住民（有職業者除外）乃依「投保所得下限」計算其應繳的保險費。

4.對於農民、自僱者、僱用三名或少於三名員工之僱主以及除上述第3.項外之地區保險之被保險人而言，由於這些被保險人的所得難以認定，擬依「平均投保所得」計算定額保費的方式徵收。

5.如果被保險人在同一年度內同時有薪資所得與非薪資所得來源時，先按就源扣繳方式繳納薪資所得應負擔之保險費。若薪資所得尚未達到最高投保所得限額時，再根據年投保所得與薪資所得間的差額，以決定年終結算申報所得稅時非薪資所得需被納入計算保險費的限額。

㈢投保所得上限

建議下列三個方案：

1.每戶每月 122,545 元，此項投保所得上限係依據下列的假設：

⑴現行每人每月之投保薪資上限於七十九年調整為 55,800 元。

⑵GDP 從七十九年到八十三年成長 46.41%。

(3)七十九年平均每戶之所得收入者為一‧七一人。

(4)女性之所得為男性的 70%。

(5)從(3)與(4)兩項假設可知每戶每月之投保所得上限為每人每月之投保所得上限的一‧五倍。

2.每戶每月 177,009 元，此項投保所得上限係依據下列的假設：

(1)現行每人每月之投保薪資上限於七十九年調整為 80,600 元。

(2)GDP 從七十九年到八十三年成長 46.41%。

(3)七十九年平均每戶之所得收入者為一‧七一人。

(4)女性之所得為男性的 70%。

(5)從(3)與(4)兩項假設可知每戶每月之投保所得上限為每人每月之投保所得上限的一‧五倍。

3.無投保所得上限。

㈣配合措施

　　如前面所述，以總所得作為全民健保之保險費的計算基礎雖然較能符合水平公平原則，並且達到所得重分配的效果，但是唯有賴於諸多技術上的配合與稅務稽徵上的加強，方能達成上述的效果。因此，改以總所得作為全民健保之保險費計算基礎並非是一蹴可幾的，唯有經過全民健保主管機關與財政部持續的合作研究與周延設計之後方能考慮實施。因此，以總所得作為全民健保之保險費的計算基礎可被視為我國實施全民健保的一個中長程努力目標。下面將列出幾點我們在實施總所得計算基礎制度前所必須先行考慮的因素與配合措施：

　　1.全民健保資料能否與財稅資料中心的資料配合？為使被保險人能夠確實按其所得繳納保險費，而且承保機關能對低報投保所得的案件做有效的查核，應使全民健保資料能與稅捐稽徵資料充分的配合。這乃是實施總所得計算基礎的重要先決條件。

2.薪資所得申報資料是否能確實掌握？雖然受雇者的薪資所得係採就源扣繳的方式按月扣繳所得稅，資料的掌握較為容易，使得歷年來薪資所得占申報綜合所得毛額的比率均維持在 75% 至 80% 之間（參閱表6-34），但是低報薪資所得的情形仍然存在。目前採取薪資就源扣繳的營利事業家數並未達半數，尤其是小規模營利事業或小店戶之雇主或自雇者在申報所得稅時甚少設算其薪資費用，因此這些雇主幾乎不會申報其員工的薪資費用。從表 6-35 中七十五至七十八年間的所得稅申報資料與個人所得分配調查報告的資料中發現，申報之薪資所得僅占受雇人員薪資的 70% 至 80% 左右，換言之，目前的薪資所得申報資料依然有低報的現象存在。

3.利息所得申報資料是否能確實掌握？雖然目前大部分的利息所得係採就源扣繳的方式扣繳所得稅，資料的掌握較為容易，但由於郵政儲金的利息所得免稅、部分短期票券的利息所得採分離課稅❷，以及營利事業所購買之債券的利息收入可作為證券交易損益❸，使得這些利息所得均未能顯現在申報之綜合所得總額中。

4.財產交易所得是否能確實掌握？在財產交易所得中，雖然現行的土地交易所得免稅，但稅捐稽徵機關可從土地增值稅中掌握資料；證券交易所得已於七十九年停徵，並將證券交易所得稅與證券交易稅合併，而以證券交易稅的名義徵收之，因此，證券交易所得的資料無法取得；由於房地產資料的電腦化，房屋交易所得乃是目前財產交易所得中唯一資料可以確實掌握的部分。在計算基礎中應否將這些資本增益納入計算

---

❷ 參閱所得稅法第十四條第一項第四類、第二十四條第二項及財政部 78.1.30. 臺財稅第 780626399 號函。

❸ 參閱財政部 75.7.16. 臺財稅第 7541416 號函。

基礎中？如何方能確實掌握這些資料？而且，由於資本增益的變動幅度甚大，若將此項所得納入計算基礎中是否會對被保險人產生負面的影響？仍有待研究。

5.租賃所得是否能確實掌握？雖然目前大部分的租賃所得並未確實申報，但隨著房地產資料的電腦化，再輔之以稽徵工作的加強，應能使租賃所得的掌握程度逐漸提高。

6.免稅所得如何處理？基於公平原則，應該將免稅所得納入計算基礎中，然而，由於部分的免稅所得資料無法確實掌握，應否將這些免稅所得納入計算基礎中？如何方能確實掌握這些資料？仍有待研究。

7.如何對免申報或未申報綜所稅之被保險人徵收保險費？根據七十八年的資料顯示，實際申報案件僅占潛在申報案件的 60%，因此，若依報稅資料必將無法對全部應繳保險費之被保險人徵收保險費。為能彌補此一缺失，應規定所有被保險人，無論應否繳稅，其所得無論應否申報、扣繳、免稅或者未達起徵點，一律都要申報綜合所得稅，以便使全民健保之承保機關得以對所有被保險人徵收其應繳之保險費。

8.如何對未按月扣繳或未辦理扣繳綜所稅之被保險人徵收保險費？可參照美國聯邦所得稅法之規定採預估暫繳的方式，受雇者於每年分四次繳納保險費，再於年終申報綜合所得稅時就其實際發生之稅前所得調整其應繳的保險費，但超過最高投保限額的部分不用納入計算。

9.發行醫療保險卡：為避免被保險人不繳納保險費卻又能享受醫療給付的缺失，應對被保險人發行醫療保險卡，並藉由全省電腦連線的方式，可在被保險人就診時隨時查核被保險人是否欠繳保險費。

10.無一定雇主之被保險人如何繳納保險費？應繳納的保險費可仿照日本與英國的作法，由被保險人與其雇主向各地的郵局或指定的機構購買印花黏貼於地方上之全民健保辦事處所發給的卡片上，或直接繳交銀

行信託帳戶，或者由地方上之全民健保辦事處辦理。

(五)舉例說明

被保險人		甲	乙	丙	丁
月薪資所得		40,000	25,000	20,000	0
非薪資所得		100,000	100,000	100,000	200,000
應繳保險費	1.薪資所得				
	(1)政府	7,200	6,000	4,800	0
	(2)雇主	14,400	12,000	9,600	0
	(3)受雇者	14,400	12,000	9,600	0
	2.非薪資所得	0	6,000	10,000	20,000
	3.合計	36,000	36,000	34,000	20,000

上表假設被保險人的最高投保所得限額為每年 360,000 元，最高月投保薪資的限額為 30,000 元，保險費率為 10%，政府、雇主與受雇者分別負擔 20%、40% 與 40%；而非薪資所得的保險費率為 10%，全部由被保險人負擔。上表中保險費之計算係以薪資所得優先計算，亦即當薪資所得超過投保上限時，非薪資所得則無需負擔保險費（如被保險人甲）；若薪資所得未達投保上限時，投保上限與薪資所得間之差額即為非薪資所得作為計算基礎的最高限額。

(六)影響與評估

1.計算基礎擴大，保險費率降低：顯而易見的，以被保險人的綜合所得總額（稅前所得）作為計算基礎，將可擴大保險費的計算基礎，進而使保險費率降低，將可收政治上的宣告效果。根據綜合所得稅的申報資料所做的估算得之，在民國八十三年需要 2,500 億保險費的假設前提下[64]，上述第(三)項中所建議的三個方案所需之保險費率約介於 12.3% 至

[64] 依全民健保第一期規劃的估計，為達財務收支平衡，八十三年的保險費大約需要 3,100 億元，經扣除

11.2% 之間❻，而依個人所得分配調查報告的資料所估計的保險費率則介於 6.6% 至 6.2% 之間。顯而易見的，上述估算之費率隨著投保所得上限的提高而降低，但由於高所得級距的戶數占總戶數的比例甚低，因而即使在無投保所得上限的方案三中,其所能使費率降低的幅度極為有限。估算結果參閱表 6–36 至表 6–37。

　　2.社會公平的原則與所得重分配效果的達成端賴於稅務稽徵的成效而定。依上述第㈢項所建議的三個方案中，雖以方案三的所得重分配效果最大，但由於此一方案對於高所得者必將產生極大的痛苦感，而且如上所述，其所能使費率降低的幅度極為有限,因而方案三的可行性較低。

　　3.就社會保險之現金流入與現金流出的配合程度而言，由於採用就源扣繳之薪資所得與利息所得占全部申報所得的 85% 左右,因此以綜合所得總額作為保費之計算基礎對於未來現金流入與現金流出的配合度影響不大。

　　4.就保費的徵收效率而言，雖然以綜合所得總額作為保費之計算基礎僅需在所得稅申報書上略做修改即可實施，而不必做大幅度的變動，但由於現行稅捐稽徵效率以及諸多配合措拖仍然未臻完備，因此，若在此一環境下實施之，恐將造成更大的不公平以及保費徵收上的困擾。

　　經由上述的分析可知，以所得總額作為保費之計算基礎雖然在理論上實屬可行，但由於部分所得資料仍未能完全掌握，再加上諸多的配合

　　部分負擔額與政府對行政費用的補貼後，所需要之保險費約為 2,625 億元。

❻　申報資料為目前稅捐稽徵機關所能掌握的部分。依七十八年的資料顯示，申報件數約僅占潛在申報件數的 60%，使得申報之綜合所得僅占潛在綜合所得的六成左右。如果假設未申報件數平均分布於各所得級距，而且在八十三年時稽徵機關能夠完全掌握申報資料，則費率將可降為原估計之費率的 60–65%，計算結果如表 6–37。

表6-36 以申報所得總額為保險費徵收基礎的八十三年全民健康保費率之估算

淨所得級距 (萬元)	納稅單位	平均每單位綜合所得 (千元)	平均每單位薪資所得 (千元)	平均每單位非薪資所得 (千元)	方案一 (單位:億) 百萬元		方案二 (單位:億) 百萬元		方案三 (單位:億) 百萬元	
					(1) 2,500億 12.26%	(2) 2,800億 13.73%	(1) 2,500億 11.88%	(2) 2,800億 13.30%	(1) 2,500億 11.18%	(2) 2,800億 12.52%
0	1,191,828	242	162	80	35,294	39,525	34,200	38,288	32,185	36,042
0- 8	1,163,358	341	283	58	48,639	54,471	47,132	52,765	44,355	49,671
8- 16	692,450	507	428	78	43,034	48,194	41,700	46,685	39,243	43,947
16- 26	450,389	694	579	115	38,311	42,905	37,124	41,561	34,936	39,123
26- 38	252,552	917	740	177	28,394	31,799	27,514	30,803	25,893	28,997
38- 55	156,270	1,190	914	276	22,804	25,538	22,097	24,738	20,795	23,287
55- 73	75,965	1,522	1,107	416	13,696	15,338	13,740	15,382	12,930	14,480
73-100	51,075	1,909	1,299	610	9,208	10,312	11,585	12,970	10,902	12,209
100-140	29,091	2,466	1,508	958	5,245	5,874	7,341	8,218	8,021	8,982
140-180	11,923	3,143	1,688	1,455	2,150	2,407	3,009	3,368	4,190	4,692
180-230	6,977	3,872	1,851	2,021	1,258	1,409	1,761	1,971	3,020	3,382
230-280	3,644	4,691	1,945	2,746	657	736	920	1,029	1,911	2,140
280-350	2,622	5,627	2,100	3,527	473	529	662	741	1,650	1,847
350-420	1,445	6,779	2,228	4,551	261	292	365	408	1,095	1,227
420-490	713	7,818	2,396	5,422	128	144	180	201	623	697
490 以上	3,150	23,627	3,345	20,282	568	636	795	890	8,320	9,318
合 計	4,093,451	546	407	140	250,119	280,109	250,122	280,019	250,069	280,042

資料來源：1.《中華民國七十九年財稅資訊統計》，財稅資料中心，民國八十年七月。
2.《全民健康保險制度規劃報告》，行政院經建會，民國七十九年六月。
3.《國民經濟動向統計季報》，行政院主計處，民國八十年十二月。

說明：1.依主計處的統計與第一期規劃之估計，從七十八年到八十三年 GDP 成長 62.05% 左右，本估計即依此一成長率推估八十三年的各項所得。
2.由於近年來臺灣地區的人口自然增加率均維持在 1% 左右，故在平均每年納稅單位人數不變的假定下，估計的稅單位數在此一期間將成長 5.10%。
3.依第一期規劃之估計，為達財務收支平衡，八十三年的保險費應達 3,100 億，本估計方案一依 2,500 億與 2,800 億，經扣除部分負擔額與政府對行政費用之補貼後，本估計方案分別推估八十三年的保險費率。
4.每月月投保所得基於：(1)現行每人投保薪資上限於七十九年分期調整至 55,800 元與 80,600 元，(2) GDP 從七十九年到八十三年成長 46.41% 的估計結果，(3)七十九年平均每月之所得收入者人數為一·七一人，以及(4)女性男性的每月投保所得的 70% 等設定下，推估八十三年的每月按所得分級的保費為方案一：122,545 元與方案二：177,009 元。

表 6-37　以調整後申報所得總額為保險費徵收基礎的八十三年全民保費率之估算

淨所得級距 (萬元)	納稅單位	平均每單位綜合所得 (千元)	平均每單位薪資所得 (千元)	平均每單位非薪資所得 (千元)	方案一 (單位: 億元)		方案二 (單位: 億元)		方案三 (單位: 億元)	
					(1) 2,500 億 8.01% 百萬元	(2) 2,800 億 8.97% 百萬元	(1) 2,500 億 7.48% 百萬元	(2) 2,800 億 8.38% 百萬元	(1) 2,500 億 6.71% 百萬元	(2) 2,800 億 7.51% 百萬元
0	1,191,828	403	269	133	38,411	43,017	35,910	40,202	32,185	36,042
0- 8	1,163,358	568	472	96	52,936	59,283	49,488	55,404	44,355	49,671
8- 16	692,450	845	714	131	46,836	52,451	43,785	49,019	39,243	43,947
16- 26	450,389	1,156	964	192	41,695	46,691	38,980	43,639	34,936	39,123
26- 38	252,552	1,528	1,233	295	29,733	33,298	28,890	32,343	25,893	28,997
38- 55	156,270	1,984	1,524	460	18,397	20,603	23,202	25,975	20,795	23,287
55- 73	75,965	2,537	1,845	693	8,943	10,061	12,077	13,520	12,930	14,480
73-100	51,075	3,182	2,165	1,017	6,013	6,734	8,120	9,090	10,902	12,209
100-140	29,091	4,110	2,513	1,597	3,425	3,835	4,625	5,178	8,021	8,982
140-180	11,923	5,239	2,814	2,425	1,404	1,572	1,895	2,122	4,190	4,692
180-230	6,977	6,453	3,085	3,368	821	920	1,109	1,242	3,020	3,382
230-280	3,644	7,819	3,241	4,577	429	480	579	649	1,911	2,140
280-350	2,622	9,379	3,499	5,879	309	346	417	467	1,650	1,847
350-420	1,445	11,298	3,713	7,585	170	191	230	257	1,095	1,227
420-490	713	13,030	3,994	9,036	84	94	113	127	623	697
490 以上	3,150	39,378	5,574	33,804	371	415	501	561	8,320	9,318
合計	4,093,451	911	678	140	249,976	279,949	249,921	279,794	250,069	280,042

資料來源: 同表 6-36。
說明: 同表 6-36。

措施仍有待推展，若在此一未臻成熟的環境下實施，恐將造成負面的效果。因此，以所得總額作為保費之計算基礎可作為我國全民健康保險未來中長程努力的目標❻。

■柒、結論與建議彙總

本篇旨在探討民國八十三年我國實施全民健保的財源規劃問題。上述各部分先就財源規劃原則加以分析，並整理各國實施健康保險財源取得的經驗與發展趨勢，然後探討我國投保薪資合理化、保險費補助以及擴大所得為保費計算基礎的可行性等三項問題,茲將主要發現彙總如下：

1.籌措全民健保財源，應考慮的原則包括：(1)自主性，(2)公平性，(3)效率性，與(4)充足性等四項。這些原則可能相輔相成，也可能彼此相互衝突。一般而言，薪資稅或以薪資為徵收基礎的保費，介於人頭稅或按人計費與一般稅收或所得稅之間。一個良好的財務制度，應能發揮上述原則的互補作用，並兼顧彼此的交替性質。

2.實際上，各國健康保險財源都是搭配多項收入（包括部分負擔及其他指定用途費、稅），而各國政府在財務上所扮演的角色，有時對健康保險費提供補助，也有對行政事務費、醫療設備及收支虧絀予以補助的情形。然就各國健保財源取得方式的變遷來看，可以觀察下列六項：(1)提高保險費率，(2)擴大徵收保險費的基礎，(3)取消投保薪資的上限，(4)減輕受雇者的負擔，(5)有些國家改為實施國民健康服務，(6)改以所得作為保險費的計算基礎。上述發展趨勢中，除(4)、(5)兩項與我國目前發展情況尚不相符外，其餘幾項可以作為我國規劃財源制度的參考。

---

❻　以所得總額作為健保保費之計算基礎，已在行政院二代健保規劃小組審慎評估規劃中。

3.檢討我國現行公、勞保投保薪資（或俸給）分級表制度，雖然有保費徵收簡便之利，但產生下列重要缺失：⑴對薪資界定並不完整，無法有效衡量被保險人的負擔能力。⑵各等級上、下限與級距的制訂缺乏合理而客觀的根據。⑶超過上限者的有效費率呈累退情形，有違垂直公平原則。⑷每一等級內之低薪者保費負擔率反而較重，且有效費率呈鋸齒狀，並不合理。⑸分級表也作為計算現金給付的依據，不僅形成健保財務負擔，也不利於所得重分配。

4.由於醫療財貨具有外部性和殊價財特性，且為兼顧所得重分配功能，政府適予提供健保保費或其他支出補助，有其理論依據。且政府補助的財源仍來自社會大眾共同負擔的一般稅收,其性質實為間接保險費，如其稅負重分配效果較保險費為佳，則可減緩以保險費為主要財源的累退現象。但是就我國既有十三種健康保險類別的財源分擔情形檢討，可以發現二項重大缺失：⑴由於主要保險均有由政府彌補收支虧損的規定，使得保費調整形同具文，因而形成財務重大危機，且政府財政負擔逐年加重，目前政府負擔（包含以雇主身分負擔之保費、行政事務費及保費之補助與撥補虧損約占醫療支出的 38.99%。⑵由於各類保險的保險費補助率分歧太大，造成各類保險爭逐福利大餅，扭曲保險團體的選擇，既不符效率也不合公平原則。

5.為順應未來醫療支出增加之趨勢,且為符合水平與垂直公平原則,保險費計算的基礎有必要由薪資擴大為總所得。各國最常採用的方法是將保險費的繳納制度與所得稅申報制度相結合，以收簡化稽徵手續與促進相互勾稽之效。但是就我國現行綜所稅申報情形來看，綜合所得總額約低估 40%，薪資所得約低估 25%，而非薪資所得低估 60%，且有免稅所得及資本增益應否納入併同課稅，以及如何加強稽徵問題仍待解決，因此短期內仍不宜以所得為保險費計算基礎。

　　根據上述重要發現，本篇就投保薪資合理化、政府補助保險費及擴大以所得作為保險費計算基礎之可行性等三項問題提出具體建議，但為求有助於全民健保財源規劃更周詳起見，也將非受雇者保險費計算基礎，及其他配合措施，一併提出建議事項。本篇探討這些具體問題時，對於未來全民健保整個體系的規劃，是建立在下列四項假設：

　　1. 全民健保將整合現有公、勞保及未來地區保險成為單一健保系統。

　　2. 全民健保只涵蓋基本醫療給付水準。

　　3. 保費依薪資（或所得）計算，不考慮眷屬人口數。

　　4. 投保薪資級距表之設計只考慮醫療給付，未含現金給付。

（本文係衛生署民國八十二年委託之研究，由陳聽安、張慶輝教授共同主持，鄭文輝、蘇建榮、梁正德等參與研究）

參考文獻

American Medical Association, *International Health Care:Pattern of Financial, Fee Negotiation and Spending*, National Leadership Conference, Center for Health Policy Research, Feb. 1989.

Atkinson, A. B., "Taxation and Social Security Reform", *Policy and Politics*, Vol. 12, No. 12, 1984.

Barr, N., *The Economics of the Welfare State*, Standford University Press, 1987.

Boskin, Michael, *Too Many Promise: The Uncertain Future of Social Security*, The Twenty Century Fund Report, Dow Jones-Irwin, Homewood, I11, 1986.

Break, G. F. and Pechman, J. A., *Federal Tax Reform*, The Brookings Institution, Washington D. C., 1972.

British Medical Association, *Health Services Financing*, Fisher Knight Co., Graet

Britain, 1967.

Brittain, J. A., *The Payroll Tax for Social Security*, The Brookings Institution, Washington D. C., 1975.

Council for Economic Planning and Development, R.O.C., *Taiwan Statistical Data Book*, Taiwan, R.O.C., 1991.

Davis, K., *National Health Insurance: Benefits, Costs, and Consequences*, The Brookings Institution, Washington D. C., 1975.

Dawson, W. Harbult, *Social Insurance in Germany 1883–1891*, London, 1927.

Delesie, Lue and Herman Nys, *National Health Insurance & Health Resources*, Harvard University Press, 1987.

Directorate-General of Budget, Accounting and Statistics, R.O.C., *Statistical Yearbook of the Republic of China*, Taiwan, R.O.C., 1991.

Erilich, I.(ed.), *Conference on National Health Policy*, Stanford, Hoover Institute Press, 1982.

Feldstein, Martin, "A New Approach to National Health Insurance", *The Public Interest*, 23, Spring 1971.

International Labour Office, *Compulsory Sickness Insurance*, Geneva, 1929.

International Labour Office, *Financing Social Security, The Option: an International Analysis*, Geneva, 1989.

Jonssen, Bengt, "What Can American Learn From European Health Care", *Finance Review*, 1989, Annual Supplement.

Musgrave, R. A., "The Role of Social Insurance in Overall Programme for Social Welfare", Reprinted in *Public Finance in a Democratic Society*, Vol.2, Hareser Wheasheat, New York, 1986.

Musgrave, R. A., and P. B. Musgrave, *Public Finance in Theory and Practice*, 5th edition, McGraw-Hill Book Company, New York, 1989.

OECD, *The Role of the Public Sector*, Economic Studies, No.4, Spring 1985.

Pechman, J. A., *Federal Tax Policy*, 5th edition, 1987.

Perrin, Guy, *Rationalsation of Social Security Financing*, International Labour Office, Geneva, 1984.

Reform of Social Security, Vol.1, London: HMSO, 1985.

Ron, Ariven, Brian Abel-Smith and Giovanni Tamburn, *Health Insurance in Developing Countries*, International Labour Office, Geneva, 1990.

Rubinow, I. M., *Social Insurance*, Williams & Norgate, London, 1913.

Schoch Von, Claus, "Der Krankenkasse fuer Gesundheitkasse", *Zeitshrift fuer Sozialoekonomie*, No. 68, 1980.

Seidman, Lawrence, "Reconsidering National Health Insurance", *The Public Interest*, No. 101, Fall 1990.

Social Security Manual, 1988 edition, National Underwriter Co.

《公務人員保險統計》,中央信託局,民國七十九年。

《中華民國七十九年財稅資訊統計》,財政部財稅資料中心,民國八十年七月。

《中華民國國民所得》,行政院主計處,民國七十九年。

《中華民國臺灣地區七十九年個人所得分配調查報告》,行政院主計處,民國八十年九月。

《全民健康保險制度規劃報告》,行政院經建會,民國七十九年六月。

《實用稅務法令彙編》,綜合所得稅(上冊),實用稅務出版社,民國七十四年。

《臺閩地區勞工保險統計》,臺閩地區勞工保險局,民國八十年。

江豐富,〈勞保雇主保費轉嫁問題之研究〉,《經濟論文 18(2)》,民國七十九年九月,第 61–97 頁。

吳凱勳等,《我國社會保險現況分析及整合問題》,行政院研考會,民國八十一年

四月。

徐偉初，《家戶間賦稅負擔之分配研究》，財政部賦稅改革委員會專題報告第四
　　號，民國七十八年六月。

陳雲中，《強化勞工保險財務之研究》，行政院勞委會委託研究報告，民國七十七
　　年。

陳雲中，〈勞工保險投保薪資調整制度化之探討〉，八十年度勞工保險專題座談
　　會，民國八十年六月。

陳聽安，〈我國國民健康保險財源籌措之探討〉，《自由中國之工業》，第七十七卷
　　第三期，民國八十一年三月，第17–30頁。

張慶輝，《我國勞動參與與勞動供給之研究》，行政院勞委會委託研究報告，民國
　　八十年。

黃世鑫，〈全民社會醫療保險制度之基本原則和架構〉，列於鄭文輝等，《我國全
　　民社會醫療保險制度之研究》，第二章，國家政策研究中心，民國八十一年
　　十一月。

曾榮盛，《日本社會保險制度概要》，臺閩地區勞工保險局，民國七十五年。

廖義明譯，《日本地方稅法概要》，財稅人員訓練所，民國七十五年。

鄭文輝等，《我國社會福利支出之研究》，行政院研考會，民國七十九年十一月。

劉榮芳，《全民健康保險中政府扮演的角色》，政治大學財政研究所碩士論文，民
　　國八十一年六月。

蔡宏昭，〈勞工保險投保薪資調整制度化之探討〉，八十年度勞工保險專題座談
　　會，民國八十年六月。

第七篇

健保財務之評析

■ 壹、前　言

　　自民國八十三年三月全民健康保險（以下簡稱全民健保）開辦以來，它的財務狀況比預期為好，不僅未如某些預言：全民健保實施半年之後，即將破產，且至今，健保的收支，還略有盈餘❶。此種狀況究竟係曇花一現，還是表示健保的財務真正十分健全，值得我們加以深入剖析。至少從八十四至八十五年醫療支出之成長高達 14-16%，而健保之收入成長僅 5-6%❷來看，不能不令人擔憂。依照中央健康保險局本身的估計，倘若現行的健保制度不變，預計二年之後，健保的財務即將呈現虧損，如此觀之，顯示雖然健保現在還有盈餘，財務結構上卻已潛伏了危機。健保的收入何以成長緩慢？反之，醫療支出為何成長快速？這些都值得予以深入探討，本篇限於題材，僅就收入面的問題加以分析。

---

❶　見中央健康保險局，《八十六年四月份全民健康業務執行報告》，八十六年八月十五日，全民健康保險監理會第二十九次委員會議，至八十六年七月，累計稅前純益為 9,017,359.4 元。

❷　根據中央健康保險局的最新資料指出：八十五年七月份健保之支出成長已降為 8%，收入之成長約為 6%，見該局《八十六年七月份全民健康業務執行報告》，民國八十六年八月十五日。

■ 貳、保險費收入之分析

在一定的費率之下，保險費收入之多寡，涉及下列三項因素：

1. 投保金額之廣狹。
2. 分擔比例之高低。
3. 眷口人數之多寡。

上面的因素，試就我國健保制度之規定分述如下：

一、投保金額之廣狹

依照我國全民健康保險法第十九條的規定，健保的費率為 4.25–6%，目前的費率訂為 4.25%。在既定的費率下，投保金額愈高，若其他因素不變，保險費的收入必然較多。唯眾人皆知，我國健保法上所規定的投保金額，第一類至第四類的被保險人僅為薪資所得，非全部所得。換言之，薪資以外的收入，包括利息、紅利、股利、租金等財產收入皆不列為健保保費計算的基準。即使是薪資，也不含加班費、福利金、獎金各種補助金等。又因全民健康保險法施行細則第四十一條第一項第一款規定：「具有公教人員保險被保險人資格者，以其保險俸（薪）給為準。」很明確非以全薪投保，至於非公教人員的公民營企業受雇者，尤其是民營企業受雇者，亦並非用全薪繳交保險費，其原因有二：

1. 民間受雇者之薪資低報十分嚴重，平均而言，投保金額只有實際薪資的二分之一多。
2. 即使不低報薪資，但巧立名目，以獎金、加班費、分紅、福利金規避保費之負擔。

投保金額趨向一致化，是未來應改進的方向，唯如何方能公平又合

理地使投保金額走向一致化，以全薪計算保費，則非單純修改全民健康保險法施行細則，將公教人員身分的投保金額，由本俸改為全薪所可能解決。社會所追求者，當非徒具形式的公平，而是真正實質上的公平。就實際情形而言，目前公教人員全體的投保金額平均為實際薪資之70%，而民間的受雇者全體平均的投保金額僅達其實際薪資的 56%。換言之，實際的投保金額，公教人員已高於非公教人員，在此種情形下，驟然將公教人員改以全薪納保，則加重此等人員之保險費負擔事小，造成實質上的保險費負擔不公平，違反量能負荷的基本原則，才是茲事體大。因此，我們贊同採用漸進的方式拉平公、私受雇者之投保金額差距，配合以嚴加查核，防止民間企業巧立名目，壓低薪資。如有發現，授權行政主管機關逕行調整，並且予以重罰。無可諱言，用人工查核，成本很高，若利用財稅機關之資料輔助稽核，又遭遇薪資定義的不同、有無扣抵等項目及查核的程式上需加調整等困難，即使是用抽查方式，也可能查不勝查。所以一方面鼓勵誠實報繳，他方面對刻意低報者加重懲罰，恩威並濟，才能收到較佳的效果。

就國際的趨勢觀之，傳統利用薪資作為社會保險計算保險費的基礎，早已受到質疑 (Brittain, J. A., 1975)。以薪資計費最大的優點是此項所得比較穩定，而且比較容易掌握資料，但它的缺點是成長比較緩慢，用此成長幅度比較緩慢的財源作為健保收入，難以滿足醫療支出快速成長的財務需求，以致疲態畢露。故由法國開始，逐漸有更多的國家將非薪資所得納入計算保險費的範疇❸。不過我們必須同時指出：

1. 利息、紅利、股利與租金等收入之穩定性較差。

2. 此等收入的資料比較不容易把握。

---

❸ *International Social Security Review*, No. 4, 1990, pp. 313–323.

　　平心而論，薪資所得容易受經濟景氣變動的影響，非薪資收入又何嘗例外？非薪資收入的資料掌握，並非不能克服，其中大多數項目多可以用就源扣繳 (withholding) 方式，至於租金就必須有合約為憑，才能把關。

二、分擔比例

　　我國的健保，表面上採行單一體制。將全國人民納入一個組織，但內涵上卻是一個不折不扣的「大雜燴」。撇開其他項目不論，單就保險費分擔的比例觀察：不同的身分，採用不同的分擔比例❹。為何我國的健保保費分擔如此複雜？部分的原因是承襲舊制，即原來的公、勞、農等十三種不同的健保，本來保費分擔的比例就不同。另有部分原因，是福利與保險混淆不清，將社會福利觀念融入了健保，使健保制度福利化。最明顯的例子，是民營事業的受雇者，及私立學校的教職員等，他們保險費的分擔，原應由雇主或學校與受雇者或聘用者之間的共同分擔，如今政府卻擔負了 10% 的保險費。其他如農會或漁會從事農漁業工作者，政府介入更深，需負擔 40%，榮民、榮眷政府補助更達 70%，低收入戶補助 100%。

　　一個單一的健保體制，保險費的分擔卻因人而異，不僅造成制度的複雜，使行政成本增加，也未符合負擔公平的原則。由於分擔比例的不同，又衍生出另一個相關的問題，即在健保制度中，政府在財務上扮演何種角色？

　　許多舉辦全民健保的國家，對一般職業團體，受雇者與雇主皆分擔保險費的一半，少數國家亦有雇主全部負擔，或負擔三分之二。對特殊

---

❹　請參閱全民健康保險法第二十七條。

行業或弱勢團體，或沒有職業又無人扶養者，政府才給予部分或全額補助。除此之外，極少有像我國對有職業者，既不具上述身分，卻給予不等之補助，是完全缺乏學理上的依據。

　　鑑於我國政府分擔健保的財務責任，並非全由中央政府承擔，地方政府除對其聘雇的公教人員必須承擔外，農民、漁民、低收入戶、無一定雇主或自營作業參加職業工會者及其眷屬，以及海員或外雇船員，省（直轄市）或縣市皆需分擔財務 10-100% 不等的責任。假如臺灣地方政府的財源十分充裕，由地方政府共襄盛舉，對健保分擔部分財務責任，應無可厚非，可是，臺灣的地方財政，長期以來已捉襟見肘，自健保開辦以來，負擔無形增加，對入不敷出的地方政府，真可謂雪上加霜❺。

　　無可諱言，全民健保的列車一旦啟動，政府就難以擺脫部分財務責任，即使未來健保走向民營化，政府的財務責任仍屬不可避免，但那僅僅是法定的責任。故民營後健保必須盈虧自負，健保既然不再是一個公營事業，政府自無理由承擔它最後的財務責任。

　　從健保的功能分析，倘若它真有所得重分配的功能，地方政府自不適宜擔當此項任務。在一國之中，所得重分配的職掌，應歸屬於中央政府。因此，健保財務上，欲創造所得重分配，此項責任當非由地方政府承擔，如一定要地方政府支付，也應由中央政府以專案方式補助。

　　自健保開辦之後，地方政府按規定必須負擔部分財務責任，致使地方財務愈加困窘，從健保局的資料發現，地方政府欠繳保險費的情形相當嚴重，雖然就整體而言，保險費的按時繳納尚高達 90% 左右。中央健康保險局透過各種管道一催再催，對方往往遲遲不予繳交，能延則延。

---

❺　以八十五年資料分析，省負擔 31,072,676,925 元；縣（市）共負擔 4,089,491,402 元。參閱表 7-2。精省後，以九十年資料來看，臺北市、高雄市以及各縣市共負擔 13,881,635,949 元。

值得深究的是，未能為民表率積極繳納保費的，不只是財政困窘的地方政府，連中央政府有些單位也有逾期欠繳的情形，此外，北、高兩個院轄市都有欠繳的不良紀錄。尤有甚者，兩個院轄市不僅欠繳，並且企圖將應繳納之健保保費當作武器，要脅中央政府拒絕上繳營業稅。而在各縣市政府中，我們也發現欠繳保費最多的縣市，並非是財政狀況最差的縣市，反倒是那些財政狀況不是很差的縣市，卻藉口拖延繳交。由上面的分析可知，欠繳保險費的原因，已不是單純用地方政府的財政窘困所能解釋，地方政府首長的心態與對健保實施配合意願的高低，都有某種程度的關聯性。

就健保整體財務觀察，世界上不論採何種健保體制，雇主、被保險人與政府大約各負擔保險費的三分之一，以此標準來觀察臺灣，以八十五年的資料分析，保險收入總計為 2,361 億 2,979 萬 1,115 元，被保險人負擔 35.09%，投保單位負擔 33.82%，政府負擔 29.07%。故就總的說來，政府在財務上扮演此角色似略遜於一般國家。

三、眷口人數的多寡

一般國家採行全民健保，大都依照被保險人的所得計算保險費，不問眷口的多寡，但亦有少數國家論家庭人口的多少計算，我國的健保制度，非常特殊，既論被保險人薪資所得，又按眷口人數，雖然全民健康保險法第十九條規定，超過五口，以五口計❻，我們姑且把這種既論被保險人，復依照眷口數的健保制度，命名為折衷制或混合制，此項制度的設計可能想兼具保險費負擔公平性，但卻使中低所得且有多眷口的家庭增加不少負擔。我們了解，就統計資料顯示的平均眷口數言，高所

❻ 民國九十年一月十三日起，眷屬之保險費由被保險人繳納，超過三口者，以三口計。

得家庭的眷口甚至高於中低所得者，但一旦將眷口列入保險費的計算，受影響的當不只是高所得者，中低所得的家庭同樣會波及。以邊際負擔論之，中低所得每一元增加的保險費負擔，遠超過高所得者，對低所得家庭尤其感到負擔沉重，故我們的看法是，將眷口數納入健保計費的範圍，與社會保險的量能負擔的精神，似有很大的出入。

更加值得探討的是，我國的眷口的保險費計算，第一類至第四類的被保險人的眷口，是依照被保險人的投保金額計算，在同樣的投險金額下，眷口數較多的家庭，必須繳交較高的保險費。將眷口納入計算因子，保險費的負擔看似公平，事實則不然，蓋因眷口自身若並無所得，以被保險人之投保金額作為其投保金額，不僅有欠允當，亦與事實背離，倘若有人認為眷口數多者，亦表示使用較多的醫療資源，故應負擔較多的保險費，我們認為此一主張如果成立，觀念上有將社會保險與商業保險混淆之嫌。

為糾正此一不合理的現象，國家衛生研究院論壇健康保險委員會財務小組乃建議，短期採計大口不計小口，或對低收入多眷口家庭設定一自行負擔保費之上限，長期則認為改採論被保險人計費模式，因應我國未來健保制度改進的方向。

人盡皆知，許多國家採行健保為計算保險費方便計，都訂定了一個投保金額表，表中將投保金額分成多少級，並無一定的標準，我國現行健保制度中的投險金額表，共分為二十八級❼。最低一級與勞工主管機關所公布的最低工資相同，即所謂下限，最高一級為全國 3% 人口最高所得的平均數。目前下限為新臺幣 15,360 元，上限為 53,000 元，上、下限相差三‧四五倍❽。

---

❼　現行為三十八級。

　　健保的計費，為何不以薪資或所得乘以保險費率計算，而另訂一投保金額表，十分耐人思索，除前述計費方便之外，持正面主張者認為：可藉此量能負擔，並達成所得重分配的功能，故持此主張者，每每希望將投保金額表的上、下限倍數擴大。本論壇的成員亦持相同的看法，因為根據日、德等國家之投保金額表上、下限的差距，日本為十‧六五倍，德國為十倍❾，所以小組亦建議將投保金額表上、下限擴大至五倍。

　　唯加大投保金額表上、下限的倍數是否真正具有所得重分配，尚必須作進一步的實證研究，在作此一研究之前，依照個人初步的觀察，所得重分配的效果，可能不如預期之大，原因是：

　　1.投保金額表設定上限，等於「設地自限」。

　　2.下限隨最低工資調整，若上限不能同時調整，便產生上、下限之「壓縮效果」。

　　3.投保金額表之上、下限倍數相差愈大，愈導入低報薪資之誘因。例如從中央健康保險局民國八十五年三月份資料分析，投保金額的分布主要集中在少數幾個級距，即 15,600 元、17,400 元及 18,300 元等。中、高投保金額適用的人數比例，非常之少，其中除 33,000 元、36,000 元及最高之 53,000 元外，其餘適用人數比例僅 1% 左右，許多級距適用人數尚不及 1%。

　　4.投保金額表之級距，本身就含有遞減性，除第一組分三級外，第二組分八級，第三、四、五組均分為五級，至第六組又減為三級。

　　5.低報薪資十分嚴重，使投保金額分級表中的實際薪資，了無意義，從表 7–2 中的資料，我們有理由相信，薪資愈高者，平均低報的比例

---

❽　自民國九十一年下限改為新臺幣 15,840 元，上限改為 87,600 元，上、下限已擴大為五‧五三倍。

❾　朱澤民，《投保金額合理化》，國家衛生研究院論壇健康保險委員會財務小組期中報告，第 12 頁。

表 7-1　民國八十五年應收保費負擔分配表

月份	總　計	保險對象	投保單位	中　央	省	縣	政府補助
1	19,025,772,270	6,850,568,520	6,671,006,580	2,564,966,029	2,599,139,768	340,091,373	5,504,197,170
2	19,042,160,856	6,838,418,509	6,666,599,960	2,599,150,578	2,598,206,019	339,785,790	5,537,142,387
3	19,550,341,427	7,162,265,052	6,695,965,759	2,737,294,736	2,612,442,941	342,372,939	5,692,110,616
4	19,959,456,807	7,287,795,806	6,896,585,903	2,777,253,005	2,652,655,872	345,166,221	5,775,075,098
5	19,529,825,918	7,161,757,692	6,650,045,324	2,771,387,039	2,603,706,452	342,929,411	5,718,022,902
6	19,854,211,669	7,338,642,344	6,710,003,350	2,846,717,476	2,616,805,213	342,043,286	5,805,565,975
7	20,052,563,982	7,417,215,383	6,726,193,796	2,892,414,150	2,667,957,320	348,783,333	5,909,154,803
8	19,748,399,985	7,300,703,849	6,598,161,459	2,858,662,122	2,639,822,578	351,049,977	5,849,534,677
9	20,227,030,064	7,473,529,974	6,824,947,224	2,919,593,543	2,657,604,385	351,354,938	5,928,552,866
10	19,577,347,913	7,498,346,241	6,414,349,866	2,865,942,219	2,475,074,337	323,635,250	5,664,651,806
11	19,850,070,954	7,677,626,410	6,506,886,898	2,866,080,947	2,470,124,760	329,351,939	5,665,557,646
12	19,712,609,570	7,604,923,069	6,509,667,772	2,785,954,504	2,479,137,280	332,926,945	5,598,018,729
八十五年總額	236,129,791,415	87,611,792,849	79,870,413,891	33,485,416,348	31,072,676,925	4,089,491,402	68,647,584,675
占率	100.00%	37.10%	33.82%	14.18%	13.16%	1.73%	29.07%

資料來源：中央健康保險局提供。

愈高。

筆者個人的看法是，健保的財務收入是否需要擔負所得重分配的功能，本質上就是見仁見智。如果確定健保財務收入，而應擔負所得重分配功能，也應進一步考量用何種方式才能達成此項功能。依據中正大學陳孝平、鄭文輝等人的研究，健保的收入不僅未能發揮所得重分配的效果，反倒有累退的現象，使家戶的所得分配惡化，尤有進者，在支出面，醫療資源之利用亦呈現累退的結果 ❿（見表 7–2 與表 7–3）。由此推論，提高投保金額分級表的上、下限是否能改善此一現象，也頗多疑慮。

■ 參、新財源之開拓

鑑於健保的收入成長率低於支出的成長，如果此種現象不變，我國健保即將呈現赤字，從費率觀之，我國現行費率僅 4.25%，離法定上限之 6%，尚有頗多的空間可以調整。甚之，在費率達到 6% 之後，還可以修法上調，如此看來，我們似乎不必為健保的財務憂心。然而，我們又不能不察，費率的調整，政治上相當敏感。試觀法定範圍內的費率調整，行政機關本有自主權，但從今日臺灣之政治生態考量，此項行政裁量權的使用，都不敢輕舉妄動，更何況費率的調升影響之所及，牽連經濟與社會層面很廣，故主管機關多噤若寒蟬。

因此，未來健保財源的開拓，除透過費率的調整，其他新財源之籌劃亦刻不容緩。依照現行全民健康保險法第六十四條的規定，政府為舉辦健保可開徵菸酒附加捐，但該條文又明文規定，其收入僅能提列為安

---

❿ 陳孝平、鄭光輝、林藝之，《從財務制度評估全民健保的各種方案》，行政院衛生署委託研究報告，民國八十六年七月三十日。

表7-2　全民健保家戶自繳保費與家戶所得分配之比較

所得十等分位組	八十三年度家戶總所得			八十四年十二月家戶自繳保費			保費占所得之比率(%)
	總和(千元)	平均每戶金額(元)	分配百分比	總和(千元)	平均每戶保費(元)	分配百分比	
1	934,001,311	65,585.37	1.05	7,276,511	510.96	6.26	9.35
2	2,330,853,925	63,660.58	2.63	6,987,719	490.64	6.01	3.59
3	3,498,825,180	245,669.51	3.95	8,269,746	580.66	7.11	2.84
4	4,745,058,470	333,173.60	5.35	9,826,666	689.98	8.45	2.49
5	5,996,141,177	421,018.20	6.77	11,211,873	787.24	9.64	2.24
6	7,377,323,763	517,997.74	8.32	12,180,323	855.24	10.48	1.98
7	9,042,948,129	634,949.31	10.0	12,720,337	893.16	10.94	1.69
8	11,217,025,642	787,601.86	12.66	13,691,747	961.36	11.78	1.46
9	14,580,031,997	1,023,734.87	16.45	15,160,204	1,064.47	13.04	1.25
10	28,903,280,140	2,029,582.20	32.61	18,931,949	1,329.40	16.28	0.79
總計/平均	88,625,489,734	622,291.35	100.00	116,257,075	816.31	100.00	-
五分位比值	-	-	13.33	-	-	2.39	-

資料來源：中央健康保險局提供，根據142,418位被保險人樣本之保費與家戶所得資料計算，資料取自鄭文輝等（民國八十五年）建立之電腦檔。

說明：1.剔除家戶總所得為零者，與投保金額大於個人總所得者。本表界定之家戶人口包括被保險人與其配偶及其依附其投保眷口。
　　　2.五分位比值為所得最高五等分位組家庭相對於最低五等分位組之比值。

表 7-3 民國八十五年一至十二月全民健保家戶醫療費用之分配

所得十等分位組	醫療總費用			住院費用			門診費用		
	總和(千元)	平均每戶(元)金額	分配百分比	總和(千元)	平均每戶(元)金額	分配百分比	總和(千元)	平均每戶(元)金額	分配百分比
1	307,611,902	21,600	5.75	162,938,966	11,442	9.32	144,672,936	10,159	4.02
2	300,306,779	21,086	5.61	132,101,306	9,276	7.55	168,205,473	11,811	4.67
3	365,652,445	25,674	6.84	134,227,218	9,425	7.67	231,425,227	16,249	6.43
4	416,180,387	29,222	7.78	133,382,124	9,365	7.63	282,798,263	19,857	7.86
5	469,173,836	32,943	8.77	148,125,145	10,401	8.47	321,048,691	22,542	8.92
6	538,685,855	37,824	10.07	168,068,600	11,801	9.61	370,617,255	26,023	10.29
7	613,549,689	43,080	11.47	181,716,745	12,759	10.39	431,832,944	30,321	11.99
8	683,790,436	48,012	12.78	200,999,576	14,113	11.49	482,790,860	33,899	13.41
9	758,431,301	53,253	14.18	218,450,425	15,339	12.49	539,980,876	37,915	15.00
10	895,193,480	62,860	16.74	269,132,322	18,898	15.39	626,061,158	43,962	47.39
總計/平均	5,348,576,110	37,556	100.00	1,749,142,427	12,282	100.00	3,599,433,683	25,274	100.00
五分位比值			2.72			1.65			3.73

資料來源：中央健康保險局提供，根據 142,418 位被保險人樣本之家戶醫療費用所得稅資料計算，資料取自鄭文輝等（民國八十六年）建立之電腦檔。

說明：1. 剔除家戶總所得為零者，與投保金額大於本家個人總所得者。本表界定之家戶人口包括被保險人與眷屬及其所得稅申報之扶養親屬。

2. 五分位比值為所得最高五等分位組家庭相對於最低五等分位組之比值。

3. 本表各項醫療費用均不含部分負擔費用。

4. 不含重大傷病之門診費用係扣除現行含藥現行給付項目。

5. 不含慢性病之門診費用係扣除西醫慢性病、居家照護、洗腎與結核病等項目。

全準備，不能充任醫療給付的一般財源，此項規定無異是健保自縛手腳。按我國菸酒至今尚處於公賣階段，不久的將來，菸酒必將開放民營，改徵菸酒稅❶。換言之，健保對菸酒徵收附加捐，必須等菸酒開放民營之後，才比較可行，以當前公營事業民營化的速度看來，此一新財源至少要等到兩年之後，方有可能。就現階段言，可先作菸酒附加捐的規劃，例如將從價抑或從量附加。從飲酒或吸菸對人身健康的影響，進而可能導致醫療支出之增加言，從量徵收可能比較恰當，酒類指酒精濃度，菸類以含尼古丁之多寡課徵附加捐，既含有寓禁於徵之意，復可收「量害負擔」之功能。

　　另一種開拓新財源的方法，是發行社會福利彩券，提列一定比例作為健保之財源。我國全民健康保險法第六十五條中已有所規定，惟臺灣自從愛國獎券停止發行之後，迄今未見政府再發行彩券。以未來彩券發行規劃的趨勢視之，如果由政府再發行彩券，極可能是地方政府，而非中央機構。假如發展是如此，則健保法第六十五條第二款的規定，前項實施辦法，由主管機關會同中央財政主管機關定之，並不受財政收支劃分法有關條文規定之限制，似並無意義。因為福利彩券之發行若為地方政府，自不必由主管機關會同中央財政機關定之。更不必受財政收支劃分法相關規定的限制。進言之，地方政府發行之社會福利彩券之收入，將悉數歸地方政府，對地方財政之挹注固不無小補，但對健保之收入並無直接的關聯，充其量，如果地方財政因此獲得改善，對改善保險費之欠繳或有所助益。由上分析可知，仰賴發行福利彩券之提供一定比例，作為健保的新財源，實應不能寄予厚望。即使未來中央社會保險福利主管機構，有意發行此種彩券，並且同意撥一定比例，充任健保的財源，

---

❶　菸酒稅已於民國八十九年四月十九日完成立法。

因此項財源的穩定性缺乏，也是值得考量的因素，是以，藉由中央政府機構出面發行福利彩券，並以一定比例撥充健保財源，亦僅能作為一項補充性的財源。

■肆、結論與建議

撇開醫療的品質不論，我國的全民健保制度實施至今，財務方面尚稱良好。唯以收支之成長趨勢剖析，醫療支出之成長遠凌駕於財務收入之上，如果維持此項趨勢不變，預計二年之後，健保將陷入虧損。為此，我們不能不未雨綢繆，早日謀求改進。

收入成長緩慢歸咎於：

1. 以薪資作為計費基礎，薪資成長本來不高。
2. 以投保金額計費，又設定上限。
3. 民營企業受雇者之薪資低報十分嚴重。
4. 缺乏有效的稽核方法。

為充裕財源計，自應擴大費基。無分公民營受雇者，皆需以全薪納保，唯必須有配套措施：

1. 保險費分擔比例一元化。
2. 加強查稽，嚴懲低報薪資者。
3. 凡巧立名目之福利所得超過一定比例者，授權主管機關，逕行調整。

臺灣應仿照多數國家的健保制度，長期改採被保險人所得計費制度；不問眷口之多寡，短期以「計大口不計小口」或對低所得多子女家庭，設定一保險費負擔之上限，易言之，取消缺乏公平性，又違反健康保險之基本精神的混合式健保體制。

　　雖則論壇健康保險委員會財務小組同意擴大投保金額表上、下限的差距，但這是有條件的贊同，基本上，健保收入面的重分配令人質疑，至少最近的研究已指出：事實上健保的收入面呈現累退性，值得衛生主管機關及健保執行機關重視。

　　如果投保金額受傳統觀念影響，不願擴及到非薪資所得，而費率的調整，雖經過精算過程有其必要，但必須考量經濟與社會的衝擊，政治上十分敏感。因此，新財源的開拓，有其必要。凡影響健康，並且增加醫療支出的消費品，均可以附加捐的方式課徵，菸酒應是最典型的例子，其他如檳榔等亦可納入考量。此等收入宜作為充裕健保之一般財源，非限於只作為準備。另外如福利彩券之發行，以一定比例充任健保之財源可行性，端視中央抑或地方政府發行而定，由於福利彩券之特性使然，它僅可作為補充性財源而已。

（本文發表於國家衛生研究院出版之《全民健保之評析與展望》，民國八十七年）

第八篇

全民健康保險組織屬性之管見

在民國八十三年，我國全民健康保險實施之前，政府曾一度考量將全民健康保險法草案中保險人——中央健康保險局的屬性，由公辦公營改變為公辦民營。筆者不十分了解此一政策轉變的原委，但卻可以想像作此項建議的蕭慶倫教授應非心血來潮，驟然丕變。惟此種轉變仍不免令學術界的同行與政府有關部門納悶，因為蕭教授曾經擔任全民健康保險制度第一期規劃的總召集人，為何歷經二年（民國七十六年至七十八年）研究自己所訂定的保險人屬性，尚未實施即行更張，莫非是第二期的連續規劃脫離了他原來擬訂的路線？抑或是蕭教授受了某種思潮，例如公營事業民營化的影響，改變他的想法？還是第一期規劃的重點不在於此，以致有所疏失，他希冀藉此加以補正？

從蕭教授首次提出我國全民健康保險制度應採公辦民營的建議，到行政院研考會電召他回國參加座談會說明此一構想，至行政院正式成立全民健康保險財務精算諮詢顧問小組❶，小組中曾針對公辦民營問題作多次討論，並在期末報告提出具體建議，行政院雖曾考量採納此項建議❷。但因一些立法委員對此缺乏了解，和輿論指謫政府政策急轉彎❸，

---

❶ 該小組由臺灣大學陳雲中、柯木興教授，政治大學李金桐、陳聽安教授，中央大學單驥教授，國泰人壽保險公司鄭榮治副總經理（精算師）等組成，由陳聽安擔任召集人於民國八十三年六月向行政院提出報告。

❷ 前衛生署長張博雅曾於國民黨政協調會中提出全民健康保險草案，表示將採公設保險法人型態，即採基金會的模式：《中國時報》，民國八十三年五月六日，另見行政院衛生署印，《全民健康保險以籌組基金

政府為從「善」如流減少推行的阻力，最後決定仍將中央健康保險局的屬性回到原點，即維持公辦公營。

由於在民國八十三年八月全民健康保險法通過之時，訂立了一個落日條款，即該法第八十九條規定：「本法實施滿二年後，行政院應於半年內修正本法，逾期本法失效。」時光荏苒，轉眼兩年屆滿，主管機關衛生署為配合修法，曾成立了多個研究小組，其中有關保險組織體制部分又再加研究，經歷了六個月，研究規劃者以公營或民營為「經」，以單一或多元為「緯」，共提出三組九種不同的方案，可謂洋洋灑灑，考慮相當周詳❹。

令人難以置信的是，復經歷了六個月時間，且針對全民健康保險人的屬性詳加分析研究的報告結論，恐只將歸檔了事，研究者依然白費心血。換言之，我國未來全民健康保險，仍將維持公辦公營。

主事者認為我國健康保險制度必須維持公辦公營，最主要的理由如下：

1.我國全民健康保險制度自建立至今，納保人數占我國總人口比例已高達96%，超過許多先進國家，更令先我國實施健保制度，納保人比例卻不及我國的韓國羨慕不已❺。

會方式之因應方案》，民國八十三年五月二日。

❸ 部分國民黨立委蔡友土、魏鏞、廖福本等反對全民健保改為公辦民營，《中國時報》，民國八十三年五月六日。

❹ 參閱《全民健康保險人各項可能改制方案》，全民健康保險法修法重要議題研討會資料，全民健康保險監理委員會編印，民國八十五年十二月，第89–120頁。

❺ 葉金川，《八十五年十二月份全民健康保險業務執行報告》，全民健康保險監理委員會，第二十二次委員會議之口頭補充報告。

2.依照全民健康保險組織體制研究小組所作的問卷調查發現，較多
受訪者認為：應就現行健保體制略加改進❻，而不宜作大幅度更張。另
外有些專家指出：如臺灣改採美國民營化的作法，無異是將甫建立的健
保體制顛覆。他們認為好不容易建立的健保制度，其是好是壞之效果尚
未充分顯現。既然現行制度的利弊尚未顯現，就應該力求安定，儘量少
變，故主張繼續就現制運作以觀後效❼。此外像 DRG 與總額預算制度
(global budget) 尚未付諸實施，以現制論優劣，未免失之過早。

3.倘若健保改採民營組織，並且仿照美國的 HMO，則將無法避免
「風險套利」(cream skimming) 的行為，對高風險群人口保險乏人問津，
對低風險群人口則趨之若鶩，如此便難以符合舉辦社會保險的原意與精
神。

4.倘若遵循德國公辦民營，用疾病基金會 (sickness fund) 的方式營
運，則我國又缺乏類似德國長期以來，民間已存在的行會 (guild)、救助
基金 (relief fund) 與合作組織 (cooperative organization)，可作為全民健保
的基石。況且德國疾病基金會之理（董）監事，必須經由勞僱雙方選舉
產生。而我國因推行民主政治採行選舉發生種種弊端，對採用民主方式
產生理監事的方式，頗有戒心，深恐會被有心人士把持。

5.我國全民健康保險制度，打從規劃開始，即趨向採行單一保險人
體制，理由不外有：

    ⑴單一保險人因具大規模經濟的利益，其行政成本遠低於多元化
      的保險人組織，以我國目前情形言，我國全民健康保險之行政
      成本為 2.6% 左右❽，低於法定的 3.5%。若以採單一機構的英

---

❻ 見❹之頁 119 與 120 所附之「全民健康保險人組織改制方案」問卷調查結果。

❼ 紀駿輝，〈顛覆健保體制，不如觀察後效〉，《聯合報》，民國八十六年一月二十八日，第六版。

國健康維護體制為例，其行政成本低於多元體制的德國，英國
約為 3.5%，而德國 1992 年為 6.8%❾。

(2)多元化的健保組織，雖具有競爭上的優點，被保險人有選擇加
入的可能，但卻因各基金會或組合參差不齊，保險費的負擔與
給付又各不相同，容易遭受批評。德國基金會之數目最多曾高
達二萬多個，至 1994 年逐漸合併已剩下八百多個，足見保險人
太多不甚相宜，而且容易引起爭議。

究竟我國全民健保體制未來的走向何去何從，法律上既有「落日條
款」不得不予以改革，而衡諸許多問題和現實卻又踟躕不前。值此變革
前夕，對一個十分關切健保體制的知識分子而言，願藉此特刊表達個人
一得之愚，以供當局參考，並就教於專家學者。

基於筆者對國內政治生態長期的觀察，及對各國健康保險制度的研
析，個人認為欲建立一個能長且久的健保組織，基本上必須符合下列各
項原則：

一、政治淡出化

凡對健康保險制度發展史稍有了解的人都知道，強制性的健保制度，
原本是社會政治的產物。但依據國外的經驗顯示，此項制度一旦建立之
後，即應儘量使其免於政治上的干預，在法律授權範圍，使之能在社會

❽ 中央健康保險局編，《中央健康保險局附屬單位預算》，民國八十七年，第 7 頁。

❾ 參閱 Hsiun, Chao, (etc.), "National Health Insurance in Taiwan: Analysis of Initial Effects and International Perspective", Department of Health Policy and Management, The John Hopkings University, 1997, p. 4, 此文中作者曾作不同健保體制之行政成本比較，至於衡量準則，有待商榷。

與醫療保險的專業綱領下，獨立運作。除受主管機關之監督外，既不應受行政部門的指令行事，更要隔絕來自立法部門討好選民的種種作為，政府的行政部門只負業務監督之責，國會則僅僅擔任立法工作及法定範圍有關政府補助預算之審查。

二、行政自主化

全民健康保險辦理最重要的原則，是其行政能獨立自主，而所謂行政獨立自主，不僅是指健保制度的營運不受外力干涉，並且其理監事的產生，非經由官派，必須透過民主方式為之。

我們絕不能因為民主的弊端而放棄民主，但需對候選人的條件妥善規範，對民主的過程嚴加維護，至於經理人員則由理事會聘請健康保險之專業人員充任；健保組織的最高權力機關應為代表大會。

三、財務獨立化

健康保險既為社會保險的一種，故凡是保費收入、給付項目與支付標準，皆經由保險精算加以確立，且應力求收支平衡。短期收支的差額可利用安全準備金調節，長期的收支失衡則唯有調整保費和給付。社會保險之財務，每每牽一髮而動全身。職是之故，一旦保險精算確立，應儘量避免作片面之調整，以免財務陷入窘境，如因社會或醫療等因素變化，則自當作定期之再精算。

四、經營競爭化

一般人認為：在醫療資源有限的情形下，醫療提供者應相互競爭，以提高醫療資源之使用效率，但卻忽視了保險人應加入競爭之機制。因為如果保險人呈現純粹獨占的局面，被保險人毫無選擇的機會，優劣無

從比較，必然會產生經濟上的所謂 X 無效率，進而導致「無謂的損失」
(deadweight loss)，使被保險人的福祉為之減少❿。

五、事業民營化

公營事業民營化，自英國柴契爾夫人擔任首相起，世界各國已蔚為
成風。但可能仍有人懷疑社會保險事業是否適合民營。因為像健康保險
採取非商業保險型，不以營利為目的，私人有無興趣從事，則頗值得商
榷。但我們必須指出：非營利性或公益性的民間團體從事健康保險經營，
早在百年多以前業已存在。而社會保險中規模金額最大的年金保險，近
年來在南美的智利，不但再度證明社會保險的民營化可行，而且獲得了
舉世矚目的成功⓫。眾人皆知，論及公營事業民營化，其有不同型態和
層次，不同的公營事業或許應採取不同的民營化方式。獨占的保險人將
部分技術性、事務性用外包 (contract out) 的方式，只可說是達成民營化
的最低層次，但需加強調的是，此種方式並非民營化的核心和精義，公
營事業民營化的核心是將所有權移轉，即利用私有化 (privatization) 過
程，擺脫政治上的角力，能真正走上企業化的經營，使「事業歸事業，
政治歸政治」。同理，若社會保險民營化，也可步入「保險歸保險，政治
歸政治」的境地。

假如我們認同上述的原則正確，則我國全民健康保險組織未來改制

---

❿ Lipsey, Richaro and Peter O. Sfeiner, Economics, Lappek & Low, Publisher, New
　York, 1981, Six Edition, p. 827. 所謂 X 無效率是指資源配置未能作最有效之利用。

⓫ 葉明峰、楊子函，〈智利年金制度改革的經驗與啟示〉，《公務人員退撫基金季刊》，第四期，民國八十六
　年元月，第 26–31 頁。Santamaria, Narco, "Privatizing Social Security: The Chilean
　Case", *The Columbia Journal of World Business*, Spring 1992, pp. 31–51.

的方向便可建立：

一、由純粹獨占改為非獨占的保險人，由單一邁向多元體制

　　為配合我國國情，筆者不反對以漸進的方式改革，但我們必須先引進「活水」，打破壟斷，由單一走向多元。不少人反對多元，其理由已如前述所示：多元體制的行政成本偏高，要建立多少個保險人亦令人迷惘。筆者的管見是，雖然多元體制的行政成本較高不可否認，但考量引入競爭者可激發創新，對總成本可促使下降，服務的品質卻可相對提升。進言之，行政成本的高低亦非比較健保制度唯一的標準，試觀英國採單一體制，其行政成本雖較採多元制的德國等為低，但當我們聯想到英國的疾病患者為住院治療必須大排長龍遲遲等待，病人為了自求多福，只得轉向私人保險，吾人對英國的健康服務就不敢恭維❷。至於多元是幾個，個人主張先作「試點」，政府藉輔導與以誘因鼓勵少數民間團體承作，再逐步視需求與規模作適度增加。無可諱言，從獨占走向競爭，由單一邁進多元，需要架設橋樑或作鋪路填基工程，而非一蹴可幾。尤其重要的是需要訂定過渡時間表，否則若干年之後，我們仍將依然原地踏步，絲毫沒有進展。

二、由公營轉向民營

　　1.民營的第一步是先將公營體制下，中央健康保險局的技術性、事務性工作，外包給民間公司處理，以節省人事費支出。嚴格言之，工作外包只是民營化的一個步驟，而非最終目的。

　　2.公營轉變為民營的更進一步，是維持現行中央健康保險局，但袪

❷　有關細節請參閱本書第四篇〈英國的私人健康保險與國民健康服務〉。

除進入障礙，開放民間團體舉辦健康保險，打破獨占壟斷，形成公、民營並存的局面，使被保險人可以有選擇的機會。論者或許會質疑，多元健保制度下的保費與給付參差不齊。針對此項問題，政府主管機關需要訂定一個基本給付水準，由人民自由選擇加保。須加強調者，社會保險的本質就是基本險，超過基本給付即應自行負擔或參加附加保險。

　　3.民營化的第三步是將尚存的公營中央健保局改為民營，因為只要保持公營，必然受到公務機關許多法令的牽制，使其無法與民營保險人競爭，故最終將中央健保局改為民營，方可能使其放手一搏❸。將公營事業性質的保險人，改變為公法人或財團法人的組織，使其行政自主，完全按照社會保險的理念經營。原則上改制後的業務人員隨同移轉，經理人員則由理事會聘請，理監事的產生以民主方式為之。

三、由公辦改為共辦

　　傳統的觀念，總認為辦理社會保險，政府責無旁貸，所以許多人曲解我國憲法第一百五十五條：「國家為謀社會福利，應實施社會保險制度……。」及第一百五十七條規定：「國家為增進民族健康，應普遍推行衛生保健事業及公醫制度。」將條文中之國家解釋為政府，從而認定社會保險應由政府逕行負責辦理。因我國在健康維護政策上採疾病保險，故不可能再同時實施公醫制度。就財務觀點而言，兩者最大的不同是一為採用保險原理，並且以保險費為主要財源，而後者非保險制度，用一般稅支應。

　　晚近的看法，公辦未必視為政府辦理，而宜解釋為由雇主與受雇者至少由勞資者共同辦理，筆者認為：「公」不可與政府劃上等號，如將其

---

❸　中央健康保險如果還存在，則應改組為一全民健保之管理監督機關。

視為公共或共同更為恰當，亦更具有意義。

　　再從健康保險制度的財源取得剖析，我國三分之二以上的財源由雇主與受雇者負擔，在給付之前，此項徵收保險費所獲取的現金，其財產權自當仍應歸屬於雇主與受雇者。倘若如此，財產所有人擁有財產處分權亦屬理所當然。若於財產權的考量，因為超過一半以上的健保收入取自民間，所以由民間主導共同辦理健康保險，自然更難謂不妥。

　　誠然，健康保險是社會保險的一種，為達成所得與醫療資源的重分配，強制人民加入及強制人民繳交保險費，必須要仰賴公權力。是以，由政府立法授權民營承保機關以公權力，亦至為必要。近年來各國重塑政府 (reinventing government)，已形成一股潮流。普遍認同政府的功能應盡量縮小，政府的職責在於立法與監督，而非自行掌理❶。從公營事業民營化的趨向觀之，公辦公營的健康保險組織確是與此一潮流背道而馳，改採「共辦民營」方能真正符合民主化，自主化與自由化的大原則。也惟有在如此的健康保險組織之下，制度的運作方能邁向可長可久的康莊大道。

（本文發表於《臺灣地區實施全民健保二週年紀念特刊》，民國八十六年三月）

---

❶　Osborne, O., and Gaebler, T., *Reinventing Government: How the Enterpreneurial Spirit Is Transforming the Public Sector*, Reading, Mass, Adpison Wesley, 1992.

第九篇

臺灣全民健康保險制度之檢討及其改革方向之試探

▌壹、前 言

依據全民健康保險法第八十九條的規定:「本法實施滿二年後,行政院應於半年內修正本法,逾期本法失效。」此一條文表示全民健康保險法於民國八十三年八月九日完成立法的時候已經訂定了所謂「落日條款」,限期必須修訂。時光荏苒,轉眼二年已屆,它究竟如何修訂,出現許多不同的意見,眾說紛紜,這便是本篇探討的由來❶。

▌貳、臺灣全民健康保險制度之特色

在深入探討如何改革臺灣的健保制度之前,有必要對它作扼要的了解:

一、強制保險

眾所周知,健康保險有兩種: 一種為商業性的;另一種為非商業性的,又稱為社會性的健康保險。商業性的健康保險是以營利為宗旨,社

---

❶ 至民國九十二年初,行政院雖已向立法院提出全民健康保險法修正草案,並在八十八、九十與九十一年分別作了若干細節之修訂,但體制上迄未改變。

會性的健康保險則是以達成社會政策為鵠的。簡言之，商業化的健保是量益負擔，依風險付費，而社會性的健康保險是風險分散和量能負擔，藉此以保費實行所得重分配。量能負擔和實行健保重分配的目的，除非靠政府的公權力，否則便不易達成。無庸置疑，臺灣實施的全民健保是屬於強制性的社會保險，從全民健康保險法第六十九條規定：「投保單位未依第十六條規定，為所屬被保險人或其眷屬辦理投保手續者，除依第三十條規定，追繳保險費及滯納金外，並按應繳納之保險費，處以四倍之罰鍰。」及第六十九條之一：「保險對象不依本法規定參加本保險者，處新臺幣三千元以上一萬五千元以下罰鍰，並追溯自合於投保條件之日起補辦投保，於罰鍰及保險費未繳清前，暫不予保險給付。」可見端倪，投保單位或個人如不按規定加入保險，不僅需要補繳保險費，而且要受到懲罰。

二、全民健保

全民健保既為強制保險，理論上全國人民皆依規定參與此項社會保險體制，但何謂全國人民？可能有不同的定義：

1. 一國之內，不分本國籍或外國籍，只要居住於臺、澎、金、馬地區者皆納入之。

2. 只包括中華民國國籍者。

3. 只包括中華民國國籍，且居住滿一定期限者。

4. 包括本國籍居住滿一定期限，暨外國人附屬一定條件者。

5. 不包括軍人或者公務員。

按全民健康保險法第十條規定，具中華民國國籍者，應符合下列各款之規定，始得參加本保險為保險對象：

1. 在臺閩地區設有戶籍滿四個月者。

2.在臺閩地區設有戶籍，並符合第八條第一項第一款第一目至第三目與第四款所定被保險人及其符合第九條第一款、第二款所定眷屬資格者。

3.在臺閩地區辦理戶籍出生登記、並符合第九條規定被保險人眷屬資格之新生嬰兒。

4.凡具有外國國籍，在臺閩地區領有外僑居留證並符合第八條第一項第一款第一目至第三目與第四款所定被保險人及其符合第九條第一款、第二款所定眷屬資格者。

以上可見臺灣全民健保並非百分之百的在臺灣居住的人民都納入保險。自從全民健保開辦以來，即不斷有外籍神職人員、外籍受雇者之眷屬、外籍來臺交換或接受訓練人員要求加入臺灣健康保險。又不少臺灣留學生往返國內外，皆增加了全民健保之困擾，主管官署逕行用行政命令先行從寬處理，這樣作法，已逾越了法律上的規定。

又全民健康保險法第十一條規定，下列人員排除在外：

1.現役軍官、士官、士兵、軍校學生及軍事機關編制內領有補給證者❷。

2.在監、所接受刑之執行或接受保安處分、管訓處分之執行者。但其應執行之期間，在二個月以下者，不在此限。

3.失蹤滿六個月者。

4.喪失前條（第十條）所定資格者。

可見軍人、服刑者等並不列入全民健保的範疇。故按照以上的規定，臺灣的健保制度名稱上雖曰全民健保，並非意指百分之百的國民或居民納入同一體制。寰顧世界，不僅臺灣如此，凡是實行全民健康保險制度

❷　從民國九十年二月已將軍人納入全民健保範圍。

的國家，皆不可能或沒有必要將全體國民或居民強制投保。未將全體國民或居民納入體制的理由為：

1.經濟上的原因——凡所保超過一定水準者，不強制納入此項社會保險，准許另外購置其他健康保險，如德國。

2.社會上的原因——一個開放的社會，人民時有遷出或遷入，不及登記加入或退出。

3.政治上的原因——對社會保險缺乏信心，即使受罰，亦不願加入健保制度。

4.職業性質考量——軍人或公務員性質與一般人民不同，另行舉辦保險。

以臺灣情況來說，至民國八十六年四月份，共計健保人數超過二千萬人，占應投保人數之 96%（見表 9-1）。展望未來，納保人數仍會增加，但無論如何不可能達到「全民投保」。

表 9-1　保險對象人數速報表（八十六年三月份）

單位：人

分局別	總　計	第一類	第二類	第三類	第四類	第五類	第六類
總　計	20,124,512	10,674,643	3,972,774	3,177,744	82,168	113,479	2,103,704
臺北分局	7,254,602	4,568,190	1,658,636	253,898	82,168	35,583	656,127
北區分局	2,613,464	1,527,787	447,734	369,489	－	10,740	257,714
中區分局	3,708,975	1,897,678	581,309	800,313	－	15,076	414,599
南區分局	2,908,140	1,123,990	523,059	958,395	－	16,511	286,185
高屏分局	3,146,769	1,412,547	634,468	669,338	－	25,610	404,806
東區分局	492,562	144,451	127,568	126,311	－	9,959	84,273

說明：第四類保險對象之投保單位為國防部聯勤總部留守業務署，地址在臺北市，故僅
　　　臺北分局有保險對象人數資料。

三、公營事業

臺灣全民健保另一特色是政府成立了一專責機構，即中央健康保險局，負責經營辦理此項社會保險業務，性質上以非營利為目的，但人員的職稱、待遇、會計記載，多比照一般公營之金融機構。中央健康保險局年度預算高達 2,600 多億新臺幣，服務對象涵蓋 96% 的居民，稱它為臺灣最大的公營事業，毫不誇張。

健康保險，並不是必然要公辦公營，德國為「公辦民營」，而採取公醫制度的國家如英國，尚有民營的健保，又如美國老人與窮人以外之健康保險，皆為民辦民營。

四、單一體制

臺灣在全民健保開辦之前，公、勞、農等自成獨立的體制，前年三月後始變為一體適用的單一體制；相對於亞洲的日本或韓國，歐洲的德、法、荷、瑞士等的多元化制度，有顯著的差異。嚴格地說，臺灣全民健康保險表面上是一個單一體制，但它的內涵，將被保險人分成六大類，被保險人的保險費負擔比例各不相同，就很難說它是純正的單一體制。

五、大、小病都保

從社會保險的精神與原則觀之，全民健康保險法只是一項基本保險，亦即它所給付的範圍應限於治療或預防某些疾病，不包括美容、整容、裝義肢、義乳，或指定醫師治療，居住頭等或特等病房。職業傷病或汽車意外事故的傷殘應另外加入職業災害或如汽車意外保險，不應納入一般健康保險的範疇。

臺灣的健康保險特色有：

1. 大、小病都保（大病見表 9-2）。

2. 中、西醫均提供治療服務。

3. 長、短期治療都保。

表 9-2　重大傷病證明卡統計明細表

單位：人

重大傷病種類	已領證人數	註銷領證人數	實際有效領證人數
1. 需積極或長期治療之癌症	137,595	8,042	129,553
2. 先天性凝血因子異常（血友病）	730	6	724
3. 嚴重溶血性及再生不良性貧血	1,582	42	1,540
4. 慢性腎衰竭（尿毒症）必須定期透析治療者	25,341	1,217	24,124
5. 需終身治療之全身自體免疫症候群	16,967	166	16,801
6. 慢性精神病	72,316	891	71,425
7. 先天性新陳代謝疾病	3,655	47	3,608
8. 心、肺、胃腸、腎臟、神經、骨骼系統等之先天性畸型及染色體異常	20,890	279	20,611
9. 二度燒燙傷面積大於全身 20% 或三度燒燙傷面積大於全身 10% 或顏面燒燙傷合併五官功能障礙者	2,166	37	2,129
10. 接受心臟、腎臟及骨髓移植之追蹤治療	1,231	15	1,216
11. 小兒麻痺、腦性麻痺、早產兒所引起之神經、肌肉、骨骼、肺臟等之併發症者（並殘障等級在中度以上者）	7,301	129	7,172
12. 重大創傷且其嚴重度到達創傷嚴重程度分數十六以上者	7,136	446	6,690
13. 因呼吸衰竭需長期使用呼吸器者	4,098	547	3,551
14. 因腸道大量切除或失去功能，或其他慢性疾病引起嚴重營養不良者，給予全靜脈營養已超過三十天，口攝飲食仍無法提供足量營養	435	45	390
15. 因潛水或減壓不當引起之嚴重型減壓病或空氣栓塞症，伴有呼吸、循環或神經系統之併發症	64	－	64

且需長期治療者			
16.重症無力症	1,085	3	1,082
17.先天性免疫不全症	195	3	192
18.骨髓損傷或病變所引起之神經肌肉、皮膚、骨骼、心肺、泌尿及胃腸等之併發症者（其殘障等級在中度以上者）	3,120	71	3,049
19.職業病	5,865	5	5,860
20.多發性硬化症	122	3	119
21.先天性肌肉萎縮症	182	2	180
22.先天性水泡性表皮鬆懈症（穿山甲症）	25	3	22
23.痲瘋病	570	4	566
24.肝硬化症	4,127	290	3,837
25.早產兒出生三個月後評定為中度殘障	33	2	31
26.烏腳病	123	–	123
合　　計	316,954	12,295	304,659

說明：註銷領證人數包括重複、死亡、出境、其他退保原因、連繫未果等。

　　從以上特色可知，臺灣的健保不同於許多國家，像新加坡、馬來西亞等國家，雖然有醫療儲蓄制度 (medisave)，小的疾病或醫療費用在一定金額內，仍由患者自行負擔，僅醫療費用超過一定金額時始由醫療儲蓄帳戶給付。又因我國有傳統的醫學，故允許病人罹患疾病時，可自行選擇看西醫或接受中醫治療。再者，在有些國家慢性病不納入基本疾病保險，而作為附加保險，但臺灣則不僅短期疾病納入給付，連不少長期疾病像洗腎，也一併作為給付對象。眾所周知，健康與疾病防治之相關，如果疾病防治工作特別良好，當可減少疾病之產生，有鑑於此，臺灣的健康保險亦將疾病防治納入。值得商榷的是，疾病防治本來就是衛生工作的一部分，將此納入健保之給付，雖減輕了衛生經費支出，但卻增加了健康保險的財務負擔。由以上分析可以了解，健康保險的涵蓋範疇甚

廣，給付的內容愈多，所需要的財源也愈多，「羊毛出在羊身上」，被保險人的保險負擔也愈沉重。

■參、臺灣全民健康保險制度之缺失與檢討

一、缺乏競爭

眾所周知，競爭是人類進步的原動力，臺灣的健保制度，是採所謂單一制度，即承保機構只有一個中央健康保險局，雖然又設北、中、南、東等幾個分局，但基本上它是一個獨占的公營事業。我們不否認法國、加拿大等少數公營事業效率不差，但世界上絕大多數的公營事業效率不彰也是事實，尤其是具獨占性的公營事業。由於缺乏競爭、效率不彰，幾乎是公營事業共同的現象。主張健康保險採單一體制者，常聲稱以行政成本評量，單一制者低於多元體制。例如英國的健康服務的行政成本，低於德國的健康保險法（陳聽安，民國八十六年）。但我們不能忘記，評估健保制度，行政成本可不是唯一衡量的標準。特別值得正視的是英國病患等待住院治療的時間漫長，因此英國人只有設法「自救」，轉而購買私人保險治療，這項額外負擔遠超過單一體制所降低的行政成本。故從英國的經驗可以了解，單一健康照護的體制，實不足為訓。

二、道德危機 (moral hazard)

在健康保險制度之下，道德危機的產生來自兩方面：

1. 需求方面——被保險人未能善盡照顧自己健康之責，而產生不必要的利用醫療資源，或者被保險人心態上欠缺平衡，有怕吃虧的心理，認為繳納保險費之後，有權利取得若干醫療資源和利用醫療服務，這種

存有「不拿白不拿」怕吃虧的心理，會造成醫療資源不必要的浪費。

　　2.供給方面——從醫療資訊不對稱的情形看，醫生常誘導被保險人作不必要的檢查或治療，或者明知有把握看一次可以治癒的疾病，卻讓病人增加上門的次數，換言之，增加不必要的門診的次數。很多明顯的例子指出：全民健保開辦之後，尤其是基層診所與地區醫院，給藥的份額減少，在健保實施之後門診給藥量已由原來的三天，改成兩天份，同時查獲增加許多不必要的檢查（中央健康保險局在監理委員會的報告，民國八十六年二月）。

三、醫療資源分布不均

　　醫療資源的分布均勻和醫療網的建立，應該是設置全民健康保險的必要條件之一。觀察臺灣的醫療資源，分布可說相當集中，大型醫院或知名大夫，都位於或居住在都市地區，尤其是大臺北地區，儘管榮民總醫院建立了臺中、高雄等分院，然而臺大、榮總、長庚、馬偕、新光、中山等大型醫院都位在臺北。相對地，偏遠地區或離島，像金門、馬祖，不僅醫療設施較差、病床不足，連醫師也十分缺乏，特別是有些專科大夫，願意在這些地區開業者，真是鳳毛麟角。偏遠地區要不是有若干來自歐美國家的傳教士,本著犧牲奉獻的史懷哲人道精神在此等地區行醫，而且已開設了若干地區醫院，如花蓮的門諾醫院、南投的奇美醫院、羅東的聖母醫院、嘉義的基督教醫院，否則偏遠地區醫療資源將更為貧乏。即使藉著一些教會或外國人的協助，改善了醫療資源的分布，但在實施全民健保之後，我們常常可以聽到偏遠地區人民的心聲，即「繳交同等的保險費，卻得不到同等的醫療照護」，這種差別的健康照護，人民頗有微詞，雖則已有90%的醫療院所與中央健康保險局簽約。尤其令人擔憂的是，在同等支付制度之下，醫院有趨向大型化，更為都市化的趨勢。

果真如此，則醫療資源的分布將愈加不均勻。在實施全民健康保險之前，政府訂定了建立醫療網的計畫，但執行的結果，並不理想，考其原因為：(1)財源不足；(2)缺乏誘因。目前像離島地區，嚴重的病患，依照遠距醫療計畫送往本島醫院接受治療，惟運送成本很高，只能偶而為之，難以普及化。故長久之計，充實偏遠地區的醫療資源，仍為當務之急。

四、轉診制度未能建立

到目前為止，臺灣依然缺乏一套有效的轉診制度，所以，大型教學醫院如臺大醫院，常常門庭若市、人滿為患，小的診所每每門可羅雀。二年多前在開辦全民健康保險之時，主管部門計畫利用差別醫療費用部分負擔，達成就醫轉診的目的，規定被保險人患病，不經基層診所轉診，逕行赴地區、區域或醫學中心治療時，必須支付較高的部分負擔（見表9-3）。但實施初期，即引起人民強烈反彈，皆認為此舉很不便民，最後被迫將轉診與否的差別負擔取消，而且未經修法，以行政命令將醫療費用部分負擔改為兩級。

表9-3 法定醫療費用部分負擔

醫療單位	門 診		住 院	
	轉診	不轉診	急性病房	慢性病房
基層診所	20%		30 日內：10%	30 日內：5%
地區醫院	20%	30%	31 至 60 日：20%	31 至 90 日：10%
區域醫院	20%	40%	61 日以後：30%	91 至 180 日：20%
醫學中心	20%	50%		181 日以後：30%
	全國平均每人每年超過12次 100% 自行負擔			

資料來源：全民健康保險法，第三十三、三十四、三十五條。

轉診制度無法建立，使醫療資源不易有效利用，大型醫學中心投在門診的人力與物力太多，對住診的品質必然受到影響。反之，對基層診所與地區醫院，又無法充分發揮它應有功能。轉診制度之無法建立，與醫療資源之分布和醫師之素質參差不齊不無關聯，但是，醫療資源部分負擔並非是建立轉診制度的必要條件。如果基層診所的醫師素質整齊，以及醫療設施大都完備，分級就醫應該可以用強制的方式實施。換言之，除非為了急診，一般疾病之治療，應由基層診所醫治，醫生認為有必要，患者始得赴基層診所以外之院所就醫。以臺灣目前的情況言之，未能建立轉診制度之關鍵因素是：(1)一般人民的觀念，認為大醫院的醫師與設備較佳；(2)事實上，有些基層醫療單位的醫師素質確實比較遜色，甚至有些基層醫療院所缺乏合格的醫師、護士與藥師。因此，臺灣若要真正建立轉診制度，當務之急，宜先充實基層醫療院所的設備，提升基層醫護人員的素質。

五、投保薪資低報

全民健保的被保險人分為六大類，保險費的計費基礎，按照全民健康保險法第十八條的規定：「第一項第四類被保險人及其眷屬之保險費，依被保險人之投保金額及其保險費率算之。」第二十五條規定：「第五類保險對象之保險費，以精算結果之全體保險對象每人平均保險費計算之。」第二十六條規定：「第六類保險對象之保險費，以精算結果之全體保險對象每人平均保險費計算之。」因此，全民健保被保險人的保險費計算基礎，並非被保險人之全部薪資，更非他們的全部收入，而是：(1)訂有一個投保金額表，目前分成二十八級；(2)最低一級為中央勞工主管機關公布之基本工資，八十六年為 15,300 元新臺幣；(3)最高一級是按照 3% 全國總人口平均所得，目前為 53,000 元 ❸。又依照全民健康保險法施行

細則第四十一條規定:「具有公務人員保險被保險人資格者,以其保險俸(薪)給為準。但其他受雇者,皆以薪資所得為投保金額。」

　　設計一個投保金額表,取代以薪資作為健康保險費計算的基準,本含有利用保險費徵收而達成所得重分配之目的,惟證之實際情況,許多民營事業投保薪資嚴重低報。平均而言,受雇者投保薪資只有實際薪資的二分之一左右(見表9-4),所以利用投保金額表的所得重分配已經大打折扣。換言之,舉辦健康保險,財務面是否應賦予所得重分配的功能,頗值商榷。因為採用投保金額表計算保險費,本質上就會有一種誘導保費之繳納者低報的誘因。投保金額愈大,級距愈高,所需繳交的保險費便愈多,除非有嚴格的稽查或且有自動誠實申報制度,否則低報的情形必然很難避免。在臺灣已成為一項公開的祕密,投保金額能低報就儘量壓低,雇主與受雇者「合作無間」,因為低報的結果,雙方獲利。作為主管機構的中央健康保險局,限於人力與物力,查不勝查。目前策劃透過稅捐機關的資料佐證檢查,但因為薪資的定義不同,所得稅又有扣除項目,故利用所得稅申報資料輔助查核是否低報投保金額,仍有不少困難。平心而論,低報投保金額的問題,在全民健保實施以前,勞保時代早已存在。可是明知如此,全民健保依然承襲勞保的分級表,只是把級數擴大而已。級數擴大,更增加了低報的誘因,而主管機關又拙於採取有效的抑制方法。

　　當然公、教人員的投保金額,不會有低報的問題,但全民健康保險的第一類第一目是由原來的公務人員保險中抽離出來。於是,它的投保金額計算也承襲了舊制,依照公務人員的本俸作為計算保費之基礎。顧

---

❸　至民國九十一年七月投保金額分級表已修正為三十八級,最低一級為 15,840 元,最高一級為 87,600 元。

表9-4 近年來各行業別勞工保險平均投保薪資與受雇員工每月平均薪資比較

項目 \ 行業別	礦業及土石採取業	製造業	水電燃氣業	營造業	商業	運輸倉儲及通信業	金融保險不動產業	工商服務業	社會服務及個人服務業	合計
八十一年平均 (1)勞工保險平均投保薪資本額(元)	18,090	15,467	26,741	14,280	14,982	16,181	17,756	–	15,656	15,445
(2)行政院主計統計每月平均薪資本額(元)	32,072	26,972	58,484	30,829	26,867	34,985	45,539	39,596	27,596	29,485
(3)百分比(%)(3)=(2)－(1)	56.4	57.3	45.7	46.3	55.8	46.3	39.0	–	56.7	52.4
八十二年平均 (1)勞工保險平均投保薪資本額(元)	20,145	17,530	30,548	30,548	16,922	17,910	19,921	–	17,229	17,317
(2)行政院主計統計每月平均薪資本額(元)	33,257	28,829	62,245	62,245	29,227	37,993	48,907	42,116	29,052	31,721
(3)百分比(%)(3)=(2)－(1)	60.6	60.8	49.1	49.1	57.9	47.1	40.7	–	59.3	54.6
八十三年平均 (1)勞工保險平均投保薪資本額(元)	21,197	18,803	30,921	30,921	18,049	19,038	22,209	19,100	18,029	18,483
(2)行政院主計統計每月平均薪資本額(元)	34,444	30,727	67,666	67,666	30,922	40,527	54,539	41,482	30,992	33,697
(3)百分比(%)(3)=(2)－(1)	61.5	61.2	45.7	45.7	58.4	47.0	40.7	46.0	58.2	54.9
八十四年平均 (1)勞工保險平均投保薪資本額(元)	22,619	20,150	32,563	32,563	19,406	20,419	21,142	20,746	19,492	19,869
(2)行政院主計統計每月平均薪資本額(元)	36,618	32,441	70,397	70,397	33,065	43,537	53,274	43,926	32,807	35,450
(3)百分比(%)(3)=(2)－(1)	61.8	62.1	46.3	46.3	58.7	46.9	39.7	47.2	59.4	56.0

資料來源： 1.《臺閩地區勞工保險統計》，臺閩地區勞工保險局編印，民國八十五年六月出版，表三十七。

2.《薪資與生產力統計月報》，行政院主計處編印，民國八十五年九月出版，表二十三。

名思義，本俸必然低於全薪，平均而言，公務人員的本俸也僅有全部收入的 60% 左右。

六、保險制度福利化

社會保險與社會福利雖然同為社會安全制度的環節，但性質上兩者又有所不同，社會保險是由雇主與受雇者共同分攤費用，為被保險人共同分散風險的一種社會安全制度，除了政府為公務人員的雇主，或政府負擔辦理的行政事務費用外，政府並無其他財務上的責任，不像社會福利措施，政府為增加全民福祉、照顧特定族群或弱勢團體，有關支付全部編列公務預算支應，而臺灣的全民健康保險制度中，財務上參雜了諸多社會福利制度的觀點，使臺灣的健保制度形成福利化。

從全民健康保險法第二十七條的規定可知，臺灣政府不僅為勞工及他們的眷屬負擔了 10%，也為私立學校教職員與其眷屬承擔了 30% 的保險費，至於農會及水利會，及無一定雇主之自營作業，漁會從事漁業工作者，政府負擔更高達 40%，其中的 10% 由中央，其餘 20% 由省，10% 由縣（市）負擔。自願役軍人及眷屬政府負擔 60%，由國防部編列預算支應，榮民、榮眷政府負擔 70%，由退除役官兵輔導會編列預算。至於低收入戶 100% 由政府負擔，其中中央 15%，省 20%，縣（市）65%，省轄市 100% 由市庫負擔（見表 9-5）。總之按身分別，不同類別的身分政府擔負了不同的財務責任，此種制度設計，不僅背離了純社會保險，政府按身分變相補貼，其公平性與正當性都令人質疑，健康保險的制度，也變得愈加複雜。

表 9-5　全民健保保險費分擔比例 *

| 類別 | 雇主 | 被保險人 | 政府 | | | | 國防部 | 輔導會 |
| | | | 中央 | 地方 | | | | |
				省(市)	直轄市	縣(市)		
第一類:								
1.公教人員及眷屬		40%	60%	或60%	或60%	或60%		
私立學校教職員及眷屬	60%	30%	10%	或10%		或10%		
2.公、民營事業受僱者	60%	30%	10%	或10%		或10%		
3.前二目以外之一定雇主之受僱者	60%	30%	10%	或10%		或10%		
4.雇主或自營作業者	100%							
5.專門職業及技術人員自行執業	100%							
第二類:								
1.無一定雇主或自營作業參加職業工會者及眷屬	60%				40%			
2.海員或外僱船員	60%				40%			
第三類:								
1.農會及水利會會員	30%		40%	20%	或30%	或10%		
2.無一定雇主或自營作業漁會從事漁業工作者	30%		40%	20%	或30%	或10%		
第四類:								
志願軍人及眷屬		40%					60%	
第五類:								
低收入戶			15%	20%	或100%	65%		
第六類:								
1.榮民、榮眷		30%						
2.一至五目以外之被保險人及其眷屬		60%	40%					70%

資料來源: 全民健康保險法，第八條及第二十七條。
* 最新之全民健保保險費分擔比例請見本篇附錄。

▌肆、全民健康保險制度改進方案及評析

一、保險人的組織屬性問題

　　針對全民健康保險的落日條款，行政院衛生署曾以功能編組，組織保險人的屬性研究小組。經過六個月的研究之後，提出了九種不同的組織型態（見表 9–6）。以單一或多元為經，以公營或民營為緯，劃分為：⑴單一就現制改進；⑵單一的基金會（公法人）；⑶單一的財團法人；⑷多元的基金會；⑸多元的財團法人；⑹多元的公、私並行制，⑺承保與財務單一化，醫療提供多元化；⑻單一公法人與 HMO 併行；及⑼現制改革與 HMO 併行。

　　保險人的組織改制，除上述單一體制的優點之外，我們在下文中作比較分析。

㈠就現行中央健康保險局略加改進

　　改進的方法是維持單一的健康保險，以節省行政成本，並可避免大幅度更張，使人民不致產生建立伊始的健保制度，又將顛覆的感覺。但朝下列兩方面加以改進：

　　1.將部分職權下放給北、中、南、東等分局，使其彼此有若干差異性。

　　2.將目前中央健保局若干技術性、事務性工作，以外包方式民營化。此方案最大的缺點是仍為公營的單一體制，缺乏競爭，效率提升不易。

㈡將現行中央健康保險局，改為單一公法人

　　本方案可以淡化政治上和行政上的干預，並且可維持相當的超然和獨立的地位，此即一般所謂的「公辦民營」。缺點是仍然為獨占性組織，

表 9-6　全民健康保險保險人各項可能改制方案（摘要）

改革項目	單一制度			多元制度				折衷制度	
	方案一	方案二	方案三	方案四	方案五	方案六	方案七	方案八	方案九
	改革現制	國營保險公司	健保特殊公法人	多家財團法人	多家健保特殊公法人	各種保險人並行	承保與財務單一化，醫療服務多元化	單一健保特殊公法人與 HMO 併行	改革現制與各 HMO 併行
一、保險人	為健保局等機構，政府列為政府機構，人事管理及業務列等比照營金融機構辦理。	為國營保險公司，依公營金融機構管理條例比照營金融機構業務辦理。	為類似日本之保險組合或德國之疾病基金或營金融機構管理條例（尚待立法通過）公法人，須另定特別法規範。	各財團法人，依民事相關法規成立。	每健保特殊公法人，須另定特別法。	多種不同屬性之團體，例如健保局或健保特殊公法人、財團法人、商業保險公司及 HMO。	同方案。	單一之健保特殊公法人及各 HMO。	1.健保局與 HMO 併行；一、健保局承辦慢性病院、重病及預防保健等醫療服務，分娩及預防保健等醫療服務，至於 HMO 則係承辦公營保險範圍外，並可增訂給付提供附加保險。
二、經營型態	公營。	公營（尚待立法通過）設立。	民營。	民營。	民營。	公、民營併存。	承保及財務業務仍由健保局統籌辦理，醫療給付業務以論人計畫（Capitation）方式開放民間辦理。	民營 HMO。	公、民營併存。
三、保險性質	強制保險。	強制保險。	強制保險。	強制保險。	強制保險。	除健保局方案一外，餘同方案三。	強制保險。	強制保險。	強制保險。
四、監督者	預算受立法院監督，業務則由主管機關監督。	內部一董監事會。外部一預算受立法院監督，業務則由主管機關監督。	內部一主管機關。外部一主管機關受立法院監督，業務則由主管機關監督。	內部一主管機關。外部一理監事會。	同方案三。	同方案三。	同方案。	內部（董）理（重）事會。	內部董事會監督，外部一同方案一。
五、給付範圍與保險費率	訂定法定費率。	同方案一。	同方案一。	給付範圍由保險人自訂，另可提供附加給付或附加保險。	同方案三。	同方案四。		同方案一。	法定給付，實施單一保險費率，由各 HMO 自訂。
六、其他	未來可包等方式，以操行內部改進，以操行內部效改進人事外，其會計反預算等，亦須依公營金融業管理相關條例等相關規定辦理。重點為：技術改進內部組織之調革。第三者審查：技術委外辦理建立住院 DRGs 支付制。業務委外辦理讀賞行住院總額支付制。	人事、會計及預算等，須依公營金融業管理相關條例等相關法規辦理。1.政府持有之股權反超過 50%。2.人事、會計及預算等，須依公營金融業管理相關條例等相關法規辦理。3.醫療服務可採核退制。4.保險人、被保險人與醫療機構間設計為民事法律關係，爭議案件由地方法院管轄。	人事、會計及預算，不受現行預算、決算、會計、審計及人事法規之拘束。	1.人事、會計及預算等，具自主性。2.保險人不得選擇保險對象，但保險對象可選擇保險人。	同方案三。	保險人對不得選擇提供對象，但保險對象可選擇保險人。	1.醫療提供者須就論人制所獲得之費用中，負責提供保險對象所需之醫療服務，並自負盈虧之責任。2.保險對象有將犧牲部分就醫機構選擇權，來換取醫療服務提供者因競爭而提供較佳之服務。	健保公法人須另訂特別法。	1.法定給付之保險費，由中央政府及雇主各半負擔，保險對象不須繳費。2.HMO 承辦法定給付所需之醫療費用，由健保局依投保險對象之年齡及健康風險核算分攤撥付。

沒有注入競爭的誘因。

(三)單一的財團法人或國營公司

改為財團法人，比較上更加民營化，可擺脫政治上的干預，可依照企業化的經營方式，效率上可望提升。但值得考慮的是，健康保險非一般商品，如果按照企業化的經營，邁向市場取向，保險費的訂定，便可能將低收入者，排除於健康照護的範疇。從美國的許多民間健康維護組織 (HMO) 可以了解，雖為非營利組織，但實施的結果，仍然有約總人口 10% 的人因負擔不起保險費，對健康保險只有望門興嘆。

如果是政府改為單一化國營公司，則問題更多，因為：

1. 依然是個獨占事業。

2. 依然無法擺脫政治上的糾纏不清。

3. 國營事業行政上的牽制太多，效率不易提升。

(四)設置多個財團法人

就競爭機制的建立觀之，多個財團法人和多個基金會應具同樣的功能。但是從民營化的角度考量，財團法人是私法人，基金會屬於公法人，故財團法人相對基金會，應該更吻合民營化。但因為基金會由政府授權執行公權力，具有強制性，而財團法人是純粹民間機構，人民是否加入此種健康保險組織，完全由人民自行決定，無法加以強制。如果健康保險的承保機構採行此種組織，則必然會走向美國目前的狀況，難以達成所謂全民健康保險的目標，缺乏意願，或者經濟能力不足的人勢將無法參加健康保險組織，接受醫療照護。

(五)成立多個基金會

相對於前面三個方案，只需要有二個以上的健保組織，即注入相互比較或競爭的機制，同時亦可降低政治上的干預。不可諱言，承保機關愈是民營化，愈加多元化，競爭的功能愈強。惟此方案所稱多個基金會，

到底基金會有多少個？而所謂民營化是以何種方式達成？我們的看法是：基金會數目的多少，必須考量規模經濟與風險分擔，基金會太多，行政成本必高，且風險分散不足；基金會太少，則組織運作又不夠靈活，效率困擾堪憂。

所謂民營化，當然不是出售中央健康保險局，或是以股票上市方式，而是採民主化、企業化、專業化的經營方式。

㈥多元的公、私制並行制

此種方案的特徵，兼具了公營與民營的優點，兩者之間既具競爭，又有互補，讓被保險人獲得較多的選擇，保險人如不提升效率及服務品質，就有遭受淘汰的可能。差別的醫療給付與不同的保險負擔水準，可以滿足不同偏好的醫療需求。本方案的關鍵仍在它是否具有強制性，或者強制納保讓人民自由選擇加入公營或者民營的健保組織。倘若如此，則公營與民營的保險人如何能在同等的基礎上競爭，仍有進一步探討的必要。假如公營保險人可編列預算，民營保險人則需自籌資本，自難謂在此方案之下，建立公平的競爭條件。政府的職責在規定基本的醫療給付項目與標準，其他均應由健保市場的供需決定。

㈦承保與財務單一化，其他業務多元化

本方案的特點是基本上仍維持單一的健保組織，只是將承保和財務以外的事務抽離。此一方案與方案一十分類似，將現行制度略作修正，將事務與技術性工作，交由民營公司處理。在此方案下，中央健康保險局仍維持為公營事業，故仍然缺乏競爭性，也仍然容易受到政治上的干預，和行政上的牽制，無法作到行政上超然不受利益團體的影響，在財務方面無法獨立，不受立法機關與上級主管機關的左右。

㈧單一公法人與 HMO

若和方案一與方案七相比較，本方案的優點是，它朝民營化方面邁

進，而且也具多元化的特色，故應有競爭的功能。令人質疑的是，為何公法人只有一個，而 HMO 並無數量上的規範。既為公法人，政府當然授予公權力，問題在此一公法人對哪些人可施行公權力，令其強制加入該組織，而不及於其他人，尤其是此一組織運作效率不彰發生嚴重虧損時，它是否可以宣告破產，假如可以宣告破產，則單一公法人與 HMO 併行制乃形同瓦解。

(九)改革現制與 HMO 併行

眾所周知，民營化方式之一，即是開放市場，打破獨占的局面，故方案九即是採取此一方式改進臺灣健保組織。在既維持現有的中央健康保險局，又開放民間組織 HMO，故無庸置疑，它建立了競爭的架構。但仍不免令人困惑的是現行中央健康保險局，僅是一個承保機關，衛生署為其業務主管機關，負責監督工作。實際工作是衛生署下設的監理委員會負責辦理。如果將來開放 HMO，它的監督工作由誰負責，仍有待釐清。上文指出，如此的公、私並行制度，它的公平競爭條件又如何建立？則又將是問題之關鍵，美國有不少成功的 HMO，但也有不少失敗的例子（王家銓，民國八十年六月）。基本上，此方案能否仍然維持社會保險的措施，值得推敲。因此一方案不同於現行制度之處，應為獨占的局面將被打破，以及被保險人可自由選擇加入公立（現制）與私立 (HMO) 的健保組織。公立的健保經營成效由政府負責，私立的健保經營成效應該與政府無干，由會員承擔一切責任。正因為如此，不可能對會員不加選擇，在此種種，此方案與社會保險之基本精神便有背離，美國在長期實施 HMO 制度之後，像前總統克林頓有感於它的缺失，想推行具有強制性的社會保險，原因即在於此，遺憾的是歷來美國的醫師公會極力反對，使得全民保險制度至今無法在美國建立。

二、財務問題

㈠財務的機制

　　具有社會保險特徵的全民健康保險，自當不以營利為目的，但在財務管理上，健康保險收支必須維持平衡，應該是最基本的原則。臺灣在規劃全民健康保險制度時，亦曾標榜「財務獨立，盈虧自負」。但是深恐在實施初期，因缺乏經驗，而造成虧損，故在全民健康保險法第十九條第二項訂為：「本保險實施後，前二年盈虧，由中央撥補之。」之規定，即在實施的初期由政府負責盈虧。

　　在過去的二年，全民健保的財務狀況，整體上狀況尚稱良好，以現金收付制計算，至民國八十六年保費收入為 3,835.4 億元，醫療給付 3,558.3 億元（見表 9-7A）保險費的收入足夠支應保險各項給付。保險費的收繳率維持在 95% 左右（見表 9-7B），惟政府的欠繳或未按時繳交的情形相當嚴重，極其諷刺的是，連主管的衛生署都曾發生過欠繳的情事，欠繳最嚴重的當推地方政府。

　　自民國八十四年三月一日開辦全民健保以來，各類被保險人和各利益團體角力，利用各種管道要求減低他們的保險費等負擔，相反地，醫療團體則認為支付標準偏低要求調高，雙方都給予主管機關很大的壓力，最後不得不加以調整，並且罔顧法律上的規定，常常用行政命令變更。如此調整的後果，當然會造成財務上的衝擊，明顯的例子有：

　　1.平均眷口數的降低，由原來的 2.5 降為 1.9❹。

　　2.門診的醫療費用部分負擔，由原來的四級降為二級，後再改為三級。

----

❹　民國九十年降為 0.78。

表 9-7A　全民健康保險財務收支狀況

單位：新臺幣億元

年　　度	權責基礎		現金基礎	
	保險費收入	醫療給付	保險費收入	醫療給付
八十四年度 (84.3-84.6)	758.7	587.0	256.6	273.2
八十五年度 (84.7-85.6)	2,406.8	2,062.6	2,199.8	2,130.7
八十六年度 (85.7-85.12)	1,171.5	1,148.3	1,379.0	1,154.4
總　　計	4,337.0	3,979.9	3,835.4	3,558.3

資料來源：中央健康保險局。
說明：權責基礎下之保險費收入金額中包含安全準備及可能發生之呆帳。

表 9-7B　保險費繳納狀況

單位：新臺幣億元

期　　間	投保單位及保險對象			政府保險費補助款			合　　計		
	應　收	實　收	收繳率 (%)	應　收	實　收	撥付率 (%)	應　收	實　收	收繳率 (%)
八十四年度 (84.3-84.6)	546.04	532.78	97.57	240.48	239.11	99.43	786.52	771.89	98.14
八十五年度 (84.7-85.6)	1,654.55	1,606.91	97.12	717.84	655.13	91.26	2,372.39	2,262.04	95.35
八十六年度 (85.7-85.11)	700.91	667.07	95.17	291.22	230.64	79.20	992.13	897.71	90.48
總　　計	2,901.50	2,806.76	96.73	1,249.54	1,124.88	90.02	4,151.04	3,931.64	94.71

資料日期：民國八十六年二月一日。

　　3.擴大納保範圍，准許國外傳教士、技術人員及友邦來臺受訓人員加入。

　　4.調升金、馬地區醫院醫師診療費，來自處方或自行調劑醫院、醫所診療費由現行 200 元調為 220 元，開立處方交付特約藥局調劑醫院、

醫所診療費由現行 240 元調為 260 元。

　　就現況分析，目前全民健康保險的財務，即使作了若干健保費與支付方面的調整，表面上財務狀況尚稱良好，但如果深入觀察，便可發自全民健康保險舉辦以來，醫療支出成長相當快速，高達 14% 至 16%，但保險費收入的成長卻相當緩慢，僅 5-6%。以成長率來看，兩者相差近十個百分點。所以，如果按照現行的制度運作，預計二年之後即陷入虧損期。無庸贅言，虧損的含義當然是必須調升保險費或者降低給付水準。最令人堪憂的是，現行的健保制度，缺乏財務上的機制，亦即當虧損或安全準備低於某一水準，應自動調升保險費率，或降低給付水準。亦即調整保險費或給付水準，不需要經過行政主管部門的核准，或再經過立法院的同意。惟參照臺灣當前的政治環境，全民健保法缺乏財務自動調整的規定，必須經由行政主管機關的核可，而立法委員站在選票的立場，為討好選民不僅遲不同意調升保費與降低給付水準，在此種情況下，全民健保的財務很可能逐漸惡化。

　(二)保險費負擔

　　1.徵收基礎

　　長久以來，各國的健康保險費計算的基礎多為薪資，並且不是全部薪資，而是基本薪資，但是幾乎沒有例外，以薪資作為社會保險費計算的基礎，發現（陳聽安等，民國八十二年）：

　　(1)薪資的成長緩慢，不足因應健保支出的需求。

　　(2)以所謂薪資作為保險費的負擔，發現有累退現象，並且不符合量能負擔的公平原則。

　　(3)近年來各國趨向於將投保薪資的上限取消以充裕健保財源。

　　(4)將薪資以外之其他所得一併納入作為計算保險費之基礎。

　　二年以前，在臺灣規劃全民健康保險時，未能接受學者們的建議（陳

聽安等，民國八十二年），亦未能迎合世界發展的新趨勢，仍然僅以薪資作為健保保費計算之基準，又承襲公、勞保時代的作法，設計了一個投保金額表（見表9-8）。二年以來，這個表的下限均從基本工資上調，但上限至今未達調整的標準，故未加更動，致使此一表列有自我壓縮的現象，換言之，上、下限投保金額之相差倍數因而下降。

再則，如前所示，勞工的薪資有嚴重低報（見表9-4），及公務人員僅以本俸投保的問題，有些勞工團體抗爭，訴求公務人員亦應用全薪作為基礎計算保險費。就公平的觀點視之，不論何種身分均應以同樣基礎核計保費，但因為臺灣的全民健保由舊有公、勞保等保險演變而成，計算保費的基礎不一，分擔的比例有別。姑且不論公務人員絕無低報可能，及公務人員之平均薪資高出勞工（公務人員之平均投保金額為 25,000元，勞工之平均投保金額為 20,000 元），故僅僅更新計算基礎，是否可達成公平目的，頗有商榷的餘地。而果真公務人員用全薪納保，若其他不變，有可能會導致一個反公平的現象，即在第一類第一目中，低級公務人員之保費負擔增加，高級公務人員的保費負擔反而減輕。因此在公務人員以全薪納保的同時，必須將投保金額表之上限往上調整，方能消除公務人員因以全薪納保，高級公務人員之保險費反而負擔減輕之不合理現象（見表9-9）。

主張採用薪資和編製一投保金額表計算應納保費的學者，認為如此的作法可以符合量能負擔及所得重分配的功能。其實，只是對薪資而不及於非薪資，如利息、股利等非勤勞所得，這種公平的基礎就十分薄弱。即使就薪資而言，既設定上限，並且在投保金額表中的各組中點呈現遞減現象，所以量能負擔的功能相當有限，卻是增加了保險費徵收的複雜性，更為重要的是，以上的規劃已寓低報的誘因於投保金額表中。

在全民健康保險實施之前，我們曾向主管機關建議，真正要求公平，

表 9-8　全民健康保險投保金額分級表 ❺

組別 級距	投保 等級	月投保金額 （元）	實際薪資月額 （元）	備　　註
第一組 級　距 600 元	1 2	15,360 15,600	15,360 以下 15,361–15,600	訂定原則： 1. 第一級之月投保 金額為勞工主管 機關公布之每月 基本工資。
第二組 級　距 900 元	3 4 5 6 7 8 9 10	16,500 17,400 18,300 19,200 20,100 21,000 21,900 22,800	15,601–16,500 16,501–17,400 17,401–18,300 18,301–19,200 19,201–20,100 20,101–21,100 21,001–21,900 21,901–22,800	2. 第三組（含）以後 每組級距適用五 級。 3. 各級距投保金額 仿照勞保分級表 訂定方式，以該 級距上限訂定 之。
第三組 級　距 1,200 元	11 12 13 14 15	24,000 25,200 26,400 27,600 28,800	22,801–24,000 24,001–25,200 25,201–26,400 26,401–27,600 27,601–28,800	
第四組 級　距 1,500 元	16 17 18 19 20	30,300 31,800 33,300 34,800 36,300	28,801–30,300 30,301–31,800 31,801–33,300 33,301–34,800 34,801–36,300	
第五組 級　距 1,900 元	21 22 23 24 25	38,200 40,100 42,000 43,900 45,800	36,301–38,200 38,201–40,100 40,101–42,000 42,001–43,900 43,901–45,800	
第六組 級　距 2,400 元	26 27 28	48,200 50,600 53,000	45,801–48,200 48,201–50,600 50,601 以上	

❺ 此表至民國九十一年七月已經作了七次修訂，最低一級之月投保金額為 15,840 元，最高一級之月投保金額為 87,600 元。

表 9-9　公教被保險人採全薪時,對適用不同級距保險對象每月保險費影響數

投保金額 (本俸)	公教保險對 象人數 [1]	申報率 [2]	投保金額適 用分級表 (全薪)	依本俸計算自 付 40% 的 保險費	本俸與全薪的差異	
					自付 40%	自付 30%
總計	1,606,053	0.53				
14,880	76,118	0.56	27,600	253	216	99
15,000	7,110	0.53	28,800	255	235	112
15,600	11,917	0.52	30,300	265	250	121
16,500	51,406	0.50	33,300	281	286	144
17,400	95,059	0.54	33,300	296	270	129
18,300	74,387	0.55	33,300	311	255	113
19,200	48,222	0.57	34,800	326	265	117
20,100	77,839	0.57	36,300	342	275	121
21,000	56,922	0.56	38,200	357	292	130
21,900	105,542	0.53	42,000	372	342	163
22,800	69,869	0.56	42,000	388	326	148
24,000	85,604	0.57	43,900	408	338	152
25,200	79,420	0.56	45,800	428	350	156
26,400	115,754	0.53	50,600	449	411	196
27,600	68,654	0.53	53,000	469	432	207
28,800	117,407	0.56	53,000	490	411	186
30,300	57,593	0.55	53,000	515	386	161
31,800	63,905	0.53	53,000	541	360	135
33,300	12,145	0.48	53,000	566	335	110
34,800	74,645		53,000	592	309	84
36,300	40,430		53,000	617	284	59
38,200	53,290		53,000	649	252	26
40,100	37,988		53,000	682	219	(6)
42,000	83,868		53,000	714	187	(38)
43,900	10,559		53,000	746	155	(71)
45,800	29,190		53,000	779	122	(103)
48,200	9		53,000	819	82	(144)
50,600	1		53,000	860	41	(184)
53,000	1,200		53,000	901	0	(225)

說明：　1.各級投保金額人數為中央健康保險局民國八十五年九月份承保資料,涵蓋第一類第一
目保險對象及第一類第二目具公務員資格者及其眷屬。

2.申報率為投保金額占投保單位薪資所得的比例,係引用八十五年度行政院衛生署委託
中央研究院執行之《公勞保被保險人投保金額與實際所得之關聯性探討》研究報告,
該報告將年所得依每年十三‧五個月換算月所得,並以之計算各級投保金額之申報
比率。惟目前公教人員考績有 80% 列為甲等,所以事實上公教人員除一‧五個月的年
終獎金外,多數人至少有半個月的考績獎金,一年至少有十四個月的年所得,因此將
該報告十三‧五個月年所得調整為十四個月年所得。並假設八十五年各級投保金額之
申報率與八十二年相同,惟其中 14,880 元這一級之申報率係假設與報告中之 14,400 元
相同。

並且考量全民健康保險財源的充足性，保費計算的基礎應該不以薪資為限。即使對薪資計費，亦應以全薪，不宜只用投保薪資，而假如以全部所得或者全薪作為保險費的基準，則我們深信在同等保險費收入，保險費率必然可以大幅降低，估計只需 2.5% 左右，而非 4.2–6%。

2.分擔比例

凡是實施全民健康保險的國家，除非採行多元的健保體制，極少國家在單一體制下；對保險費的分擔，依不同身分而有差別。臺灣所實施的健保制度，表面上似為單一體制，實質上則有多元化的內容，至少在保險費的負擔上有（參閱表 9–5）：

⑴公務人員與非公務人員不同。

⑵自營作業或自由職業者與非自營或自由職業者不同。

⑶受雇者又分成有一定雇主與無一定雇主。

⑷軍眷與一般眷屬之負擔比例不一樣。

⑸低收入戶與一般人不同。

⑹榮民、榮眷又與其他身分不同。

由於保險費分擔比例的不一致，它的公平性乃受人質疑。進而言之，具有雙重身分的人，必然會產生移轉的副作用，即由分擔比例較高的被保險人，移轉到分擔比例較低的被保險人。

消除上述弊端的方法，是乾脆採行多元化的健康保險制度，或至少在單一體制上必須儘量減少不同的分擔比例。最佳的方案當然是除自由職業或雇主外，保險費分擔的比例應儘量趨於一致化。

3.保險費率

眾人皆知，健康保險費費率是依據投保人數、眷口數、投保金額、薪資結構、給付項目、支付標準等資料推估的結果，即所謂精算。依照臺灣全民健康保險精算的費率為 4.5–6.5%，然而當全民健康保險法在立

法階段時,立法委員卻罔顧精算的結果,將費率下限由 4.5% 降為 4.25%。

由上可知, 保險費率的高低, 事實上是取決於投保金額、給付項目及支出水準等。如前文所示, 如果以全薪納保, 其他條件相同, 全民健康保險費費率大約可降低一半之多。

依照國際的趨勢, 各國辦理健康保險以來, 支出不斷上升, 費率也一直上調, 依照臺灣健保的財務狀況看來, 支出的增長遠超過保險費收入之增長, 假如其他條件不變, 二年後即可能出現赤字, 屆時費率上調恐怕是不可避免之趨勢。

(三)支付問題

健康保險的支付問題可分為兩大類:

1.總額預算 (總額支付制度)

自從各國舉辦普及性的健康保險制度以來, 醫療費用之支出不斷增加。平均地說, 在 1990 年代 OECD 國家的醫療支出占國內生產毛額之比已達 7%。尤其是美國高達 12%, 臺灣目前醫療支出占國內生產毛額僅5% 左右, 但可發現自全民健康保險開辦之後, 醫療總支出成長快速, 預計在 2000 年, 便可達到 OECD 國家的平均 7% 的水準❻。醫療支出之快速增加, 其原因可歸納為:

(1)人口老化, 年齡結構改變。

(2)醫療技術之進步。

(3)物價膨脹。

全民健康保險舉辦之後, 財務上帶來很大的壓力與醫療資源有過度利用之虞, 進而影響到經濟、教育文化等方面建設。所以先知先覺的國家像加拿大、英、德等, 都提出總額預算 (又稱總額支付制度), 以求控

❻ 至 2000 年臺灣的醫療總支出占 GDP 之比並未達 7%, 僅 5.7% 左右, 未達 OECD 之平均水準。

制醫療支出之過度成長。事實證明，在上述國家實施總額預算制度之後，其醫療支出之成長已有趨緩的現象（顏如玉，民國八十五年六月）。

　　依照其他國家的經驗顯示，實施全民健康保險，必然促使醫療費用支出之快速上升，故民國八十三年訂定全民健康保險法時，已在下列法條中規範：

　　⑴第四十七條規定：「本保險每年度醫療給付費用總額，由主管機關於年度開始六個月前擬訂其範圍，報請行政院核定。」

　　⑵第四十八條規定，為協定及分配醫療給付費用，應設醫療費用協定委員會，由下列人員各占三分之一組成：

　　①醫事服務提供者代表。

　　②保險付費者代表與專家學者。

　　③相關主管機關代表。

　　⑶第四十九條規定醫療費用支出確定之時間、方式與分配，條文內容為：「醫療費用協定委員會應於年度開始三個月前，在第四十七條行政院核定之醫療給付費用總額範圍內，協定本保險之醫療給付費用總額及其分配方式，報請主管機關核定。醫療費用協定委員會無法於限期內達成協定，應由主管機關逕行裁決。前項醫療給付費用總額，得分地區訂定門診及住院費用之分配比例。

　　前項門診醫療給付費用總額，得依醫師、中醫師、牙醫師開立之門診診療服務、藥事人員藥事服務及藥品費用，分別設定分配比例及醫藥分帳制度。藥品及計價藥材依成本給付。

　　第二項所稱地區之範圍，由主管機關定之。」

　　從上述條文中，我們可以獲知：

　　⑴臺灣的總額預算，涵蓋的範圍，包括了門診與住診，這與有些

國家，例如德國只包括住院者不同❼。

(2)臺灣決定總額預算的方法未明確規定，因為實施總額預算制度的國家，有兩種不同的方式：

①上限制：即設定一醫療總支出之上限，全民健康保險之總預算成長不得超過此一限制；至於上限之訂定，有以國內生產毛額之成長率作為上限，亦有以平均工資或製造業工資之增加率作為上限。

②相對比例制：即在整個資源的使用中，醫療費用之總支出應維持在某一百分比，以免醫療費用過度膨脹，而影響其他建設。

臺灣的全民健康保險已經實施二年多，但因為尚未確定採用何種方式抑制醫療支出之膨脹，雖則醫療費用協定委員會已經在今年成立，但第四十七與四十九條條文依然形同具文，不規定限制醫療總額支出擴張的方法，這等於是一頭缺少牙齒的老虎，僅能虛張聲勢而已❽。

全民健康保險的主管機關，大概了解到實施總額預算制度並非易事，它需要諸多配合條件，尤其是各種醫療成本，所以遲遲未能實施。主管機關的構想是先從牙科作試探，認為牙科的醫療步驟比較簡單，但仍需要足夠的醫療成本的資料，方能付諸實施。

無庸置疑，從實證上已經發現，採行總額預算制度的國家，其醫療費用之成長確有下降現象，但也有文獻指出：實施總額預算的結果，有導致醫療品質下降之虞，在總支付定額下，醫院或醫療提供者為節省成

---

❼ 法國自 1993 年已將住院及藥品納入總額支付實施範圍內。

❽ 至民國九十一年全民健康保險已實施七年餘，業已採取調升醫療費用部分負擔，若干項目論病計酬，以及從牙醫開始陸續展開總額支付制度，醫療支出之上升已見緩和，唯仍高於健保收入之成長。

本，對病患在醫療過程有「偷工減料」，或將病人提早驅離醫院的情事發生（顏如玉，民國八十五年六月）。

2.疾病診斷相關群（Diagnosis Related Groups, 簡稱 DRG）

不可諱言，僅對整體醫療費用支出的控制，是不夠的；何況它有品質下降之虞，所以各國對醫療支出之抑制方法，除總額預算之外，並採行 DRG 制度。所謂 DRG 是美國發展出來的一種制度，將疾病的治療加以分門分類，訂定其標準的治療過程與必需的費用，在發展之初共計有三百多項，目前在逐步增加中。

但是，研究醫療服務的人必須承認，並非所有的疾病都可以訂定DRG，因為許多疾病是併發症，很多病情需要醫務人員會診治療，即使是同樣的疾病，對不同體質的人，需要治療的方法與時間都不相同。加上又有中醫與西醫之分，中醫有所謂祕方，故可想而知在臺灣要採行DRG 的困難度較大。衛生主管機關已委託陽明大學的藍忠孚教授研究臺灣式的 DRG，但尚未見正式的結果，故我們可以預料，在短期內全民健保尚無採行此項措施的可能❾。

㈣醫療費用部分負擔

抑制醫療支出之過度成長，除了如上述從醫療的供給面採取新措施之外，針對醫療的需求面，也訂定部分負擔 (copayment) 或自付額 (deductible) 的方法。

在臺灣實施全民健保之前，政策方向曾引發很大的辯論，公共衛生學者主張「保大又保小」，同時配合以醫療費用部分負擔的措施，因為他們擔心，「保大不保小」後，小病會釀成大病。但另有些人士則主張小病自付，大病由保險給付，故稱為「保大不保小」。平心而論，「保大不保

❾　已有五十多項之支付按論病計酬，至於臺灣式的 DRG 似未見採行。

小」比較符合風險分攤的社會保險原理，治小病的費用有限，由患者自付，對一般人應可負擔，但遇到大病，則非一般人的經濟能力所可能承受，亟需要以「自助互助」方式渡過難關。許多人都認同「保大不保小」的構想，如果此一構想成為制度，相信對全民健保財務面的負擔較輕。但是因為何謂小病？又何謂大病？二者不易區分，況且小病確有可能釀成大病。此外，採行全民健保的國家，很少採「保大不保小」。此即為何臺灣最後仍然選擇了大小病都保的主要原因。但在立法的過程中卻採折衷方案，把自付額的精神納入全民健康保險法第三十四條中：「本法實施後連續二年如全國平均每人每年門診次數超過十二次，即應採行自負額制度；其實施辦法，由中央主管機關另定之。」此一修文至今並未執行，所以成了具文。

按照全民健康保險法第三十三條與第三十五條的規定，門診與住診，都採取定率，而非定額制的自行負擔（見表9-3）。門診依照四級，即基層診所、地區醫院、區域醫院、醫學中心，並依是否轉診採差別的負擔比例。經轉診者負擔比例較低，不轉診者負擔比例較重。然而在實施初期，出現臺灣民眾很不能適應的現象，中央衛生主管機關未經法律的修正，即以行政命令更改為：

　1.將定率改為定額（見表9-10）。

　2.將四級改為二級（民國八十八年五月起又改為三級）。

　3.取消轉診與否的差別部分負擔。

採取部分負擔的原意，應該主要不是為了獲取保險費以外之財源，而是在利用此項措施，達成抑制醫療資源濫用的目的。國外的研究發現，部分負擔是否具有抑制資源的濫用，進而達成節省醫療經費支出之效果，應視自己負擔的額度或比例高低而定，比例愈高則其效果愈大，反之則小。但是我們不能忘記，如果自行負擔的比例過高，嚇阻了病患就醫，

表 9-10　醫療費用實施之初部分負擔 ⓫

醫療單位	門　診		住　院	
	轉診	不轉診	急性病房	慢性病房
基層診所	50 元	50 元	30 日內：10%	30 日內：5%
地區醫院	50 元	50 元	31 至 60 日：20%	31 至 90 日：10%
區域醫院	100 元	100 元	61 日以後：30%	91 至 180 日：20%
醫學中心	100 元*	100 元*		181 日以後：30%

*自民國八十八年五月一日起改為 150 元。

恐怕就失掉了全民健康保險的原意。

　　我們考慮所及，不只是自行負擔偏高，可能會抑制就醫的可近性 (excess)，還需要進一步追問，提高自付一定額度，究竟起了多少抑制醫療資源濫用的作用？這個問題的答案當需視被保險人的價格需求彈性而定。臺灣的資料則顯示：平均而言，門診的價格需求彈性大於住診。但都小於一。這項數據反映了一個事實，即利用部分負擔作為抑制醫療資源濫用的效果相當有限，尤其是對住院。

　　如果部分負擔訂定水準不合理，除有可能抑制正當的利用醫療行為外，並且可能產生一項副作用，即對所得分配可能產生逆進效果。因為醫療費用部分負擔，即使訂定很高，對高所得的群體，不致產生抑制醫療的需求，然而，對低所得的群體很可能會降低他們對醫療的需求。在定額或定率負擔下，因為高所得與低所得者負擔的金額相同，故對低所得的負擔占其收入的比例必然大於高所得者。值得我們深思的是，部分負擔的所得分配逆進效果，與舉辦社會保險的基本精神，似有相互抵觸之處。所以，如何尋找一個平衡點，使部分負擔水準的訂定，既有抑制

⓫　九十一年九月一日起部分負擔之新制請見本章附錄。

醫療資源之濫用功效，又不致產生所得分配惡化的作用，應該是關懷健康保險制度者，大家共同努力的方向。

我們認為醫療資源是否濫用，需求面的因素，遠小於供給面因素。職是之故，真正要抑制醫療資源的濫用，政策的重點與制度面的設計，應由目前的論量計酬支付制度 (fee-for-service)，逐漸改變為論病計酬的支付制度。倘若撇開部分負擔的副作用不談，依照學者的實證研究指出，部分負擔，即使有若干抑制醫療資源浪費的效果，亦僅僅是短期的作用。就長期而言，它的效果應趨近於零 (Chou, 1992)。

有關臺灣部分負擔的新發展，是全民健康保險法尚未完成修訂，但主管機關計畫從民國八十八年五月起，將門診的部分負擔由原二級改為三級。即基層診所與地區醫院不變仍維持為 50 元，區域醫院仍為 100 元，但醫學中心改為 150 元，將部分負擔改成三級。按照中央健康保險局的推估，八十六年可以減少醫療費用 722,068,200 元（中央健保局民國八十六年四月業務報告及見表 9–11）。但中央健康保險局未曾指出：部分負擔調整後的分配有無逆進效果？對被保險人之醫療可近性有無負面的作用？它只是考量醫療費用之可能撙節而已。

表 9–11　醫療費用部分負擔之計畫方案

方案一：基層診所及地區醫院 50 元、區域醫院 100 元、醫學中心 150 元

醫療單位	部分負擔金額（元）	平均醫療費用（元）	占醫療費用百分比（％）	件　數	推估減少之醫療費用支出（元）
醫學中心	150	1,271	11.80	14,441,364	
區域醫院	100	1,096	9.12	15,777,436	722,068,200
地區醫院	50	628	7.96	33,121,995	
基層診所	50	358	13.97	140,310,540	

說明：　1.以八十四年七月至八十五年六月份院所申報人次推估。
　　　　2.已扣除居家照護、洗腎、預防保健及急診案件。

方案二：基層診所及地區醫院 50 元、區域醫院 100 元、醫學中心 200 元

醫療單位	部分負擔金額（元）	平均醫療費用（元）	占醫療費用百分比(%)	件　　數	推估減少之醫療費用支出（元）
醫學中心	200	1,271	15.74	14,441,364	
區域醫院	100	1,096	9.12	15,777,436	1,444,136,400
地區醫院	50	628	7.96	33,121,995	
基層診所	50	358	13.97	140,310,540	

說明： 1.以八十四年七月至八十五年六月份院所申報人次推估。
　　　 2.已扣除居家照護、洗腎、預防保健及急診案件。

方案三：基層診所及地區醫院 50 元、區域醫院 150 元、醫學中心 200 元

醫療單位	部分負擔金額（元）	平均醫療費用（元）	占醫療費用百分比(%)	件　　數	推估減少之醫療費用支出（元）
醫學中心	200	1,271	15.74	14,441,364	
區域醫院	150	1,096	13.69	15,777,436	2,233,008,200
地區醫院	50	628	7.96	33,121,995	
基層診所	50	358	13.97	140,310,540	

說明： 1.以八十四年七月至八十五年六月份院所申報人次推估。
　　　 2.已扣除居家照護、洗腎、預防保健及急診案件。

方案四：基層診所及地區醫院 50 元、區域醫院 150 元、醫學中心 250 元

醫療單位	部分負擔金額（元）	平均醫療費用（元）	占醫療費用百分比(%)	件　　數	推估減少之醫療費用支出（元）
醫學中心	250	1,271	19.67	14,441,364	
區域醫院	150	1,096	13.69	15,777,436	2,955,076,400
地區醫院	50	628	7.96	33,121,995	
基層診所	50	358	13.97	140,310,540	

說明： 1.以八十四年七月至八十五年六月份院所申報人次推估。
　　　 2.已扣除居家照護、洗腎、預防保健及急診案件。

伍、結　語

　　無可諱言，全民健康保險是政府遷臺之後最大的社會工程。到民國

八十六年三月為止，參加這項保險的人數，達二千零一十二萬四千五百十二人，約保率已超過 96%，加入健康保險簽約提供的醫療院所，至八十六年四月止，已有一萬五千五百零一家，占全國醫療提供院所總數的 91%、醫學中心，區域醫院簽約則達 100% ❷。我們不能不承認：就量的意義言，它應該是頗大的成就；可惜在質的方面，尚需要諸多努力與加強之處，先天上醫療資源分布的不均，使得繳交相同的保險費卻無法得到相同的醫療照護。即使相對於未舉辦全民健保之前，醫療提供者確有「偷工減料」的情事。公教人員原有的健康檢查，從公務人員保險中抽離，併入全民健保之後，給付減少，醫療品質下降。

臺灣所實施的全民健康保險，基本上將公、勞、農保等整合，並且加以擴大到全體居民。正因只是改制，而非全新規劃的體制，所以我們從全民健保中，依然可以發現公、勞、農保的影子，這些制度的缺失，像投保金額表、投保薪資低報、保險福利化等揮之不去，如果未來欲走向一個健全的體制，它應該將徵收的基礎儘量擴大，不限於薪資而已，消除投保薪資低報的誘因，保險費分攤的比例更應趨向一致化，不宜因身分而有不同的負擔比例。換言之，社會保險應與社會福利嚴加區隔。

最令人擔憂的是，臺灣的健保現行制度缺少競爭的功能，行政上也未能獨立自主，極容易受到主管機關和立法部門的干預。我們的建議是，邁向多元化、民營化、分權化應該是臺灣健保改革的大方向，也唯有如此的改進，方能契合世界的健保制度改革的趨勢。

全民健康保險的財務力求平衡，應該是經營此一制度的不二法門，並且應鑲入財務機制，即一旦收入出現缺口，而且盈虧超過某一比例時，

❷ 根據衛生統計，至九十年底，已有 16,558 家，占全國醫療提供院所總數的 90.65%，醫院合計有 637 家，全民健保特約醫院共 642 家。

即應自動調整保險費或降低給付水準，而不須向主管機關核示或向立法院報告，使政治的干預能降至最低。

在人口結構變化，醫療技術改進與物價上漲等因素衝擊，一旦全民健保的列車開動，醫療支出增加恐怕很難避免，但是為了抑制它的過度膨脹，早日訂定總額預算制度醫療支出之上限，釘住 GDP 的成長率，在支付標準上，儘量訂定適合臺灣之 DRG，並將目前的論量計酬逐步改為論病計酬。

我們贊同部分負擔可以酌量調升，也認同轉診制度有建立的必要，但先決條件是醫療資源的分布必須均質化。我們不認為轉診依附在部分負擔的制度之上。基本上我們的看法是：醫療並非一般財貨，醫療資源的濫用，供給面的因素遠大於需求面，故提升醫療資源利用的效率，雖然應該同時從供需兩方面著手，但是政策的重點仍應針對醫療服務的提供者。

（本文為東吳大學、蘇州大學與江蘇財政學會共同舉辦之海峽兩岸財經研討會論文，民國八十八年七月，南京）

參考文獻

Chou, L. F., *Selbstbeteiligung bei Arzneimitteln aus ordnungspolitischer Sicht: Das Beispiel der Bundesrepublik Deutschland*, (Finanzwissenschaftliche Schriften, Band 55), Frankfurt am Main, Berlin, Bern: Peter Lang, 1993.

Köller, Peter A., *The Evolution of Social Insurance 1881–1981*, Frances Printer, London, 1981.

Leopold, D., *Die Selbstverwaltung in des Socialversicherung*, 4 Neubearbeitete Auflage, 1992.

Stephenson, Kevin, "Social Security: Time for Change", *JAI Press*, London, 1995.

中央健保局在監理會報告，民國八十六年十二月。

《全民健康保險實施二年評估報告》，行政院衛生署，民國八十六年二月二十六日。

王家銓，《我國勞工保險採行健康維護組織醫療制度可行性之研究》，臺閩地區勞
　　工保險監理委員會，民國八十年六月。

林芸芸，〈德國疾病保險體系組織的改革及其對臺灣的意義〉，《全民健康保險體
　　制與政策研討會分組論文集》，國立中正大學社會福利研究所主辦，民國八
　　十六年二月二十二日。

陳聽安，〈全民健康保險組織屬性之管見〉，《臺灣地區實施全民健保二週年紀念
　　特刊》，中華民國醫院協會，第 190–197 頁。

陳聽安，〈健康保險之國際比較〉，《保險專刊》，第三十九輯，民國八十四年三月。

陳聽安，〈全民健保給付與財源方面之比較〉，《臺灣經濟預測與政策》，中央研究
　　院經濟研究所，第二十四卷第一期。

陳聽安、張慶輝、鄭文輝等，《我國全民健康保險財務規劃之研究》，財團法人保
　　險事業發展中心，民國八十二年九月。

顏如玉，《健康保險總額預算制度之研究》，國立政治大學財政所碩士論文，民國
　　八十五年六月。

附　錄

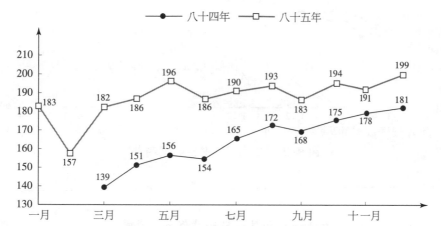

圖 9-1　全民健康保險醫療支出之趨勢（民國八十四年三月至八十五年十二月）

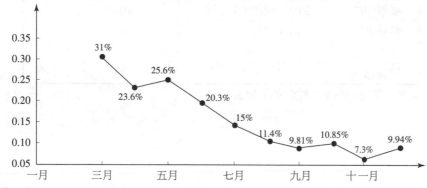

說明：成長率為民國八十五年各月與民國八十四年同期比較之結果，呈遞減趨勢。

圖 9-2　全民健康保險醫療支出成長率之趨勢（民國八十四年三月至八十五年十二月）

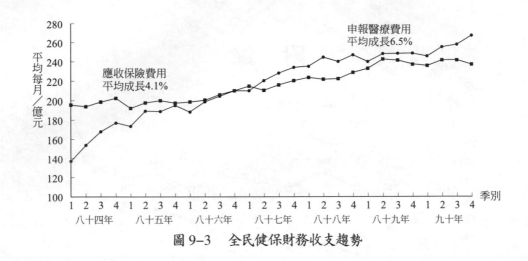

圖9-3　全民健保財務收支趨勢

九十一年九月一日起健保部分負擔

醫療服務機構	基本部分負擔	檢查、檢驗
醫學中心	210（增加60元）	0–300元
區域醫院	140（增加40元）	0–300元
地區醫院	50（不變）	–
基層診所	50（不變）	–

說明：預計一年可以減少支出30億。

全民健康保險分擔比例表（民國九十二年）

保險對象類別			負擔比例 (%)		
			被保險人	投保單位	政府
第一類	公務人員 公職人員	本人及眷屬	30	70	0
	私校教職員	本人及眷屬	30	35	35
	公民營事業、機構等有一定雇主的受雇者	本人及眷屬	30	60	10
	雇主 自營業主 專門職業及技術人員自行執業者	本人及眷屬	100	0	0
第二類	職業工人 外雇船員	本人及眷屬	60	0	40
第三類	農民、漁民 水利會會員	本人及眷屬	30	0	70
第四類	義務役軍人、替代役役男、軍校軍費生、在恤遺眷	本人	0	0	100
第五類	低收入戶	本人及眷屬	0	0	100
第六類	榮民、榮民遺眷家戶代表	本人	0	0	100
		眷屬	30	0	70
	其他地區人口	本人及眷屬	60	0	40

社會保險財源之探討——
論薪資稅與所得稅合併的可行性

▌壹、緒　言

　　社會保險制度，是形成一國社會安全體系的重要環節。社會保險制度能否完善而有效地建立，尤賴於是否能取得適當和充足的財源。傳統上社會保險財源取得的方式，除了政府補助之外，主要都是仰賴薪資稅 (payroll tax)，意即依被保險人的基本薪資 (basic wage) 作為保險費徵收的基礎。薪資稅的缺失是❶：

　　1.稅收彈性較低，難以滿足日益膨脹的社會保險支出需求。凡是建立社會保險制度的國家，財務上莫不捉襟見肘，紛紛改絃易轍，另謀財源，或取消薪資稅的上限，或對菸酒等課徵特別稅，或改以所得作為保險費徵收的基礎，或改由一般稅支應。

　　2.薪資稅多為專款專用，影響政府整體財務的調度。

　　3.薪資稅含有相當程度的累退性，負擔有欠公平。

　　4.薪資稅與所得稅形成實質上的重複課稅。

　　5.薪資稅徵收體系獨立於所得稅之外，形成兩套獨立的徵收體系，

❶　陳聽安，〈我國國民健康保險財源籌措之探討〉，《自由中國之工業》，第七十七卷第三期，民國八十一年三月，第17-40頁。有關以薪資稅作為全民健康保險財源的所得分配效果，參考何怡澄，《由所得分配面論健康保險財源之籌措》，國立政治大學財政研究所碩士論文，民國八十一年六月。

浪費人力、物力。

6.薪資稅只以薪資部分作為保險費徵收的基礎，對非薪資部分不作為徵收的標的，故對生產因素的組合，可能造成扭曲。

有鑑於上列的缺失，John Brittain ❷，Martin Feldstein ❸，A. B. Atkinson❹，S. Seidman❺，及陳聽安❻，曾建議以所得作為社會保險費徵收的基礎，但有些人迷戀不捨，認為舊稅即良稅，堅持以薪資稅作為社會保險費的主要收入來源❼。他們的看法是，非薪資作為財源，在徵收行政上有著難以克服的困難。晚近陳聽安、張慶輝、鄭文輝、蘇建榮、梁正德等，在研究我國全民健康保險財源規劃之探討時，建議在長期以所得作為我國未來全民健康保險費徵收的基礎，若干政府官員、學者即持保留的態度❽。而展望未來我國的失業保險與老年退休年金制度，亦

❷ John A. Brittain, *The Payroll Tax for Social Security*, The Brookings Institution, Washington D.C., 1972.

❸ Martin Feldstein, "A New Approach to National Health Insurance", *The Public Interest*, No. 23, Spring 1971.

❹ A. B. Atkinson, "Taxation and Social Security Reform", *Policy and Politics*, Vol. 12, No. 12, 1984, pp. 107–118.

❺ Laurence S. Seidman, "Reconsidering National Health Insurance", *The Public Interest*, No. 101, Fall 1990, pp. 78–88

❻ 陳聽安，同❶。

❼ 美國史丹佛大學的 Michael J. Boskin 認為探討薪資稅的所得分配效果，不應單從收入面，亦應從支出面探討，他仍以為薪資稅不失為社會安全的良好財源，見 Michael J. Boskin, "Too Many Promises: The Uncertain Future of Social Security", *A Twentieth Century Fund Report*, Dow Jones-Irwin Homewood, Illinois, 1986.

❽ 陳聽安、張慶輝、鄭文輝等，《投保薪資合理化及保險費補助方案之研究》，行政院衛生署委託之研究報告，第五章。

皆將以薪資作為保險費徵收的基礎，足見以薪資稅作為各項社會保險的財源，業已根深蒂固❾。

邇近，國內各界對建立社會福利國家之說，甚囂塵上，各項社會保險制度，在政治壓力下勢將一一建立。唯朝野似乎僅期盼社會保險制度的建立，卻甚少關切財源如何取得，作者因從事財稅研究工作，平素對國際上社會保險制度發展趨向，略有所知，尤其對有關的財務問題，稍有涉獵，故願就晚近國際間共同關切的社會保險費與所得稅的整合問題，提出介紹，以喚起有關當局的注意❿。不可諱言，制度之建立難，而當制度建立之後，深植人心，更張尤難，故社會保險制度的建立，不得不多加審慎。

以英國為例，在過去的十年中，社會保險費與所得稅的結構，兩方面都有若干改進，儘管如此，英國政府希望對所得稅與社會保險費方面，能作更為策略性的檢討，因為兩者皆就個人的所得徵收，但徵收的體系，卻各自獨立。Steven Webb 曾針對社會保險費與個人所得稅的整合提出了可行性的分析⓫。此項研究，雖然是依據英國的制度作為分析的架構，但是根據筆者的了解，凡是以薪資稅作為社會保險的主要財源，並且與個人所得稅的徵收同時並存，必然會面臨同樣的困窘。故本篇的撰寫，實具有一般性的參考價值。

---

❾　部分學者、政府官員，在參加前述之行政院衛生署委託研究案召開座談會時，仍然反對以非薪資所得作為全民健康保險費徵收的基礎。

❿　Steven Webb, *Income Tax and National Insurance: Better Together*? The Institution for Fiscal Studies, Commentary, No. 32，在英國社會保險稱作：「國民保險」(National Insurance)。

⓫　同❿。

　　兩稅整合為一的構想雖然十分明確,但整合卻可能出現不同的形式:一種極端的形式是,完全的整合,即維持不同的社會保險制度,但採用單一稅 (a single tax with identical National Insurance Component);另一種極端的形式是,將個人所得稅與社會保險費的徵收體制合而為一,而不更動社會保險制度 (a further unification of collection with the National Insurance System left intact)。下文將先討論兩稅合併的型態,次則考慮因制度更張所引起經濟、行政及政治上的阻力,最後討論兩項稅制的所得分配效果,同時評估此等阻力能否予以克服。

■貳、合併的型態

　　無可置疑,若社會保險費與所得稅完全整合,會造成稅務行政上相當程度的混亂。因為社會保險費整個徵收基礎的改變,有人因而獲益,卻也會有人遭受損失,面對此種情形,對制度的改變不得不存有戒心,究竟兩稅整合有何益處? 尤應詳加評估。下列四項有關合併的主要好處頗值得強調:

一、個人所得稅制度的凝聚

　　就英國而言,決策主管考慮改革時, 由於社會保險費與所得稅的割裂,苦於無法從整個制度考量。變動租稅制的一部分,必然會牽連到另外一部分,枝枝節節的改革,反而治絲益棼。即或是侷限於個人所得稅的改革,都無法避免兩項相關的租稅在加總後,產生荒誕不經的結構。儘管在過去十年裡,所得稅與社會保險費受雇者支付的部分,曾進行過一連串的革新,促進了兩種稅制的相互類似,但兩者的聯合邊際稅率,卻無法保持其連貫性,見圖 10-1。

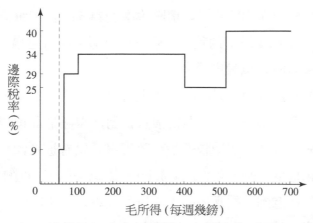

圖 10-1　個人所得稅加社會保險費之合併稅率（1992～1993 年）

表 10-1　不同所得水準之平均與邊際稅率

比較項目	每年毛所得		
	20,000	25,000	27,000
社會保險費	1,603	1,699	1,699
所得稅	4,039	5,289	5,789
總稅負加社會保險費	5,642	6,988	7,488
平均稅率	28.2%	28.0%	27.7%
邊際稅率	34.0%	25.0%	25.0%

資料來源：Steven Webb, *Income Tax and National Insurance: Better Together?* Tax Reform for the Fourth Term, The Institute for Fiscal Studies, Commentary, No. 32, 1992.

　　在兩種稅制下，若每週的毛所得低於 54 鎊的下限，既無義務繳納個人所得稅，也不需支付社會保險費。如果個人的所得超過下限 (lower earning limit)，就必須支付 54 鎊的 2% 之社會保險費；如果個人的所得超過上限 (upper earning limit)，需依所得之 9% 支付社會保險費。而單身勞工，每週所得為 66 鎊，尚需支付 20% 的個人所得稅，兩者合併稅率

　　為 29%。一直到每週 105 鎊時，邊際稅率變為 34%。但每週所得超過上限 405 鎊時，反降為 25% 的稅率。只有當每週毛所得超過 522 鎊時，邊際稅率始升為 40%，以較高稅率徵收。

　　由圖 10-1 及說明足以明顯反映現行稅制有不良的重分配效果。從圖中顯示，社會保險費所得上限的設置，對所得超過此項規定者比較有利，他們不只較其他人享受較低的邊際稅率，尤有進者，有些人甚至享受比其所得稅還低的平均稅率。像如此的稅率結構，實在難以令人苟同。

　　首先我們注意到，相當多的人之邊際稅率，因兩稅整合反而減低。依照目前情形作估計，大約有兩百萬人。然而，在表 10-2 中明晰顯示，自 1978 年至 1979 年，所受的影響有相當程度的起伏，此種波動現象，係由所得上限的稅率變動，以及適用較高稅率起點的變動所形成。

　　自 1980 年代開始，與基本老年退休金有關的所得上限，多已隨物價指數自動調整，如果一般所得增加超過物價，則所得超過上限的人數便趨增加。此種情形在 1981 至 1983 年，和 1989 至 1990 年增加最多。無論如何，超過上限需支付較高的稅率。所得上限偶而被凍結或在指數化之下可能並無變動，而只是增加適用較高稅率之人數。因此減少了所得上限與適用較高稅率者之間的差距。在 1981 至 1982 年，1991 至 1992 年，及 1992 至 1993 年的情形，足以反映此種情況。

　　因此，未來此種不公平的情形，是增加抑或減少，需視政府所得上限的訂定，與從何所得水準適用較高稅率而定。假如兩者皆採指數化，則兩者差距的人數將不斷地增加，此種情形可由圖 10-2 中的所得分配一目了然。假如對所得上限之調整大於起徵所得 (threshold)，則受影響的人數可能迅速減少，在後面討論選擇何種兩稅整合的計畫形式時，再加論述。

表 10-2　收入高於所得上限／利潤上限之基本稅率支付者

單位：千鎊

年　份	受雇者	自雇者	總　計
1978～1979	1,500	130	1,630
1979～1980	2,000	160	2,160
1980～1981	1,700	140	1,840
1981～1982	900	80	980
1982～1983	900	90	990
1983～1984	1,000	120	1,120
1984～1985	1,100	130	1,230
1985～1986	1,400	140	1,540
1986～1987	1,400	150	1,550
1987～1988	1,700	170	1,870
1988～1989	2,200	190	2,190
1989～1990	2,300	240	2,540
1990～1991*	2,200	230	2,430
1991～1992*	1,900	200	2,100
1992～1993*	1,800	180	1,980

資料來源：同表 10-1。

*預測數。1990～1991 年之數字是依據課稅單位，1990～1991 年後之數
　字則是依照個人所得，兩者之差異不大。

二、降低避稅

　　個人所得稅與社會保險費徵收基礎的差異（見表 10-3），吸引個人
和雇主單純從減輕總稅負 (overall tax liability) 的觀點，重新規劃其財務。
此種情況，既降低效率，亦有欠公平，不僅是降低直接稅的有效累進，
也因之使納稅者、雇主和他們的財務顧問，從較具生產性的工作，轉向
缺乏生產性的工作。

　　表 10-3 中列出個人所得稅與社會保險費稅基的主要差異。由於許

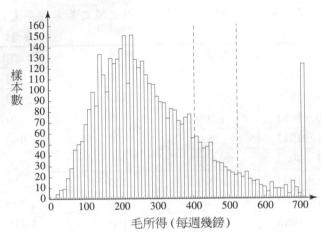

圖 10-2　全日工作勞工之所得分配（1992～1993 年）

表 10-3　個人所得稅與社會保險費稅基之主要差異

1.下列項目係所得稅課徵，但社會保險費則不計入： 　a.大部分投資所得 　b.實物給付（限社會保險的雇主） 　c.超過上限之所得（限社會保險的雇主） 　d.超過退休年齡之所得（限社會保險的雇主） 　e.社會保險給付 2.可減低所得稅負，卻不影響社會保險費負擔： 　a.退休保險費 　b.房屋貸款利息 　c.慈善捐獻 　d.各項稅捐減免（例如與利潤有關之支付）

資料來源：同表 10-1。

多所得不列入社會保險費的徵收基礎，已造成 1980 年代，雇主與政府當局玩類似「貓捉老鼠」的遊戲 (cat and mouse game)。在此種「遊戲」中，雇主之目的是尋求新花樣，提供給受雇者，以設法免除社會保險費的負擔。明顯的例子是雇主以實物方式支付（像公司的車輛、股票、或以禮券方式給與）。為了防杜規避，於是政府當局改變雇主的社會保險費計算

基礎，將其擴充至包括此等項目，如此進一步又促使雇主尋求更為含混的支付方式。

　　最令人矚目的是，在 1992 年英國的大選中，工黨主張去除受雇者社會保險費的上限。有些雇主居然煞費心機尋找給予受雇者的報酬形式，以儘量避免繳納社會保險費，例如以黃金條塊方式支付。像此等例子，不勝枚舉，皆可說明個人所得稅與社會保險費計算基礎的不同，造成相當大的浪費。

三、自我雇用者異常的社會保險地位

　　在目前的社會保險制度中，自我雇用者的異常地位，更加強兩稅有整合的必要性。按照現行規定，英國的受雇者的收入，超過所得下限者，以超過部分的 2% 支付社會保險費，如果收入在所得下限與所得上限之間，此屬於第一類社會保險費的支付。

　　自我雇用者相對地按第二類與第四類支付。第二類為任何自我雇用者，其所得超過一定金額（1992～1993 年每年 3,030 鎊），以比例方式支付（1992～1993 年每週 5.35 鎊）；第四類之社會保險費的支付，為自我雇用者的利潤在最低利潤（1992～1993 年為 6,120 鎊）與最高限額（1992～1993 年為 21,060 鎊）之間，按其利潤的 6.3% 支付。第四類繳納社會保險費之半，可從所得稅中抵減。

　　在表 10-4 中，我們也容易發現，社會保險費的負擔，自我雇用者較之雇主更為有利。如果受雇者每週所得（含實物所得）超過 190 鎊，雇主需支付受雇者 10.4% 的社會保險費。雖則自我雇用者有更多對社會保險受益的限制，但有利的程度，依然超過不利之處。

　　職是之故，制度中產生強烈的誘引，促使個人變為受雇者。如合併平均社會保險費率，超過 18%，轉而變為自我雇用者。因為搖身一變，

表 10-4　雇主、受雇者與自我雇用者之社會保險費

年所得皆為 20,000 鎊之每年社會保險費			
非自我雇用者		自我雇用者	
第一類　受雇者	1,603 鎊	第二類	278 鎊
第一類　雇主	3,080 鎊	第四類	874 鎊
		第四類　抵減稅負*	109 鎊
總　　計	3,683 鎊	總　　計	1,043 鎊
平均有效稅率	18.4%	平均有效稅率	5.2%

資料來源：同表 10-1。
*按 874 鎊之半計算，獲 25% 的稅負減輕。

社會保險有效稅率可能低於 5%。此種負擔的差異，從 1980 年代自我雇用者增加了一百萬人觀察，至少一部分的原因歸之於此。值得強調的是，租稅規避行為，既不公平（同樣所得，支付不同租稅），又影響效率（不只設置自我雇用者的成本）。有鑑於此，更加強改絃易轍的必要性。

原則上，自我雇用者的異常身分問題，可以單獨改革而獲得解決。可是兩稅如果整合，便有機會重新評估不同課徵的基礎，使其趨向更合理的制度。

四、節省行政成本

顯而易見，將個人所得稅和受雇者與自我雇用者社會保險費合而為一，即使整個社會保險的給付不加變動，可獲得若干行政成本的節省。成本的節省或許有限，倘若兩稅能合而為一，稅務行政具有效率，則至少一部分稽徵機構的徵收成本 (enforcement cost) 得以減輕。以自我雇用者為例，第二類繳納者不再要每週繳付，只要在支付所得稅時一併繳交。

當然，兩稅合而為一後之制度，必然比現行各自獨立的情形複雜。舉其一例，老年退休的納稅者，按現制不必支付社會保險費，假如兩稅

整合後，仍保留此一權利，則有關按利息所得之來源課稅，就變得複雜化。由此可見，兩稅合併行政成本的節省乃屬有限。

■參、合併的阻力

上文中指出，個人所得稅與社會保險整合，可使個人所得稅制度鞏固，並降低租稅規避的誘因，也因此可略為節省行政成本。但是，改革不可能毫無困難，其中包括實際上與政治上的問題，應詳加考量。下文即在討論兩稅如欲成功地整合，有哪些方面必須妥善解決。

一、不同的理念：「繳納原則」

社會保險費與個人所得稅繳納基本上的區別，是前者有權利獲得將來的利益，而後者則完全是一種義務，成為政府收入中之一項。基於此種認知，凡有志於個人所得稅與社會保險費之整合，首先必須劃清是否整合稅 (integrated tax) 在未來賦予權利。一種極端的方式，是兩稅整合即表示社會保險費現在的繳納，與將來之獲益關係終結。此種方式，有其引人入勝之處。首先，不再需要保持繳費之紀錄。次之，利益的目標可望大幅增加。因為利益給付，只給予低所得者，或符合某些事故者，而非給予任何特定具繳納社會保險費的紀錄者。

就這方面而言，社會保險費的繳納與利益的給付之關聯，實際上在過去十年已受到消蝕，即使政府明確地承諾受益必須付費的原則 (contributory principle)。顯著的例子是對那些本世紀行將退休者，和失業給付應有的保險費繳交，已大幅地削減。這兩個例子，顯示保險費之繳納與受益，並非如往昔神聖不可侵犯，透露出保險費之繳交原則，已幾近蕩然無存。

儘管如此，倘若進行改革，將兩稅整合，仍然將面臨阻力，因為社會大眾對付費受益 (contributary benefit) 已根深蒂固。因此，另一種方法是單純將社會保險費納入個人所得稅，而不改變繳費與受益相連之關係。故介於現行上下限之間的課稅所得的 9%，可視為社會保險費，仍依照現行方法給付利益。在此種情形下，兩稅整合的結果，完全與在圖 10-1 中之情形類似，即稅負分配的不公平，依然存在。

此種遷就現狀之作法，也僅僅適合作為短期的措施，長期則又將面臨兩稅整合重新調整結構的壓力。假使因此可促使個人所得稅制度的結構性改革，或許在政治上顧及繳費原則，有其必要。

二、估算時期的不同

按照英國現行第一類的社會保險費，其估算是基於雇主有關支付時期的所得——典型為按週或按月。而所得稅之估算，是按財務年度 (financial year) 的課稅所得。雖則用隨收隨付制 (PAYG system)，企圖從每週或每月支付時，扣繳適當的稅額，到財務年度終了再結算申報，計算扣繳是否正確。就多數受雇者而言，兩者事實上並無差異。故對那些整年所得穩定的人，採用何種方法，結果都是一樣；不過，對那些整年的所得起伏不定（例如紅利或佣金收入）或一年中只工作一段時期的人，則估算時期將影響個人所得稅與社會保險之支付分歧。

對於所得低於上限，不規則工作形態的人而言，必將構成問題。因為一年中只工作一段時期，是按最初所得繳交社會保險費，而獲得不到 2% 的給付。舉例來說，某一勞工，工作兩週，兩週皆按最初 54 鎊的 2% 支付保險費。而另一勞工，工作一週，即賺取同額所得，卻只按最初 54 鎊的 2% 支付保險費。假定兩稅予以整合，上述兩人將可獲同樣估算的基礎，因為對在一年中之所得變動不定，難以獲得合理的處理方法，如

果兩稅整合，將以一年作為估算時期的基礎，應該比較合理。

三、稅基的原則

主張將個人所得稅與社會保險費合而為一，主要的論據是兩稅的基礎不同，容易造成避稅。相反地，目前所得不必列入社會保險費計算的人，如兩稅整合，則必將增加負擔。如表 10-3 中指陳，主要受影響的團體為退休者、其他社會保險受益者，以及投資所得者。

如上文指出，社會保險給付，按現行規定不必繳納保險費。理由是在就業時期，或自我雇用時已繳納保險費。當年邁、殘廢、失業、疾病或鰥寡而所得中斷，以保險給付取代所得 (earning replacement benefit)，因為甚少有接受社會保險給付，而仍賺取所得者，故邏輯上，社會保險之給付，不應繳納社會保險費。

就退休人員而言，在整合的個人所得稅與社會保險制度下，維持繳費與受益的關聯則應屬合理，且簡單易行。稽徵機構注意到任何付稅的退休者，因為需要資訊計算老年租稅優惠，故稽徵機構對退休者所得，採合一稅率（只適用個人所得稅部分），是相當簡單易行的。

比較棘手的問題是，對於鰥寡者及短期的社會保險給付。因為在原則上，此等社會保險給付，除繳納新的合一稅，如果在財務年度，鰥寡者、短期患病或失業者，並無其他所得，應無繳稅義務，因為社會保險的給付，低於個人的免稅額。但如果鰥寡者尚有其他所得（例如尚有私人養老金），或是失業者或病患尚有就業所得（非終年患病或失業），問題應非如此單純。

就鰥寡者情形言之，若同時獲得社會保險給付與私人養老所得，在現行稅制下，由退休基金行政部門就源扣繳；在改革後的稅制，比較直截了當，規定原單位繼續仍依現行稅制扣繳，而非用複合稅 (combined tax) 加社會保險費率。至於短期患病或失業者，一旦再投入工作，同樣必須規定雇主只依照社會保險繳納所得稅，個人所得稅與社會保險費合一的制度，不至於因此等行政上的調整，而構成主要障礙。

個人所得稅與社會保險基礎之整合，意含稅率的提高，因為在現制之下，社會保險費中像利息與股利所得皆予以免除。就此一變革，當然就不能輕言毫無困難。

最主要的一項問題，是關聯到現行租稅優惠的型態，即不同形式的儲蓄皆予優惠。在現制之下，退休養老的投資，或自用住宅，皆享有很大的優惠。相對地，銀行或建築合作社 (building society) 的利息課稅較重❷。倘若租稅制度良窳的關鍵，是在儘量減少個人行為的扭曲，而租稅改革反而增加此種扭曲，當非改革者所樂見。再者，對小額投資人、以銀行或建築信用合作社為重要之儲蓄中介的人而言，提高利息所得稅率，可能導致稅負的累退性。

毋庸置疑，適當的儲蓄課稅處理問題，並非侷限於個人所得稅與社會保險，Herald Freeman 建議建立更為統一性的租稅投資處理 ❸，含義即在於此。顯而易見，此種改變唯有以逐步採行，如果朝此方向推行，便可減少個人所得稅與社會保險費合而為一的困難。

❷ Hiis, J., "Savings and Fiscal Privilege", *IFS Report Series*, No. 9, Institute for Fiscal Studies, 1984.

N. Sanders and S. Webb, "Fiscal Privilege and Fiscal Assets: Some Distributional Effects", *Fiscal Studies*, Vol. 9, No. 4, 1988, pp. 51–69.

❸ Herald Freeman, *Toward a National Investment Tax*, The Institute for Fiscal Studies, Commentary, No. 32, 1992, pp. 1–6.

四、租稅減免

支出形式中，最令人矚目的是房屋貸款的利息支出，與退休養老支出，按照現行規定，可於所得稅中扣除。然而，假如個人所得稅與社會保險費合一，此等項目又將如何處理？

在退休養老支出方面，僅允許複合稅率的所得部分給予扣除，應屬合理。其所以認為合理，是因為退休養老的支付，是一種遞延收入，在此項基礎上，所獲取的稅前所得，不予課稅，而當在領取退休養老金時，始予課徵，故 Steven Webb 建議，退休養老所得（不計政府或私人）為合一稅中所得稅部分的課徵對象。同樣地，退休養老保險費支出，應允許從所得稅中扣除❹。

至於房屋貸款的利息，如可於合一稅中扣除，似有欠允當，英國政府已打算廢除此項扣除，並先凍結利息支出的扣除。

除上述兩項扣除之外，尚有其他項目，可從個人所得稅中扣除，例如慈善捐獻與利潤相關之支付計畫 (profit related pay scheme)。按此等情形，原有方法當已考量租稅扣除的合理性，至於在兩稅整合是否允許繼續扣除，宜再加評估。唯應強調者，此等稅基之差異，應不構成兩稅整合之障礙。

五、稅率之差別

最簡單的個人所得稅與社會保險費整合的模型，是以現行所得稅率各加 9%。但無論如何，許多團體的邊際所得並非課徵 9%，此等團體在兩稅整合下需要再加考慮。

---

❹　同❿。

最為明顯的或許是全部所得加 9% 的團體，增加負擔的是其所得超過社會保險的上限。在 1992 ～ 1993 年為 21,060 鎊，此等人就超過所得上限，照現制不再支付社會保險費，如因改制，將對全部所得加 9%，必然大幅增加了負擔。為減輕此種負擔計，可同時對高所得之稅率降 9%，如此則超過起用較高稅率的所得，改以合一稅率課徵，則無所改變。

上述所論，某些使用基本稅率的納稅人，所得超過上限，但又無法享受高稅率降低的好處，例如一已婚男性的年所得為 30,000 鎊，及每年繳納 1,200 鎊的退休養老支出，仍將適用基本稅率。在修改社會保險費後，將因此而增加 800 鎊的稅負。此種情形，在政治上恐怕很難令人接受。

無可諱言，改革者自然希望推介一種整合的制度，在此一制度下，儘可能避免所得上限之異常情形，而不致造成大幅負擔的增加。最顯而易見的是採取漸進的方法，例如凍結較高稅率之起點 (high rate threshold) 和對所得上限採指數化 (indexation)。如此兩者之差距，會愈來愈小。另一種整合的方法是大幅提高所得上限，而同時允許降低所得稅的基本稅率。此一方法對那些所得超過上限者，雖則無法享有全體國民租稅減少，但至少可避免大幅增加負擔，而造成損失。

第二種團體是用整合稅率，超過現行所得稅率 9%，此等人士乃是與「政府所得關聯的退休計畫」者（State Earning-Related Pension Scheme,即 SERPS），他們的社會保險費率約為 7%，而非 9%。如上述計畫保留，對此等人課以全額的社會保險費率 (the full NIC rate)，而他們卻受到獲益甚少，顯然有失公平之虞。

唯實際上，前述情形並不致構成問題，即使整合稅加社會保險費，對退出與政府簽訂 SERPS 者之就業所得，無理由退出比繼續留在此一計

畫的邊際稅率低 2%，關於非勤勞所得部分，不再需要用分離課稅。站在社會保險的給付係計畫替代賺取所得的立場，對那些自行選擇提供所得替代者，也不應對其非勤勞所得予以租稅優惠處理。

第三種受影響的團體是已婚婦女與鰥寡孤獨者。在 1977 年之前，已婚婦女可選擇社會保險降低之稅率 (a reduced rate)。為了能達成妥協，此等人給付的範圍，也受到更多限制。雖然此種選擇，對後來者不再適用，但在 1989 年，大約一百萬婦女按照 3.85% 之降低稅率繼續支付社會保險費。明顯地，對那些仍以降低稅率支付者，在兩稅整合之後，必須適用 9% 的稅率，會增加相當的稅負。

事實上，此項問題易於縮小到有限的範圍，不僅鰥寡孤獨者，以降低的稅率支付社會保險費，而且婦女如不再支付社會保險費（例如由於失業），也不再繼續享有降低之優惠稅率。結果，過去十年中，減少 7% 的婦女以降低之優惠稅率方式支付。尤有進者，1989 年 10 月起，雇主的社會保險費重新調整，以低稅率支付的誘因進而減少，故人數也跟著減少。假定所得稅與社會保險費制度整合，則無論如何，在經過若干年後，屆時已婚婦女以降低之優惠稅率方式支付的問題，範圍當更為縮小。

最後，也是最主要的團體，其負擔會超過 9%。如前文所示，造成問題的自我雇用者，自我雇用的利潤，介乎上下限之間，每週依比例稅率支付，外加上利潤的 6.3%。假如任何與利潤相關的社會保險費之一半，可從所得中扣除，則自我雇用者的有效稅率，最高約為 5%。

在統合制度之下，明顯的一項步驟，是廢除自我雇用者社會保險費的比例稅率。社會保險費比例稅率（所得之最初部分為 2%），在兩稅統合後就漸漸消失，因為自我雇用者保留比例稅率的理由，已不存在。儘管如此，即使廢除第二類社會保險費的繳納，每週可節省 5.35 鎊，自我

雇用者仍將受到實質上的負擔增加。

　　如表 10-4 中所示，每年利潤以 20,000 鎊支付總社會保險費 1,043 鎊。假如第二類被廢除，在上下限的利潤，需課徵 9% 稅率，並且如果第四類的社會保險終止，同樣的人需付 1,249 鎊。進言之，假如利潤的下限，設其等於現行所得工資下限（非利潤之兩倍），則稅負將增加 1,547 鎊，比現行每週增加 10 鎊。

　　自我雇用者可能為防止負擔增加，進行避稅，對其資金作不當的運用。首先可發現，按照現行制度，自我雇用者享有決定性的社會保險優惠，不僅社會保險費費率低於雇主，而且，不必考慮為受雇者支付保險費。實際上，此意謂一個自我雇用者只要與一機構簽約，即可望比其受薪者的對方支付更高，因為雇主依此種方式，可避免 10.4% 的稅負。

　　總之，自我雇用者負擔之增加，即表示極度優惠處理的終止，雖然此項負擔增加，但可逐步實行，故無必要為保留自我雇用者之優勢地位，而使新制度複雜化。

■肆、統合的兩種途徑

　　在上文中業已強調，對個人徵收一種稅，而非兩種稅。雖然因整合會引起若干問題，但其中大多問題，只需對合一稅略加調整，即可獲得解決。餘留的實際問題是如何達成整合。在本節中將利用英國財政研究所 (The Institute for Fiscal Studies) 之租稅與利益模型 (IFS Tax and Benefit Model)，模擬兩種不同整合途徑的所得重分配效果[15]。兩種途徑

---

[15]　Stark, J. and Webb, S., *TAXBENZ: The New IFS Tax and Benefit Model*, Institute

有一共同之點：兩者均解決完全整合 (full integration) 的主要重分配問題，即兩百萬人的所得高於上限 (upper earning limit)，但卻低於適用高稅率之起點 (the higher rate threshold)。一種途徑是合併提高所得上限與降低基本稅率，另一種途徑是用物價膨脹使差距消失。下文將就兩種方法之相對優點，分別予以評估。

一、透明的途徑 (the transparent route)

按照此種方法，兩稅整合的政治目標比較清晰，由政府首長宣告上限逐步提升，且與適用較高稅率起點重合。至此，則兩稅融合一起，也同時宣告，任何上限的提升，將降低基本稅率。如此，在上限與較高稅率之起點，不會增加負擔。假定自 1993 年決定同年將所得稅與社會保險費改變，此種結合之整套計畫，並非為不可能。

兩稅整合的計算是相對簡而易行，對單身之所得與上限重合，降低基本稅率一個百分點，可每年節省 156 鎊，此大約為 1,750 鎊的 9%。是以在整套計畫中，包含降低基本稅率一個百分點，與增加上限 1,750 鎊，將不會增加負擔。假如過程重複行使，所得上限與較高稅率之起點，將逐漸消除，到降至基本稅率四個百分點，則所得上限超越適用較高稅率起點，此統合兩稅就不會產生很多人的負擔。

在統合施行時，必須作成下列改變：

1. 基本稅率降至 21%。

2. 廢除所得上限。

3. 較高稅率 (higher rate) 減 9%（如此則合一稅率加社會保險費率 40% 未改變）。

for Fiscal Studies, Working Paper, No. W90/5, 1990.

4. 提高所得下限至個人免負稅額。

5. 廢除社會保險費率 2% 之規定。

6. 廢除社會保險費之第二類。

7. 使社會保險費與第四類一致 (即稅率訂為 9%,利潤下限減至個人免稅額,利潤上限予以廢除,第四類之租稅扣除,一併終止)。

8. 社會保險費的基礎,延伸至包括非勤勞所得,包括社會保險之給付,退休者只繼續支付個人所得稅率。

在表 10-5 中表示兩稅整合對不同水平之家庭之效果:

表 10-5 個人所得稅與社會保險費整合之稅負分配效果:按所得別

十等分	家庭百分比				
	負擔減輕		負擔不變	負擔增加	
	大於 −3%	−3% 至 −1%	−1% 至 +1%	+1% 至 +3%	大於 +3%
最貧窮者	2	1	95	2	0
2	0	1	98	0	0
3	7	7	86	1	0
4	21	20	58	1	0
5	30	33	36	1	0
6	40	34	24	1	0
7	51	31	17	0	0
8	53	32	14	1	0
9	52	29	18	2	0
最富有者	21	30	40	7	1
全部家庭	28	22	49	2	0

資料來源:同表 10-1。

如表 10-5 中最後一欄顯示,兩稅整合之整套方案,約不到一半家庭的稅負並無變動。剛剛一半家庭的稅負會減少,而 2% 之家庭,將遭受稅負顯著增加。最貧窮的家庭幾乎完全不受影響,理由是,他們根本不必支付個人所得稅,而且也不需付社會保險費。就一般而言,中所得家

庭因改革而受益，因為他們可受到稅率低的好處，只有最高所得的家庭受損，稅負趨於增加，而主要受影響者，則為自我雇用者（因失去社會保險的有利地位），以及那些家庭的所得，因此種所得在改制後適用 9% 的稅率。

　　有關不同型態的家庭，因兩稅整合所受的所得分配效果，可參見表 10-6：

表 10-6　個人所得稅與社會保險費整合之效果：家庭別

家庭型態	家庭百分比				
	負擔減輕		負擔不變	負擔增加	
	大於 -3%	-3% 至 -1%	-1% 至 +1%	+1% 至 3%	大於 +3%
非退休者					
單身					
單親	8	8	81	2	0
未就業	1	-2	94	2	1
就業	50	30	17	2	1
夫妻					
夫妻皆未就業					
無小孩	1	13	84	1	1
有小孩	1	0	98	1	0
夫妻					
一方就業					
無小孩	44	25	30	1	0
有小孩	34	21	40	4	0
夫妻					
兩者皆就業					
無小孩	48	33	17	2	0
有小孩	39	32	23	2	0
退休者					
單身	2	10	87	0	0
夫妻	2	17	81	0	0
全部家庭	28	22	49	2	0

資料來源：同表 10-1。

由表 10-6 中清楚地表露，稅負減輕者是家庭中一人以上就業者，單親及未就業者，則大半不受影響。

有少部分低所得的家庭，負擔增加，因為原來的房屋貸款利息減免取消所致，為稅務行政的簡便，現行房屋貸款利息是以 25% 的基本所得稅率 (basic income tax rate) 減免，此因為減免是透過貸款者就源的低利貸款方式給予。然而，有少數低所得房屋所有人，他們的邊際稅率是低於 25%（即不須納稅者或享受 20% 的低稅率者），假如像改革中的基本稅率低，但此等家庭的邊際稅率並不更動，則此等家庭因房屋貸款利息支付增加而負擔加重。

儘管如此，從所得分配的分析相當明白，個人所得稅與社會保險費整合的達成，不致造成大量家庭負擔的增加。此項計畫最主要的缺點是，需要增加大約 80 億鎊的成本。如果考量當前的財政狀況，此項財政改革，只可望在長期付諸實行。不過，如英國政府允諾降低基本稅率為 20%，代價方為 80 億鎊，並且上述全部的論證是假定基本稅率低，所得上限必須同時提高。

切合實際地說，兩稅如加整合，基本稅率或需要降低 4%，租稅策略必須經過兩任政府 (two terms of government) 方能完成。如此的情況，是否政府能在不大幅增加支出，而又難以節省的情形下達成兩稅整合的任務，不免令人置疑。故另一方法，命名為「後門整合」，將於下文中申述。

二、後門整合 (back-door integration)

前文已指出兩稅整合的主要障礙，是在「國民保險差距」(national insurance gap)，有兩百萬人立即高於所得上限，將所得上限廢除，即使隨之一併降低所得稅最高稅率，此等團體仍增加負擔。無論如何，我們

看到近年來，此一情形變動甚大，在 1981 ～ 1982 年低於 100 萬人，在 1989 ～ 1990 年則有 250 萬人。毋庸置疑，「差距」(gap) 人數愈少，兩稅整合愈容易進行。

　　如果政府缺乏改革的財源，仍可以朝縮減所得上限與較高稅率起點之差距的整合方式邁進。最顯著的方法是，只要將所得上限指數化，並凍結較高稅率之起點，如此就不需要花任何代價。按照此種方法，上下限兩者差距，每年縮小，直到兩者融合一致，兩稅整合即可形成。

　　應再加強調者，此項計畫的計算相當簡易。在 1992 ～ 1993 年，單身所得在 27,145 鎊下，不需要支付較高稅率，而所得上限為 21,060 鎊。假如較高稅率之起點凍結與所得上限按物價指數調整，則兩者差距消失的時間，決定於物價膨脹率的大小。如以目前 3.5% 的物價上漲率計算，缺口將在八年中消失。如果物價上漲率為 5%，缺口在五年就消失。如果物價上漲率為 10%，則缺口三年內就消弭於無形。

　　有兩種方法，可觀察兩稅整合過渡時期所得分配效果，一種為在過渡時期，不願見到現金所得實際減少，亦即無稅負增加者。但無可否認，當名目工資一旦增加，立即比稅制未更動前，需按較高稅率支付，此等人必然增加稅負。另一種方法是，他們的名目所得雖不改變，真實所得卻為之惡化。

　　表 10–7 與表 10–8 指出，以「真實所得」表示的所得分配效果，此乃假定所得上限提高至使用較高稅率之起點，並且個人所得稅與社會保險費，像第一項改變方案一般完全融合為一，唯一的差距是基本稅率保持 25%。表 10–4 與表 10–5 比較，所有數值以 1992 ～ 1993 年的物價表示。

　　從表 10–7 中立即明白，以「後門整合」的所得分配效果，遠比透明的整合嚴重。表 10–4 中顯示，輕微降低基本稅率，在五十個負擔增加的

表 10-7　個人所得稅與社會保險費「後門整合」之效果：所得別

十等分	家庭百分比				
	負擔減輕		負擔不變	負擔增加	
	大於 −3%	−3% 至 −1%	−1% 至 +1%	+1% 至 +3%	大於 +3%
最貧窮者	1	1	96	1	0
2	0	1	98	0	0
3	4	9	87	0	0
4	8	29	61	1	0
5	3	49	45	3	0
6	1	54	38	6	1
7	0	53	34	11	2
8	0	41	41	15	3
9	0	23	49	23	5
最富有者	0	2	29	48	22
全部家庭	2	26	58	11	3

資料來源：同表 10-1。

家庭中，僅僅一個家庭超過其淨所得的 1%。相對而言，凍結適用較高稅率起點，七個家庭中便有一個家庭遭受同樣程度的損失。在最富有的 10% 的家庭，效果就更為顯著。使用減稅法 (tax cut approach)，在一百個家庭中，即有一個家庭負擔超過 3%；而用指數化方法 (indexation approach)，在二十五個家庭中，即多於一個家庭遭受同樣程度的增加。

■伍、結　論

所得稅與社會保險費完全整合，可大大改進英國直接稅制度，稅制更為鞏固。對消除結構之異常，幫助甚大，規避可望減少。

此項整合，不能謂毫無問題，在實際上與政治上皆存有問題，而實際方面，兩稅間稅基、稅率結構、結算時期的差異，均待解決，但沒有一項問題不能予以克服。比較困難的是附著於「繳費原則」的政治目標，

表 10-8　　個人所得稅與社會保險費「後門整合」之效果: 家庭別

家庭型態	家庭百分比				
	負擔減輕		負擔不變	負擔增加	
	大於 −3%	−3% 至 −1%	−1% 至 +1%	+1% 至 +3%	大於 +3%
非退休者					
單身					
單親	1	13	83	2	1
未就業	0	0	98	0	1
就業	3	47	32	13	5
夫妻					
夫妻皆未就業					
無小孩	0	0	97	2	2
有小孩	0	0	100	0	0
夫妻					
一人就業					
無小孩	9	37	31	16	7
有小孩	3	34	34	22	7
夫妻					
夫妻皆就業					
無小孩	4	42	28	20	6
有小孩	2	42	29	23	5
退休者					
單身	0	0	99	1	0
夫妻	0	1	96	2	0
全部家庭	2	26	58	11	3

資料來源: 同表 10-1。

以及高所得者的負擔，大幅增加。

　　文中指出，個人所得稅與社會保險費如果整合，而又同時保留社會保險費的租稅表列 (tax schedule)，此當非理想解決之道，但卻有助於克服改革的主要障礙。文中亦指出，兩稅整合而不造成許多人的負擔增加，此乃或可經由後門整合，採取「暗中行動」達成。在過渡時期，限制現金損失（負擔增加）或經由透明方式，混合所得上限增加與基本稅率降

低。後一方法，特別可避免在野黨的強烈反對（按：反對黨曾於 1992 年成立後即廢除所得上限）。

　　整合的過渡時期會有些錯綜複雜，故需經過一段時間。但無論如何應再加強調，實際與政治兩方的阻礙皆不難克服。如果整合的制度，為健全個人所得稅的結構奠下鞏固的基石，在英國大選之後的新政府，應當會朝此一目標邁進。

　　　　　（本文原發表於《保險專刊》，第三十一輯，民國八十二年四月）

附　錄

英國自 1979 年後，傾向於增加所得稅與受雇者社會保險費間之相同性。

1.1940 年 4 月實施夫妻獨立課稅，除免稅額規定外，對個人課徵的個人所得稅與社會保險費變得相類似。

2.1985 年 10 月，1989 年 10 月，改革社會保險費的下限。至 1985 年 10 月，一個受雇者之所得，達到下限即應就其全部所得，繳交社會保險費。相對於所得稅，僅就超過個人免稅額的邊際所得，課徵所得稅。但隨後的改革，為減輕達到下限驟增的社會保險費的稅負，只照低於下限的所得 2% 繳交。

3.1979 年 4 月，1988 年 4 月，大幅減少所得稅級距。1978～1979 年，所得稅制度有十一個邊際稅率，而社會保險費視政府所得相關退休計畫，只有一或兩個稅率；1979 年 4 月，已降至六個級距，1988 年復減至兩個級距，1992 年又回到為三個級距，雖則政府又有可能會恢復至兩級稅率。

4.1988 年 5 月，1991 年 4 月，雇主社會保險費，擴充至實物給付。雖然雇主社會保險費，擴充至金塊，單位信託 (unit trust) 以及公司用車輛等重要原則性變動，尚不致直接影響受雇者的社會保險費，對實物給付課徵保險費，目前已比較容易建立。

◎ 國民年金制度　陳聽安／著

　　本書集結作者多年學術研究心得，以及在政府政策制定過程中的深入參與經驗，對於國民年金制度的理念和本質、所扮演的功能與所面臨的限制均有深入的探討。此外，鑑於我國國民年金制度尚在倡議階段，特以專篇剖析先進國家實施國民年金制度所遭遇之各種問題，以為未來施政殷鑑；對於我國公務人員保險與退休制度的諸多問題，亦於書中愷切陳詞，期能喚起各界重視。

◎ 保險學理論與實務　邱潤容／著

　　本書針對保險理論與實務加以分析與探討。全書共分為七篇，以風險管理與保險理論為引導，結合國內外保險市場之實務及案例，並輔以保險相關法令的列舉及解說，深入淺出地對保險作整體之介紹。每章均附有關鍵詞彙與習題，以供讀者複習與自我評量。本書不僅可作為修習相關課程之大專院校學生的教科用書，對於實務界而言，更是一本培育金融保險人員的最佳參考用書。

◎ 保險法論　林群弼／著

　　本書係作者多年來於國立臺灣大學法律系、淡江大學保險研究所講授保險法之講義為骨幹擴充而成。除現行保險法規之研究外，尚包括各種爭議問題之解析，及各家學說、實務見解之探討。本書之內容，對於初學者之入門頗有助益，對於研究者之思考，亦深具參考之價值。

◎ 保險法論（修訂新版）　鄭玉波／著　劉宗榮／修訂

　　本書以最新公佈之保險法為論述對象，對本次增修重點──年金保險、保證保險與保險業等詳加論述、反覆說明，以期讀者能於短期瞭解其梗概。內容詳實，可說是大專院校保險課程之良好教材及保險從業人員之重要讀物。

◎保險學　陳彩稚／著

　　本書內容主要探討保險市場之需求與供給。藉由危險管理與經濟市場之角度分析保險產品，兼具理論與實務觀點，尤其重視產品之發展背景、影響因素與潛在趨勢。全書內容簡潔扼要，並以具體之個案範例說明抽象之保險理論，深入淺出，適合大專學生與各界人士閱讀參考。

◎ 保險實務（增訂四版）　胡宜仁／主編

　　本書內容涵蓋保險之市場、經營、管理與監督等部分，各個單元皆經悉心規劃安排，並邀請各界專業人士，就其經驗所得撰寫而成，極具參考價值。字字珠璣、章章精彩，對在校學生、從業人員以及社會大眾均有助益。

◎ 人壽保險學（增訂新版）　宋明哲／著

　　本書參考英美有關壽險之最新資料編寫而成，對壽險理論有深入淺出之分析。全書共分六篇二十二章，詳細介紹各種壽險產品及契約種類，探討壽險業之經營與政府在壽險市場扮演的角色。各章後面均列有該章摘要及習題，以增進讀者對壽險理論的瞭解，並附有歷年精算考試關於壽險理論之試題，實為大專院校壽險課程之最佳教材，亦為壽險從業人員之重要參考讀物。

◎ 怎樣保險最保險　簡榮宗／著

　　保險制度具有分散風險、彌補損失，以及儲蓄、節稅等功能，可說是現代人所不可或缺的理財及移轉風險方法。由於保險法的知識並不普及，以致造成保險契約的糾紛層出不窮。本書文字淺顯，並以案例介紹法院對保險契約常見糾紛之見解，相信必能使一般保險從業人員對保險契約及法律規定有相當之認識，對自我權益更有保障。

◎ 財務報表分析 財務報表分析題解 (增訂四版)　　洪國賜、盧聯生／著

　　財務報表是企業體用以研判未來營運方針，投資者評估投資標的之重要資訊。為奠定財務報表分析的基礎，本書首先闡述財務報表的特性、結構、編製目標及方法，並分析組成財務報表的各要素，引證最新會計理論與觀念；最後輔以全球二十多家知名公司的最新財務資訊，深入分析、評估與解釋，兼具理論與實務。另為提高讀者應考能力，進一步採擷歷年美國與國內高考會計師試題，備供參考。

◎ 商用年金數學　　洪鴻銘／著

　　年金制度隨著高齡化社會來臨已普遍受到各界重視，其規劃需以年金數學的分析為基礎，而年金商品之設計更需透過年金數學以釐訂適當費率。本書整合了商用數學及精算數學中與年金相關的基本概念，內容主要涵蓋確定年金及生存年金兩大部分，由淺入深介紹年金數學之理論及應用，並輔以範例解說，於各章末更設計了相關習題以供讀者演練，適合作為精算數學之入門或年金訓練課程之教材。

◎ 管理學　　伍忠賢／著

　　抱持「為用而寫」的精神，以解決問題為導向，釐清大家似懂非懂的概念，並輔以實用的要領、圖表或個案解說，將其應用到日常生活和職場領域中。標準化的圖表方式，雜誌報導的寫作風格，使你對抽象觀念或時事個案，都能融會貫通，輕鬆準備研究所等入學考試。

◎ 財務管理　　伍忠賢／著

　　細從公司現金管理，廣至集團財務掌控，不論是小公司出納或是大型集團的財務主管，本書都能滿足你的需求。以理論架構、實務血肉、創意靈魂，將理論、公式作圖表整理，深入淺出，易讀易記，足供碩士班入學考試之用。本書可讀性高、實用性更高。

◎ 策略管理　　伍忠賢／著

　　本書作者曾擔任上市公司董事長特助，以及大型食品公司總經理、財務經理，累積數十年經驗，使本書內容跟實務之間零距離。全書內容及所附案例分析，對於準備研究所和 EMBA 入學考試，均能游刃有餘。以標準化圖表來提綱挈領，採用雜誌行文方式寫作，易讀易記，使你閱讀輕鬆，愛不釋手。並引用多本著名管理期刊約四百篇之相關文獻，讓你可以深入相關主題，完整吸收。

◎ 策略管理全球企業案例分析　　伍忠賢／著

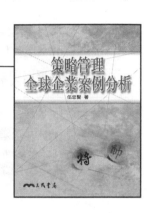

　　一服見效的管理大補帖，讓你快速吸收惠普、嬌生、西門子、UPS、三星、臺塑、統一、國巨、台積電、聯電……等二十多家海內外知名企業的成功經驗！本書讓你在看故事的樂趣中，盡得管理精髓。精選最新、最具代表性的個案，精闢的分析，教你如何應用所學，尋出自己企業活路！

◎ 期貨與選擇權　　陳能靜、吳阿秋／著

　　本書以深入淺出的方式介紹期貨及選擇權之市場、價格及其交易策略，並對國內期貨市場之商品、交易、結算制度及其發展作詳盡之探討。除了作為大專相關科系用書，亦適合作為準備研究所入學考試，與相關從業人員進一步配合實務研修之參考用書。

◎ 銀行實務（增訂二版）　　邱潤容／著

　　現代商業社會中，銀行已成為經濟體系運作不可或缺的一環。本書旨在介紹銀行之經營與操作，包括銀行業務之發展趨勢、內部經營及市場之競爭狀況。用深入淺出的方式陳述內容，著重經營與實務之分析，以利讀者瞭解銀行業者之經營以及市場之發展現況與趨勢，而能洞燭機先。

◎ 管理會計 管理會計習題與解答（修訂二版）　王怡心／著

　　資訊科技的日新月異，不斷促使企業 e 化，對經營環境也造成極大的衝擊。為因應此變化，本書詳細探討管理會計的理論基礎和實務應用，並分析傳統方法的適用性與新方法的可行性。除適合作為教學用書外，本書並可提供企業財務人員，於制定決策時參考；隨書附贈的光碟，以動畫方式呈現課文內容、要點，藉此增進學習效果。

◎ 成本會計（上）（下）（增訂三版）　費鴻泰、王怡心／著
◎ 成本會計習題與解答（上）（下）（增訂三版）

　　本書依序介紹各種成本會計的相關知識，並以實務焦點的方式，將各企業成本實務運用的情況，安排於適當的章節之中，朝向會計、資訊、管理三方面整合型應用。不僅可適用於一般大專院校相關課程使用，亦可作為企業界財務主管及會計人員在職訓練之教材，可說是國內成本會計教科書的創舉。

◎ 會計資訊系統　顧裔芳、范懿文、鄭漢鐔／著

　　未來的會計資訊系統必將高度運用資訊科技，如何以科技技術發展會計資訊系統並不難，但系統若要能契合組織的會計制度，並建構良好的內部控制機制，則有賴會計人員與系統發展設計人員的共同努力。而本書正是希望能建構一套符合內部控制需求的會計資訊系統，以合乎企業界的需要。

◎ 統計學　陳美源／著

　　統計學是一種工具，幫助人們以有效的方式瞭解龐大資料背後所埋藏的事實，或將資料經過整理分析後，使人們對不確定的事情有進一步的瞭解，作為決策的依據。本書注重於統計問題的形成、假設條件的陳述，以及統計方法的選定邏輯，至於資料的數值運算，則只使用一組資料來貫穿書中的每一個章節以及各種統計分析方法，以避免例題過多所造成的缺點，並介紹如何使用電腦軟體幫助計算。